21世纪高职高专精品教材·市场营销类

营销策划实务（第二版）

杨劲祥 编著

东北财经大学出版社
Dongbei University of Finance & Economics Press
大连

图书在版编目（CIP）数据

营销策划实务 / 杨劲祥编著．—2 版．—大连 ：东北财经大学出版社，2015．2
（21 世纪高职高专精品教材·市场营销类）
ISBN 978-7-5654-1872-3

Ⅰ．营… Ⅱ．杨… Ⅲ．营销策划-高等职业教育-教材
Ⅳ．F713．50

中国版本图书馆 CIP 数据核字（2015）第 029415 号

东北财经大学出版社出版
（大连市黑石礁尖山街 217 号 邮政编码 116025）
教学支持：（0411）84710309
营 销 部：（0411）84710711
总 编 室：（0411）84710523
网 址：http：//www. dufep. cn
读者信箱：dufep @ dufe. edu. cn

大连图腾彩色印刷有限公司印刷 东北财经大学出版社发行

幅面尺寸：185mm×260mm 字数：274 千字 印张：13
2015 年 2 月第 2 版 2015 年 2 月第 2 次印刷

责任编辑：张旭凤 张爱华 李丽娟 刘东威 责任校对：齐 心
封面设计：张智波 版式设计：钟福建

定价：24．00 元

第二版前言

在《营销策划实务》第一版出版后，社会经济发生了很大变化。市场竞争的日趋激烈使企业的决策者更加重视营销策划，大部分企业都设置了营销策划部门，有相关的人员专门负责策划工作。企业对营销策划人员的需求量逐年增加，策划岗位不断增多，对策划人员的素质要求也日渐提高。同时，我们也欣喜地看到，新方法、新技术和新手段不断应用到营销策划中来，使营销活动异彩纷呈，每一家成功的企业或每一项成功的营销活动的背后都有精心的策划。

这些年，营销策划理论研究也取得了可喜的成绩，大量的策划论文、教材以及专著问世，质量也有极大的提升，这对进一步培养高素质的、适合企业需求的营销策划人才，提升企业营销策划水平起到了非常重要的促进作用。当然，营销实务界站在策划的第一线为策划理论的发展提供了宝贵的素材。

本书在参考近年来营销策划成果的基础上，对《营销策划实务》第一版作了较大的调整，使其更符合社会和读者的需求，主要表现在：

第一，本书无论在篇章结构还是在语言论述方面均比第一版更加简洁。

第二，对理论内容从层次上作了区分，其实知识不是同等重要的，我们把理论内容划分为基础知识、操作流程和知识拓展。其中基础知识是策划人必须了解的知识；操作流程是本章的关键操作实务；知识拓展提供的是读者可能感兴趣、想更进一步了解的“拓展性”内容。这样的分类有利于读者根据自己的情况合理选读，适当安排。

第三，对“导入案例”和“综合案例”进行了更新，使其更富有鲜明的时代特色。

第四，本次修订以“实务”、“实用”为基调，改变了过去完整的4Ps框架，强调理论的系统性、完整性，删除了一些不能体现“策划”色彩而偏向于“管理”的价格、渠道等内容，这样与社会接轨程度更高。

第五，本次修订吸收了新的营销方法，如微信营销等，体现了教材的时效性。

本书按照营销策划的基本流程来安排前后顺序，共分九个项目。项目一介绍了策划与营销策划的基本知识；项目二介绍了营销问题的界定、信息的搜集与分析等内容；项目三介绍了营销策划创意的方法；项目四介绍了营销的战略策划，除了定位战略，还增加了一些新兴的营销战略；现实中用完整的4P组合框架来构建营销策略的并不常见，更多的是新产品上市与推广的策划和促销策划（含公关策划、营业推广策划、广告策划等），因而项目五和项目六主要介绍这些内容；项目七介绍了营销策划书的撰写方法；项目八介绍了营销策划提案，之所以这部分内容独立成为一个项目，主要是考虑到目前企业对策划人员的要求中看重其具备良好的提案沟通能力；项目九从企业和个人出发，介绍了如何提高营销策划方案的执行力。

本次修订参考借鉴了大量同仁的著作、业内知名期刊及部分网站，在这里一并表示诚挚的感谢。由于本人才疏学浅，时间也较为紧迫，书中纰漏在所难免，恳请各位读者以及专家学者提出宝贵意见或建议，本人不胜感激！

杨劲祥

2015 年 1 月

目录

项目一　营销策划基础知识　1
一、专业知识　2
二、操作流程　12
三、知识拓展　14
四、综合案例　15
五、思考练习　17
六、实战训练　17
项目二　信息搜集与分析　19
一、专业知识　20
二、操作流程　30
三、知识拓展　31
四、综合案例　35
五、思考练习　36
六、实战训练　36
项目三　营销策划创意方法　38
一、专业知识　39
二、操作流程　45
三、知识拓展　46
四、综合案例　52
五、思考练习　54
六、实战训练　54
项目四　营销战略策划　55
一、专业知识　56
二、操作流程　63
三、知识拓展　67
四、综合案例　71

五、思考练习 77

六、实战训练 77

项目五　新产品上市策划 78

一、专业知识 80

二、操作流程 84

三、知识拓展 87

四、综合案例 88

五、思考练习 91

六、实战训练 92

项目六　促销策划 93

一、专业知识 93

二、操作流程 104

三、知识拓展 108

四、综合案例 114

五、思考练习 115

六、实战训练 115

项目七　营销策划书的撰写 117

一、专业知识 118

二、操作流程 124

三、知识拓展 124

四、综合案例 126

五、思考练习 133

六、实战训练 133

项目八　营销策划提案 135

一、专业知识 135

二、操作流程 140

三、知识拓展 142

四、综合案例 143

五、思考练习 147

六、实战训练 147

项目九　营销策划方案执行 148

一、专业知识 148

二、操作流程 150

三、知识拓展 156

四、综合案例 162

五、思考练习 165

六、实战训练 165

附录 166

主要参考文献 198

项目一 营销策划基础知识

学习目标

基本知识目标：理解策划及营销策划的含义；掌握营销策划部的职能，策划人应该具备的素养。

岗位能力目标：调研分析能力。

综合素养目标：具备良好的知识结构、思维方式和策划能力。

导入案例

伊利4亿元搞娱乐营销策划活动的用意何为

据百度百家报道，品牌与热播综艺的捆绑近年很火，看起来效果也不错。比如，《超级女声》带火了蒙牛酸酸乳，《中国好声音》成就了加多宝，当然企业的代价是高昂的广告费。而在2014年，主角换成了伊利。

在以3.12亿元拿下电视综艺节目《爸爸去哪儿》第二季（以下简称“爸爸2”）独家冠名权后，伊利又投入8 800万元夺得了腾讯视频《中国好声音》第三季网络总冠名权身份，双双刷新了中国电视综艺节目冠名和在线视频行业冠名赞助记录。

如此巨额资金砸在综艺节目娱乐营销策划活动上值吗？估计这是很多人看到巨额广告费金额都会冒出来的念头。

Why“爸爸2”：主战场必须争取

最早在综艺节目上尝到甜头的，是蒙牛和湖南卫视。2005年，蒙牛酸酸乳冠名一档全新的综艺节目《超级女声》，花费是1 400万元，却收获了惊人的25亿元销售额。品牌与综艺节目实现了双赢，无疑这对快消品牌牵手热门综艺起了个好头，占领电视荧屏主战场也成为品牌商们巨额投放广告费的首要目标。

央视索福瑞统计数据显示，2013年收视率排名前3名分别为湖南卫视、浙江卫视和江苏卫视。综艺节目收视率前10名里面，湖南卫视占了5席，浙江卫视占了3席。湖南卫视作为当之无愧的综艺节目之王，自然成为各大品牌商最为倚重的“主战场”。基于《爸爸去哪儿》2013年的出色表现，“爸爸2”被伊利出重手拿下，并不意外。

事实证明，这笔钱没有白花，数据统计显示，“爸爸2”首播收视率比第一季第一期上涨了120%。

收视率之外的考虑是受众匹配。根据湖南卫视公布的数据，节目核心观众群为女性、青年、高知，女性观众收视率为1.92，占比2/3；25～34岁的核心观众收视率高达2.13，占比高达36%，是收视率最高群体。而且，伊利QQ星传递的是“专注儿童成长”的品牌理念，与《爸爸去哪儿》栏目倡导的关爱与成长品牌理念也很搭。

从“爸爸2”的播放情况来看，不管是收视率还是话题性都居高不下，综合考量来说，这3.12亿元的回报可观。

Why“好声音”：新大陆有惊喜

随着移动互联网的普及，电视受众人群从“客厅”出走，转移到“办公室”

和“街头”，眼球也从“电视荧屏”分散到“电脑屏”和“移动屏（手机、Pad等移动终端)”，而聪明的品牌必然通过多屏覆盖，实现与消费者的沟通，优质视频平台与优质综艺节目的组合为品牌带来了充足的机会这也不难理解，伊利在拿下“爸爸2”电视主战场的同时，通过牵手腾讯视频《中国好声音》，将营销策划活动阵地拓展到了移动和PC全媒体平台，其布局用心值得给“赞”。

第一个“赞”，该组合实现了受众和品牌的高匹配度+用户覆盖范围的最大化。

芒果台与腾讯平台，对接的受众群都以年轻人为主体，他们对新品牌接受度更高。就目前而言，可以说，这种组合是伊利能选择到的、最有效达到目标市场的“电视+网络”唯一组合方式。

第二个“赞”，对比传统电视平台，互联网在营销策划活动模式、产品创新等层面更能在品牌与受众间建立更深的情感纽带，及赋予更多的体验感。

腾讯公司副总裁兼腾讯在线视频部总经理孙忠怀曾表示，腾讯全平台资源包括腾讯网、微信、视频、微视、QQ以及游戏产品等，都会参与到整个腾讯视频好声音的生态圈中，为伊利提供品牌营销策划活动支持。也就是说，伊利品牌搭载的平台并非腾讯视频，而是腾讯这个大平台，因而具有了全部网民的到达能力。

当然，像伊利一样能够争夺到网络独播总冠名权的广告主毕竟是少数，这与品牌投放的周期和推广需求都有关系。在伊利与腾讯视频达成整体超过1亿元的资金进行品牌营销策划活动合作中，有诸多围绕“好声音”开发的创新合作模式。如伊利安慕希—好声音主题活动“好声音好酸奶I Want You”、“安慕希—好声音巡演”等，都将品牌与节目形态进行了不错的整合。

资料来源　时代光华. 伊利4亿搞娱乐营销策划活动的用意何为［EB/OL］.［2014-10-14］. http://www.hztbc.com/news/news_39527.html.

思考与讨论：伊利赞助《爸爸去哪儿》第二季是基于什么样的考量？案例给你什么启示？

一、专业知识

（一）策划与营销策划

1. 策划的含义

策划是指筹划、谋划，简单地说，就是出点子、拟方案、提建议、定谋略。其目的是以最少的人力、物力、财力来获得某种最佳的效果。对策划一词目前有多种理解，一般认为策划就是策略、谋划，是为达到一定目标，在调查、分析有关材料的基础上，遵循一定的程序，对未来某项工作或事件事先进行系统、全面的构思、谋划，制订和选择可行的执行方案，并根据目标要求和环境变化对方案进行修改、调整的一种创造性的社会活动过程。或者策划可以简单地表达为：为了达到预期目标，运用科学理论和方法，创造性地构思、生成、执行最佳方案的设计过程。策划的内涵如下：

（1）策划必须达到一定的预期目标。所有的策划都是围绕目标而展开的，没有明确的目标，策划就失去了方向。目标是策划的导向，同时也是检查策划效果的依据。

（2）策划在本质上是一种运用脑力的理性行为。在整个策划过程中，从市场调研与分析、问题界定开始，直到方案的实施与调整，都应该是运用科学的方法来完成的。因此，各种策划人员必须尽可能运用系统化的相关数据来选择目标、方向、策略、做法及最切合实际的执行方案。

（3）策划要看现在，但更注重未来。策划所考虑的问题，除了现在的问题外，更重要的是未来，也就是要检讨、探索公司未来的方向、策略、目标、做法以及可执行的方案。基本上所有的策划都是关于未来的，也就是说策划是针对未来要发生的事情作出当前的决策。

（4）策划是一种逻辑程序和动态过程，是一种连续不断的行为。策划的程序主要经过：分析现实环境—了解自身的优缺点—设定策划目标—拟订策划方案—编制执行计划（包括政策、计划、预算、日程安排、人力等多项内容）—方案实施与回馈信息—再策划等。这些步骤是周而复始的，直到策划目标达成，策划项目才结束。策划是因为环境变化而存在，公司所面临的经济、法律、科技、社会文化、供应商与竞争者等环境每天都在变动，所以策划也必须跟着动态地、弹性地应变。

（5）策划是一项系统活动。从构思的角度看，考虑问题必须全面，即要用联系的观点来看问题；从生成的方案来看，必须是一个整合方案，而不是"头痛医头，脚痛医脚"的单个方案，策划讲究的是多方面的配合，从实施方面来看，要求各环节必须按程序互相协调，人、财、物等企业资源必须合理安排。

（6）策划是一项具体的活动方案。策划不能"纸上谈兵"，而要落到实处，在方案中，对做什么、如何做、由谁做、在哪里做、费用多少等问题都必须明确。

（7）策划是整合科学。策划通过全新的理念和思路，对各种要素、资源重新组合，使之产生"1+1>2"的效果，甚至产生原子裂变式的社会效应和经济效益。策划运用的资源，可以是企业所拥有的内部资源，也可以是企业所整合的外部资源。通过企业内外部资源整合，特别是对外部资源的整合，达成企业目标，是策划的精髓。

（8）策划的本质和核心是创新。创新是策划的灵魂，没有创新的策划，就成了一份平庸的计划。创新就是不雷同，我们在作策划的时候，一定要把创新置于脑中，大胆设想，小心求证。

2. 与策划相关的几个概念

（1）策划与计划。策划与计划不同。策划近似英文的 strategy 加 plan，而计划近似于英文的 plan。总体而言，计划是按经验和常规对企业活动涉及的人、财、物率先所做的安排和平衡，而策划更强调创造性、主动性、针对性，它不拘泥于以往的经验。两者具体的区别见表 1–1。

表 1-1　　策划与计划具体的区别

策划	计划
必须有创意	不一定有创意
自由，无限制	范围一定，按部就班
掌握原则与方向，表现为战略决策	处理程序与细节
What to do?（做什么?）	How to do?（怎么做?）
灵活多变	灵活性小
开放性大	保守性大
挑战性大	挑战性小
需要内外信息	不一定需要外部信息

需要注意的是，策划与计划也有一定的联系。面对一个将要解决的问题，往往是先策划后计划。计划是具体的实施细则，任何策划都必须“计划化”，即最终落实到一个或多个计划来实施。但并非所有的计划都隶属于某一策划，有的计划是长远的目标打算，不具备现实的操作性；有的计划是常规的工作流程，不具备创新性。

策划和计划是所有企业经营过程中不可或缺的。在进行经营决策时，强调策划；而在执行这一策划时则强调计划。计划是体现执行力的一个重要因素，策划则更多地体现企业的创造性。因此，企业在不同的时段或阶段，对策划和计划会有不同的重视程度。同时，它们也会由企业不同的部门来制订和执行。

（2）策划与点子。策划不同于一般的点子。策划是系统有序的创造性活动，遵循一定的运行程序，体现为可执行的策划方案；点子往往是经过一定思考，在瞬间产生的突破，是思维者灵感的火花。策划往往是一个复杂的综合过程，要经过调查、谋划、评价、反馈等多道程序，出点子只能算是策划程序中的一部分。

（3）策划与决策。策划与决策不同。狭义的决策就是作决定，是对已形成的策略和方案进行选择和确定，重在优选方案，以抉择为重点；而策划重在设计方案，以创造为主。从这个意义上说，策划是决策的前提和依据。而广义的决策不是指最后一刻的选择，它不仅包括方案的选择，而且还包括这些备选方案的构思、设计、评价，是一个完整的过程，从这个意义上讲，策划就是决策。

（4）策划与企划。“企划”一词，20 世纪 60 年代首先在日本出现。对其本质内涵，学术界目前说法不一，没有形成一个统一的定义，它主要是指为了实现目标而制定谋略、计策的工作。对于“企划”一词，有的学者把它看作“企业策划”的简称，是对企业将要进行的各种商业活动的策划；而有的学者则认为企划就是策划，只是由于日本、东南亚、中国港澳台等国家和地区的习惯翻译而称为“企划”而已，它的含义与策划一样广泛，既包含“企业策划”，也包含其他非企业的，如军事、文化方面的策划。本书采用后者的观点。

（5）策划与咨询。策划与咨询是两个既互相联系，又有所区分的不同范畴，不能把它们完全割裂开来。咨询业在国外被称为“软件企业”、“头脑机构”或

"智囊团"，在英语中，咨询（consult）有磋商、会诊、评议的意思，在汉语中咨询含有询问、谋划、商量的意思，两者含义近似，从这个意义上看，国外的咨询业近乎于中国的策划业，咨询与策划本质是一样的，但中国的策划涵盖范围更宽，运用行业更多。

3. 营销策划及其特点

企业在进行营销活动之前，必须将营销活动的每一个环节作一个整体规划，以其作为执行的准绳，以及追踪、纠正、评定绩效等行动的依据。此规划主要包括营销目标、市场机会分析、营销定位、营销策略及一定时期内的短期营销战术等内容。用简单的话来说，市场营销就是要在恰当的时间、适当的地点，以适当的价格向适当的消费者或用户提供适当的产品，并用适当的促销方式与他们沟通等。为了实现这些"适当"而所做的构思与设计活动，便是营销策划。

营销策划具有以下特点：

（1）系统性。营销策划是一项系统工程，是利用可控因素，使企业相对有限的资源与相应的投资机会能够达到良好配合。营销策划是在上述过程中分析、评价选择可以预见的机会，系统地形成目标和开发可以达到目标的各种项目与行动的一种逻辑思维过程。

（2）动态性。营销策划是一种程序、一个过程。营销策划是规划或计划的过程（planning），而不只是计划（plan）本身。后者是一个正式文件，是对营销策划结果的一种表述，从某种意义上说是一份市场营销策划书。

（3）具体性。营销策划是一种思维过程，但不能只是一种空想，必须具有很强的可操作性，是经过预定的努力可以实现的设计。所以，营销策划的任务不仅要提供思路，而且要在此基础上产生行动方案。

（4）调适性。营销环境是时刻变化的，新问题、新情况不断出现，这可能影响到之前据以策划的基础，因而营销策划方案必须具有弹性，在实施过程中要根据变化的情况对方案进行调整和补充。

（5）整合性。营销策划实质上是运用企业所拥有的内部资源和可利用的外部资源构造一个新的营销系统工程。所有的营销策划都涉及资源的运用，但资源在没有策划与整合之前，是相互独立的、松散的、没有中心的，但经过策划整合后，就可能高效地结合在一起，为营销活动的执行服务。

4. 营销策划的类型

营销策划的内容相当广泛和丰富，依据不同的标准可以划分为不同的类别。

（1）市场营销调研策划与运行策划。广义地说，市场营销策划不只是市场营销运行策划，还包括作为市场营销运行基础的市场调研策划。市场营销调研策划是市场营销的起点和基础，包括资料的搜集与分析、提出问题和界定问题的过程。

市场营销运行策划包括战略层次的策划与战术层次的策划。策划人员依据经营战略的要求，进行的市场机会研究、市场细分、目标市场选择和市场定位策划，称为战略性市场营销策划，也称为STP策划，其任务在于明确市场营销职能的运行方向。策划人员在战略性市场营销策划的基础上，对产品、价格、渠道及促销等所进行的组合策划和个别策划，属于战术性市场营销策划，其目的在于把战略性市场营销策划的任务落到实处。

（2）综合性市场营销策划与专项市场营销策划。所谓综合性市场营销策划，是指需要较为完整地借助市场营销基础和运行策划的架构，结合某一方面的具体情况所进行的全过程式的策划。它需要多种战术配合，多个部门协同作战。综合性市场营销策划主要有3种思路：

①以产品推广为思路的市场营销策划。从某种意义上说，市场营销便是有关产品如何进入市场、占领市场的过程。在实践中，有许多的市场营销策划就是围绕着产品推广而展开的。

②以顾客管理为思路的市场营销策划。一个企业的产品进入市场、占领市场的过程，换一个角度看，也是争取顾客、满足顾客的过程。开展市场营销，企业或产品可能要面对不同类型的顾客，还要面对顾客在不同情景中的不同购买行为。因此，策划人员也可以顾客类型及其行为特征为中心，构思与发展相应的市场营销策划方案。

③以市场竞争为思路的市场营销策划。市场营销离不开产品、顾客和竞争，所以它又是一个竞争过程。企业产品进入市场、占领市场、争取顾客、满足顾客，经常要面对各式各样的竞争者。目标市场在一定时期内所表现出来的充分需求，随时有可能因为竞争者及其品牌的侵入，变得狭小，甚至丧失。所以在许多情况下，企业也可以将面临的竞争形势作为策划市场营销活动的主线。

所谓专项市场营销策划，是指对营销活动某一环节或某一特定主题所进行的策划。有时候，已进入市场的产品，并不一定需要综合性市场营销策划方案，这时候需要的是具有特定目的和鲜明主题的专项市场营销策划方案，如“提高产品在某市场的知名度的策划”、“某新产品进入新市场的策划”、“应对某竞争对手降价促销活动的策划”等。这种策划在现实中最常见。

（二）营销策划部门组织形式及岗位素质要求

1. 营销策划部门的组织形式

目前在大中型公司中，营销策划部门在组织上，依不同公司会有不同的编制状况，一般来说，大致可以分为两种：

（1）专职负责营销策划的部门。专职负责营销策划的部门名称，在实务中较常见的有企划部、策划部、行销企划部、策略规划部、营销策划部、市场部等。这种设置的公司对营销策划的功能比较重视，产品属性也偏向于大众型的消费品，需大量营销策划活动；同时这类公司认为业务与策划二者切割比较理想，各有不同的职能，而且业务主管未必懂得营销策划活动及规划。

（2）配置于一般部门内。如果不是独立专职的营销策划部门，那么就是配置在营销业务部门内。其组织层级比专职负责营销策划的部门稍低一些，其主要功能在于协助营销部门处理所属职权范围内的事宜，展开调研分析及营销策划工作，直接听命于营销经理。这种公司以业务销售为主轴及导向，业务销售部门的角色比较重要，而营销策划则是配合性的角色。

2. 营销策划部门人员的组成及职位

一般常见的营销策划部门往往设置经理（部长）、主管、策划员3级岗位，人员数量配比分别为1∶2∶3，企业可根据自身规模、发展阶段和业务重点配备人员，至少应设置主管1人。

（1）营销策划经理。营销策划经理是策划部具体工作的主管领导，其工作对公司总经理或营销总经理负责。其主要工作是组织编制营销策划部年度工作计划；下达具体的策划课题，部署具体的策划任务；对大型的策划课题或企业自身难以完成的策划项目联系有关专业机构进行策划设计等。

（2）营销策划主管。营销策划主管在营销策划组织业务中心负责指挥各类策划人员的业务调研，牵头组织业务人员的创意活动并负责最后拟订策划文案。策划主管应具有良好的业务素质和业务能力，并对企业营销行为比较熟悉，富有企业营销策划的成功经验和高度责任感。

（3）文案策划。营销策划文案的撰稿人不应只是策划主管一人，在营销策划主管的领导下，要有若干文案策划参与工作。文案策划可以撰写文案中的某一部分内容，也可以撰写促销文案、广告文案等。对文案策划而言，文字表达娴熟是起码的要求，认识问题的深刻和富于创新思维则是衡量一个文案策划水平的主要标准。

（4）美术设计人员。营销策划中常涉及企业视觉形象如商标、广告、包装等方面，营销策划的过程也是对商品、企业进行美化包装的过程，美术设计人员可依据美学原理对上述方面进行创新设计，以增强营销策划方案的吸引力与感染力。

3. 营销策划部门的职责

一般而言，营销策划部门应承担如下职责：

（1）负责公司市场营销策略的研究、策划、组织、实施及相关业务的协调与管理。

（2）信息搜集与整理工作。建立并维护公司营销信息管理系统，研究与公司有关的宏观环境动态、行业状况、需求变化及市场竞争格局，搜集市场信息，编写研究报告，拟定应对策略。

（3）企业年度广告发展与投放策划。编制公司年度广告预算及年度广告策划方案，撰写与设计各类广告文案，统一制作广告宣传品，选择广告形式及传播媒体，评估广告效果，统一管理各区域市场广告推广工作。

（4）企业年度促销策划。编制公司年度产品销售促进预算及实施计划与方案，管理与组织实施公司及各区域市场产品促销活动，评估促销效果，改进促销方案。

（5）企业年度公关活动策划。依据公司发展战略、市场目标、企业形象制订相应的公共关系计划，策划与实施公关活动，调动社会资源为企业的发展服务。

（6）产品价格的拟定与调整策划。

（7）市场开拓策划。

（8）销售渠道的规划与管理。

（9）形象与品牌管理。根据市场动态、企业发展及资源状况，研究制订公司品牌策略及品牌规划方案，根据公司决策组织资源投入，负责企业形象与品牌管理。

（10）负责组织设计公司的营销工作流程与管理模式；考核各部门对营销工作流程的执行情况，对不适合的流程及时作出修改。

（11）营销管理制度设计。负责公司各项营销管理政策、制度的编制、下发，并跟踪与修正。

4. 营销策划人员基本素养的培养

策划人要具有良好的策划素养，必须具有深厚的理论功底、良好的思维方式，同时还需要有丰富的阅历和良好的心理素质。

（1）优化策划知识结构。

策划与许多学科知识都有着密切的联系，因此策划人的知识结构应该是深度与广度相结合。深度体现在对策划专业知识的掌握上，广度体现在对相关领域知识的理解上。通俗地讲，策划人既是掌握策划技能的专家，又是具有一定广度知识的通才。具体而言，策划人应具备如下的知识结构：

①相关的行业知识。

②策划学科知识。

③相关的商学专业知识。

在上述的相关策划知识中，策划人应根据自己的工作性质，选定主攻方向，有的知识要“精通”、有的知识要“粗通”，有的知识“泛知”即可，而不是同等对待。同时，作为一个策划人不只是要“跟上时代发展”，而更要“走在时代之前”。

（2）构筑策划能力结构。

一个合格的策划人应从以下几个方面构筑自己的策划能力结构：

①创新能力。创新能力要求策划人具有理论创新、思路创新、方法创新、知识创新、运作技巧创新等创新能力。创新能力是基于学习能力基础上的创造、更新，在整个策划过程中起着重要作用。从方案的构思、方案的表现、方案的选择，直到实施，每一阶段都需要创新能力。

②洞察、前瞻能力。“察人之所未察，见人之所未见”是对策划人洞察力要求的具体描述。策划人要富有直觉思维判断分析能力，对环境有敏捷的感受力，能敏锐地发现问题，可以迅速察觉到一般人所未注意到的情况。

前瞻能力要求策划人不仅要注意到眼前，更要关注未来，具有前瞻眼光。策划人如果缺乏前瞻能力，就不容易作出中长期企业规划及成长策划案，而所提出的策划观点也可能短视、狭窄。

③分析能力。分析能力是指策划人对问题的解析能力、对数据的分析能力、对前景的预测能力等。它要求策划人应具有理性思维习惯，能够深入冷静地思考问题，对各种问题的解决方案进行优劣分析和评价。它能够使策划人从众多策划构想或创意方案中发现闪光点，丰富、发展和完善策划方案。

④逻辑力。撰写一份清晰、有力、简要且让人一目了然的策划方案，必须要有逻辑构架的能力，能够很有条理、很有系统且很有逻辑地呈现这个报告。有些策划方案的安排顺序非常混乱，缺乏一致性的逻辑，让人很不容易看下去，这往往是缺乏逻辑力的表现。

⑤组织能力。组织能力有两种不同的含义：

一是指策划人能够根据策划目的和企业内外情况，将策划资源进行有机整合的能力，包括对企业内外人、财、物的协调、组织，以此达到企业策划的目的；二是指在撰写策划报告时，对报告内容写作具有相当强的组织能力，能把大量的调研数据、资料、各种初步构思，在很短的时间内组织成系统而周全的策划方案。

⑥信息能力。信息能力是指为制订策划方案而搜集公司内外部资讯情报的能力。策划人要加强自身的调研能力培养，要非常注意搜集各种资料情报，如竞争对手公司的获利情况、技术突破情况、新产品研发情况、价格策略、新产品上市时间及策略、促销措施等情报。

⑦沟通能力。策划人在整个策划过程中，都必须与其他部门以及与本案有关的人员进行密切而友好的沟通讨论，吸取不同的意见，以使其在策划方案提案报告会上，不会出现不同意甚至相反意见。

⑧表现力。如何以浅显易懂的方式表达策划方案的思想，如何赋予策划方案精美的外貌，这是撰写与装帧策划方案时要重点考虑的问题。表现力包含 3 个方面的能力：

一是文字能力，也就是能够以精简的、通俗易懂的文字撰写出符合人们阅读逻辑习惯的策划方案，让策划方案看起来条理清晰、重点明确、通俗易懂。

二是电脑美编软件应用能力，包括 Word、PowerPoint 等软件的娴熟使用，这会使策划方案美观、可读性高。

三是口语表达能力，能够很稳健、清晰地作策划方案的口头陈述，具有感染力和说服力。

（3）培养良好的心理素质。

心理素质在策划中也非常重要，是策划人的一个基本素养，往往影响着策划人的策划与决策，良好的心理素质可以从以下几个方面进行培养：

①自信心。一个优秀的策划人，应该自信与执著，这种果敢决断的魄力无论在方案的构思、选择还是实施中都是极其重要的。同时自信会让人感受到一股强大的说服力，说服大众能够接受这个策划方案。

②风险意识。古语云："难得者时，易失者机。"风险与机遇同在。有时候，出现了某种机遇，而机遇往往转瞬即逝。为了与机遇不失之交臂，策划人应在急速变化的事物前凭借自己的知识和经验及时作出策划与决策，一个不愿作出承担风险决定的人，不可能成为一名优秀的策划人。

③忍耐力。在策划过程中或方案实施过程中，势必会遇到各种各样的阻力和困难，有时苦思冥想也寻找不到问题原因或解决对策，这时策划人能否一如既往地坚持下去，就取决于他的忍耐力了。

④创新意识。创新意识是现代策划人的基本意识，创造能力是现代策划人最基本的能力。夜郎自大、墨守成规是不可能成为优秀策划人的。优秀的策划人要减少依赖，独立而不从众，勇于创新，力图求变。即使本人不是一位非常有创见的策划人，但至少应该善于发现和运用别人的创造力。

⑤良好的思维方式。策划人应具有独立思考、独立发现、独立解决问题的能力，既要有逻辑思维、辩证思维，也要善于运用超常规的、反常规的种种创造性思维。此外，系统思维也很重要，因为策划是一项系统工程，这个系统的要素相当多，要素之间有密切的联系，而策划就是要把这些要素整合成一个有“生命力”的整体。

（4）提高职业道德素养。

良好的职业操守是事业成功的基础，策划人更是如此。具有良好的社会公德和职业道德以及由此决定的价值取向，是策划人的基本道德修养的重要表现。策划人要具有以天下为己任的博大胸怀，自觉确立人本意识和服务社会的策划理念；在策划中严格遵守行业规范、职业道德；诚信为本，绝不能为了牟取不当利益而进行欺诈；严守国家、客户以及本企业的秘密；切实保证咨询、策划的质量。只有这样，才能以信誉赢得企业客户。

（三）营销策划的基本原则

营销策划的基本原则是在总结营销策划内在规律的基础上，对策划行为进行规范的一种总结，为策划人员提供了思考的准绳。为了提高企业营销策划的准确性和科学性，在策划中一般需要遵循以下基本原则：

1. 目标性原则

无论何种策划，都是为了解决某一问题、达成某一目标而寻找最佳对策。目标具有导向作用，有什么样的目标往往就有什么样的方案。如果没有目标或目标不明确，最后所策划出的方案往往只流于形式，而解决不了实质的问题。策划必须始终围绕着目标展开，当目标发生变化时，策划方案也必须相应地调整。

2. 创新原则

创新是策划的灵魂，没有创新的策划是一份平庸的计划。策划人员要为实现目标而开发出与众不同、别具一格的解决方案。创造性思维是创新所必需的，是策划的生命力源泉，贯穿于策划过程的始终。失去创造性思维的策划活动不能称之为策划，而只是固有行为模式的照搬，是一种简单的模仿。

3. 系统原则

营销活动是一个系统活动，其系统性表现为 3 个方面：一是营销活动是企业全部经营活动的一部分，营销活动的顺利进行有赖于企业其他部门的支持与配合；二是营销策略受到企业总体策略的影响，营销策略的制定要体现和落实企业的总体战略思想，不能违反；三是企业的营销活动还受到企业外部的宏观环境、微观环境因素的影响。从这可以看出，营销活动不是一项独立的活动，同企业的内外环境有着千丝万缕的联系，并极大地受到它们的影响。因此，在进行营销策划时，要从整体上考虑和解决问题，把全方位、全过程分析有机地结合起来，实现整体优化。古人云："不谋万世者，不足谋一时；不谋全局者，不足谋一域。"要把策划放在全局的高度，研究全局与局部之间以及各局部之间相互制约、相互影响的关系，制订正确的营销策划方案。

4. 权变性原则

所谓权变性原则，是指在策划过程中要及时准确地掌握标的对象及环境变化的信息，以发展的调研预测为依据，调整策划目标并修正方案。古人所讲的"时移则势异，势异则情变，情变则法不同"就是这个道理。权变性原则要求我们在策划过程中要做到以下几点：

（1）增强动态意识和随机应变观念。任何策划都是处于高度机动状态的活动，策划者必须深刻认识策划的这一本质特征，策划的动态意识和随机应变观念切忌墨守成规、一成不变。

（2）了解掌握标的对象的变化信息。标的对象的信息是策划的材料基础和客观依据，这个基础和依据变化了，策划也应随之变化。必须不停地广泛了解、全面搜集和及时分析并加工处理这些信息，为策划提供具有真实性、时效性、系统性和可靠性的信息资料。

（3）依据变化了的情况适时地调整策划目标，修正策划方案。策划目标是策划主体总目标的组成部分，是依据彼时彼地的客观情况特别是标的对象的现实确定的，具有相对稳定性。策划方案是为实现策划目标而制订的行动方案，是策划目标的方向和核心。当客观情况发生变化影响到策划目标的基本方面或主要方面时，就需要对策划目标作必要的调整，相应地就要对策划方案进行修正，以保证策划方案与调整后的策划目标相一致。

（4）把握机变的限度。根据变化了的客观情况对策划目标进行调整和对策划方案进行修正，并不是随意而为的，而是有限度的。这种限度可以从3个方面来把握：一是看变化信息的可靠程度，根据信息的可靠程度来决定是否进行调整、修正。二是看变化的程度，即变化的范围和幅度，以此来决定调整、修正的幅度。三是看调整、修正后的效益度。一旦对策划目标和策划方案分别作出调整和修正，就要充分估计将会产生的实际效益，看效益是否增加了，有没有带来负效益。

5. 可行性和可操作性原则

营销策划方案应该是可行的并具有可操作性的。可行性是指策划方案可以实施并能取得预定的效果，同时策划实施主体要完全具备策划方案中所需的条件或因素。一个方案是否可行，主要从4个方面进行分析：一是利害性分析，分析考虑策划方案带来的利益、效果、风险等各个指标。二是经济性分析，也就是对策划实施过程中的成本与效益进行分析。三是科学性分析，即考察策划方案是否建立在科学理论基础上，是否是以科学理论为指导的，是否是在进行了实际调查研究的基础上按照策划程序进行创造性思维和科学想象而形成的。四是合法性分析，即考虑策划方案是否符合当前的法律法规，是否符合当地的民风民俗。

可操作性是指策划方案中的要素组合、实施步骤都是具体的，凭借其即可以依次实施、操作。策划方案的可操作性要求策划者一定要尽可能多地掌握各种现实情况，包括企业内部的、外部的情况，有利的、不利的情况，然后对其进行客观分析，再进行策划，这样策划出来的方案才是可行的。否则，凭空策划，难免要失败。

6. 时效原则

策划方案的价值将随着时间的推移与条件的改变而变化。时效原则要求在策划中要把握好时机，同时要尽可能地缩短从策划到实施的周期。当然，重时机也不是说策划活动以及从策划到决策实施越快越好。一方面，策划的周密性与时间的长短有关；另一方面，策划方案的实施效果还与客观条件是否成熟有关。

7. 整合原则

策划，一头连接着目标，一头连接着资源，通过对资源的调配、运用，达成策划目标。任何一项策划，都涉及资源配置。资源有企业内部资源和企业外部资源之分，在没有实行整合之前，是相互独立、松散的。整合就是要将相关联或不相关联的资源联系起来，创造出新的价值绩效。特别是在策划过程中要充分整合企业外部资源，因为企业内部的资源永远是稀缺的。能够整合外部资源达成企业目标的策划才是最高明的策划。

二、操作流程

营销策划在原则上不应该有完全固定的步骤、完全规范的程序和一成不变的框架，但一个合理规范的策划工作流程可以使策划者确保理想的工作秩序和节奏，掌握轻重缓急，做到井然有序，提高工作效率，保证策划工作的质量。营销策划的一般程序可以分为以下步骤（如图 1-1 所示）：

（一）策划前期准备阶段

在前期准备阶段主要工作包括：①明确策划目的；②策划工作分工；③拟定策划工作进程；④策划经费预算等。

（二）创意与策划阶段

1. 界定问题，确定目标

营销策划的最终目标是要解决问题，实现营销目标，在界定问题之后，必须明确提出本次策划课题要达到的目标。

目标是具体化的企业任务，是营销方案设计的向导和效果检验的依据。目标设定不可缺少的 4 个要素是指标、现状值、目标值、完成时间。

（1）指标。

指标是对事件评价的“标准”，财务方面的指标如销售量、销售额、利润率等，营销职能方面的指标如市场占有率、销售增长率、分销网点数等。

当然，有些目标设定起来难度非常大，但还是要尝试将其指标化。目标的衡量遵循“能量化的量化，不能量化的质化”的标准。

（2）现状值。

现状值是解决问题的出发点，如果没有现状作对比，就无法对策划的成效进

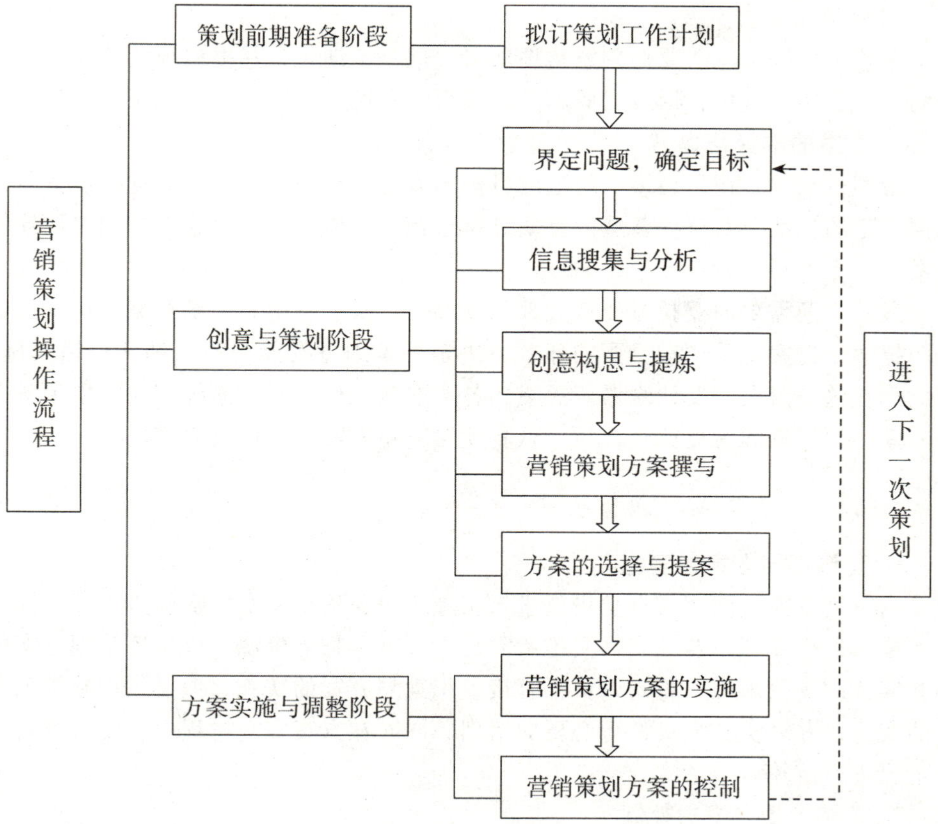

图 1-1 营销策划的程序

行恰当的评价。

（3）目标值。

根据问题能够解决到何种程度，设定最终要达到的目标。设定目标值时一定要注意“为什么设定了这样的目标”、“目标值是否过高或过低”等问题。

（4）完成时间。

设定达到目标值的时间。不一定要在很短的时间内解决好关键问题，但至少要考虑在规定完成的时间内能够解决关键问题，即应考虑可行性而设定合理的时间。

2. 信息搜集与分析

信息是策划的基础，策划目标明确以后，就要根据需要搜集相关的信息。虽然目标的明确使信息的搜集变得容易，然而策划的目标有时是在搜集和分析信息之后才能明确提出的，因而现实中策划目标的确定和搜集、分析信息这两个环节往往要交叉反复进行。

3. 创意构思与提炼

策划创意是整个营销策划过程的核心部分。一个好的营销策划方案必须要有创造性，没有创意，策划也就没有生命力。因而，在策划目标的指导下，在对有关情况分析的基础上，策划人员要自觉地运用各种创意方法进行创意构思，对策划对象进行系统设计，分析创意的可行性并进行提炼。

4. 营销策划方案撰写

在这个阶段，就需要把创意整理出来，进一步细化，并根据现实情况作出合理的规划和实施安排，形成书面的具有可行性和可操作性的“营销策划书”。

5. 方案的选择与提案

策划过程中，构思出来的能达成目标的方案，往往不止一个。这时候就需要根据一定的标准，对这些备选的方案进行选择，选取一个适合企业的相对最佳的方案。

最后，还需要向委托方或有关部门领导等汇报、答辩和征求意见，这个过程也叫提案。提案也是比较重要的环节，决定着策划方案能否被采纳和付诸实施。因此，在这一阶段，要认真做好提案的各项准备工作，充分演练。在听取了各方面专家、领导等的意见或建议后，认真地对策划方案进行修改完善。

（三）方案实施与调整阶段

1. 营销策划方案的实施

当策划方案被同意或批准后就进入实施阶段，策划方案的实施必须要有周全的实施计划作保证，合理安排实施所需的人、财、物等资源，以保证策划方案的顺利实施。一般来说，策划人员不直接组织策划方案的实施，但必须指导策划方案的实施，并对实施人员进行必要的培训，同时在方案实施过程中，要负责对实施情况进行监控。

2. 营销策划方案的控制

在策划方案的执行过程中，往往会“走样”，没有严格按照策划方案的要求进行。另外，策划方案设计时与执行时的客观环境、约束条件等都可能发生变化。这时，就必须采取措施纠偏，或者对策划方案作出调整，这就是策划方案的控制过程。

三、知识拓展

Simon 指出，人的理性是介于完全理性和非理性之间的一种“有限理性”。这种有限理性在策划过程中的具体表现是：①在情报活动阶段，人的策划行为受知觉选择性的支配，不同经验和背景的策划者，对同样的策划环境有不同的解释；②在设计活动阶段，策划者并不试图找出所有的备选方案，而是试图通过广度搜索、深度搜索、预先择优搜索等方法寻找满意的策划方案；③在抉择活动阶段，策划者遇到满意方案时便会停止其搜索行为。有限理性对人们现实的策划行为作了比较客观的解释，为策划理论的发展开辟了一个新方向。在策划决策中，采取较多的是有限理性决策模式和渐进决策模式。

1. 有限理性决策模式

绝对的、最佳的决策准则是难以满足和实现的，现实的决策只能是相对准则，即满意决策准则。它的主要内容是：在决策时要决定一个现实的指标体系，用它来作为判断方案质量的标准，用来说明什么是令人满意的最低限度要求，凡是达到或超过这个方案标准的，就是现实的相对较好方案。在关键条件发生变化，按原有指标体系要求找不到令人满意的方案时，调整相对的指标体系，由此来获得一个相对满意的方案。

因此，有限理性决策模式并不是去寻找策划方案的最优解，也不是去探讨全部的可能性，而是根据“满意标准”，寻找满意解或近似最优解。James March 和 Simon 是这样表述的：“人们所做的大多数决策，无论是个人的决策还是组织的决策，都与满意方案的探索和选择有关，仅在一些特例中才与最佳方案的探索和选择有关。” Simon“满意标准”的提出，说明策划者可依据实际情况，在合理的几个方案之间进行选择，且这种选择使用的信息可以是非完整的。

我们注意到，从理论角度看，有限理性决策模式与完美的理性决策模式相比有很大的不足，使决策者在“最优化”目标上无能为力。那么，当决策者意识到完全理性的限制条件后，该怎样作出改进呢？Simon 提出了程序性理性的概念。程序性理性认为，决策者应把精力集中到决策中的程序上，而不是集中到搜集和评价所有可能解决方案及其可能产生的结果上。于是，一些相关技术日趋完善并应用到决策中，这包括运筹学、系统分析、战略规划、项目规划预算系统（PPBS）、管理信息系统（MIS）等，每一项都为改善决策的可靠性提供了便利。

2. 渐进决策模式

渐进决策模式的主要观点为：在实际生活中，人们基本上不可能采用理性决策模式，大多数决策是通过缓慢进展、逐步改变而形成的，一切决策都是在原有基础上修修补补而得来的。

（1）渐进决策模式的原则。

①按部就班原则。决策只是决策者基于过去和现在的经验对现行计划进行稍加修改的过程。

②集小变到大变原则。决策是一个演化过程，从表面上看行动缓慢，只作少量修正，但从整个过程来看，它最终会导致大的变化。

③稳中求变原则。决策应在保持稳定的前提下进行，防止大起大落。

（2）对渐进决策模式的分析。

①决策要受到时间的限制，现实中经常要求决策者在分析尚未完成之前作出决策，否则就要失去时机。这常常导致决策时选择渐进决策模式。

②由于决策者没有足够的信息和智慧以及相应的手段去预先洞察每个方案的实施后果，所以现实生活中的决策者只能在有所了解的基础上进行决策，然后边执行边修正。

③决策者推行渐进决策模式，是由计划的连续性决定的。任何一个新的决策都不能不考虑原有的、正在执行的方案的影响。现行方案要耗费资源，如果不考虑现行方案，现行方案所耗费的成本就将转化为本次决策成本。

四、综合案例

1. 某公司策划部经理岗位职责

（1）行政隶属。

上级主管：营销副总经理。

直接下属：广告文员、促销文员、信息文员。

（2）主要职责。

A. 在营销副总经理的领导下，负责策划部门的建设与业务管理。

B. 重点负责公司市场营销策略的研究、策划、组织与实施管理；不断追踪国内外先进的营销理念和营销技巧，搜集和剖析案例并与公司比较，对公司营销战略和策略进行调整，提出有价值的建议；编制、提交公司年度市场营销整体策划方案。

C. 负责研究制订公司品牌规划方案，并根据公司决策组织资源投入及品牌管理。

D. 负责制订本部门工作计划，并对各项业务进行工作指导与业务报批。

E. 负责本部门人员的工作协调与业绩考评。

F. 完成营销副总经理交办的其他任务。

2. 广告文员岗位职责

（1）行政隶属。

上级主管：策划部经理。

工作对象：各办事处（区域）相关业务人员。

（2）主要职责。

A. 在策划部经理的领导下，负责公司广告方案的策划、实施与业务管理。

B. 负责编制公司年度广告预算，编制、提交年度广告方案，制定具体类别及分配比例。

C. 负责与广告委托方（广告公司、媒体）的业务联络，起草广告文案与广告策划方案，制作与管理广告品，评估广告效果，提出改进与调整建议。

D. 负责各区域广告事务的工作指导与审批管理，对各项广告投入进行备案，提交季度广告分析报告。

E. 负责公司企业形象的策划与实施，负责公司产品商标管理。

F. 负责公司产品包装、广告宣传品及企业刊物的策划与制作。

G. 完成策划部经理交办的其他任务。

3. 促销文员岗位职责

（1）行政隶属。

上级主管：策划部经理。

工作对象：各办事处（区域）相关业务人员。

（2）主要职责。

A. 在策划部经理的领导下，负责公司促销活动方案的设计、策划、实施与业务管理。

B. 负责编制公司年度促销活动预算，提交年度促销方案，制定与协调各区域促销活动推进时间与方案选择。

C. 负责各区域促销活动的工作指导与审批管理，协助各区域市场开展促销活动。

D. 负责制订公司公共关系计划与实施方案，策划与组织实施公关活动。

E. 负责促销活动的方案管理与文档备案，评估活动效果，提交季度促销活动分析报告。

F. 完成策划部经理交办的其他任务。

4. 信息文员岗位职责

（1）行政隶属。

上级主管：策划部经理。

工作对象：各办事处（区域）相关业务人员。

（2）主要职责。

A. 在策划部经理的领导下，负责公司营销信息管理，市场调研方案的策划、实施与业务管理。

B. 负责跟踪、研究与公司有关的宏观环境动态、行业状况、需求变化及市场竞争格局，负责制订公司年度市场营销信息调研计划及预算，提交调研报告。

C. 负责制订专项市场调研方案，搜集市场信息，分析调研结果，提交调研报告，预测市场动态，拟定应对策略。

D. 负责各区域市场信息的指导、协调与管理，通报市场动态、公司基本状况及应对策略。

E. 负责或协助核查、处理与假冒商品相关的业务。

F. 完成策划部经理交办的其他任务。

五、思考练习

1. 什么是策划？策划与计划有何区别与联系？
2. 策划与决策、创意、计划分别有什么关系？
3. 简述渐进决策模式。
4. 什么是营销策划？它具有哪些特点？
5. 进行市场营销策划应遵循哪些原则？
6. 论述市场营销策划的基本流程。
7. 营销策划部一般具有哪些职责？

六、实战训练

1. 实训项目

企业营销策划流程、营销策划部职能的调研。

2. 实训目的

通过实训，让学生了解营销策划在企业中是何种职能，营销策划的流程是怎样的，增强学生对策划工作的了解。

3. 实训内容

（1）营销策划工作流程；（2）营销策划部的职能。

4. 实训组织

（1）以小组为单位，5 人为 1 组。（2）实地走访本地至少两家有营销策划部门的企业；通过网络等渠道了解 5 家有营销策划部门的企业。（3）总结搜集到的资料，分析其共性与个性，形成调研报告。（4）制作成 PPT，在课堂上各小组进行交流。

5. 实训考核

教师根据报告与讨论情况给各小组打分，并进行总结。

项目二　信息搜集与分析

学习目标

基本知识目标：掌握信息的来源、调研方法和流程；掌握市场的分析方法。

岗位能力目标：具有良好的市场调研和分析能力。

综合素养目标：具有信息搜集和分析能力，具有洞察能力、市场判断能力。

导入案例

海底捞美国之路为何困难重重?

尽管四川海底捞餐饮股份有限公司（以下简称“海底捞”）以其传奇的服务质量白手起家，目前已在亚洲拥有75家连锁餐厅，然而面对中西方文化差异，其在美国开的分店生意却并不红火。

据中国企业家网的报道，在国内火爆异常的火锅连锁品牌“海底捞”2013年秋天在美国南加州Arcadia开张了第一家分店。虽然早在新加坡已经有了几家分店，但是远跨大洋开到美国的分店这是头一家。张勇，“海底捞”的创始人，虽然很谨慎地选择了Arcadia这个华人聚集区，但是“海底捞”的美国梦并非如想象中那么顺利，《福布斯》杂志的专稿细数了它美国之路困难重重的三大原因。

发展至今，“海底捞”以它独特的品牌形象和周到贴心的服务被称为时尚川味火锅第一家。除去它火锅店的本质，“海底捞”的一系列“增值服务”可谓是其品牌的象征，客人在门口等位时可免费享受擦皮鞋、美甲、小吃等项目，入位后的服务更是无微不至，包括提供保护手机的塑料小袋、眼镜布等贴心赠品，更有欢快的甩面舞供用餐客户欣赏。

可是这一系列的“特殊服务”却并不被美国客户所买单，中国的大众点评网“海底捞”的评分可高达满分5分，而美国的点评网站Yelp. com“海底捞”的评分却只有3分（满分5分），很多评价反映“海底捞”的价格偏高，而且并没有觉得店里的服务员很有职业素养，甚至都没有能力应对排队人群。还有评价说“海底捞”在美国应该定价偏低，因为美国的文化是要给小费的。另外，店里的饭后甜点竟然是咸味的也很难被美国人所接受。

事实上，“海底捞”在美国的麻烦事儿在门店开张前就已经发生。2013年7月，当地一家媒体就报道过“海底捞”的木匠工人曾在其门店建筑工地上打出“Shame on Haidilao”的示威条幅，原因是雇用非工会的工人。而“海底捞”一直以员工待遇好而著称，这样的丑闻无疑是对“海底捞”一个巨大的挑战。

貌似“海底捞”的优质食物、顾客为上、服务周到的经营理念很适合美国的文化理念，但究其坎坷的美国之路的原因主要还是源于发展战略的错误定位。

首先，在中国大城市的消费者愿意花费多一些在健康新鲜的食物，可是在美国食品安全健康问题并不存在。外国的中国餐馆给美国人的印象就是便宜，不太讲究，服务态度差，甚至连多要酱料还要收费。所以一下子让美国人花大价钱吃一顿中式火锅且只是为了体验其周到的服务貌似并不是那么有吸引力。

其次，美国人通常不习惯吃有太多调味料的东西，而川式火锅底料却含有大量的辣椒、花椒等调料，所以一下子让他们改变自己的饮食习惯不是件容易的事。

最后，“海底捞”的员工福利、薪资和待遇也是被人所认可的，丰厚的薪资和免费的食住吸引了很多来“海底捞”工作的优秀人才，他们在这里不只是寻求一份打零工的机会，更多的是在餐饮业有一个很好的职业发展路线。可是在美国，很多在餐馆打工的人大多是外来移民人员，他们大多没什么文化，只是为了挣一些零用钱而且并没有一个稳定的职业规划，所以自然也不会对企业有什么忠诚感和上进心，所以在美国服务质量也就大打折扣了。

资料来源　时代光华．海底捞美国受挫三大原因［EB/OL］．［2014-12-26］．http：//www. hztbc. com/news/news_ 41127. html.

思考与讨论：是什么原因导致海底捞在美国运营困难重重？案例给你什么启发？

一、专业知识

（一）信息资料来源

信息是策划的基础，我们所需的信息资料来源可以总结如下（见表2-1）：

表2-1　**信息资料来源**

	资料类型		备　注
内部资料来源	生产经营方面	营销方面	各种经营决策的记录、文件、合同、广告、价格等一系列资料
		生产方面	生产作业完成情况、操作规程、产品检测、质量保证及设备使用率等
		产品设计技术方面	产品的设计图纸及说明、技术文件、实验数据、专题文章、会议文件等
		财务方面	各种会计账目、收入、成本、利润、资金状况等
		物资供应方面	包括库存保管、进出料记录、各种物资资料等
	有关市场环境方面	顾客方面	顾客数量、类型、购买心理与行为；现有客户的名称、地址、订货日期、订货项目、订货数量、价格等
		市场容量方面	市场潜在容量大小、增长速度、发展趋势等
		竞争者方面	竞争者的产品、价格、渠道、促销等营销策略、服务状况、发展方向等
		分销渠道方面	现有的销售渠道运行状况、中间商状况、物流状况等
		宏观环境方面	有关政治、法律、经济、社会文化、技术、人口、自然等方面的环境资料
	其他	人力资源方面	薪酬体制、激励体制和人员流动率等
外部资料来源	政府部门资料		统计年鉴、各部委的出版资料、各政策研究部门的报告、政府的年度报告等
	行业协会发布的资料		各行业协会的行业分析报告、行业年会的一些报告等
	各类书籍、文献、报纸杂志		包括各种大众媒体、行业报纸杂志的报道和有关资料
	银行的咨询报告		各类银行往往会发布有关的行业、投资等方面的报告
	大型企业、调研公司、研究团体和学术团体的调查报告		大型企业、调研公司、学术团体等往往会免费公布一些调研报告，也可向其预定或购买

（二）实地调查方法

第一手资料的搜集需要采取实地调查法，常用的实地调查法主要有观察法、询问法、实验法和网上调研法，各方法的含义和优缺点总结见表 2-2。

表 2-2 **各实地调查法的含义和优缺点总结**

调查方法			含 义	优缺点
观察法	直接观察法		派调查人员直接到现场查看、记录被调查对象的行为痕迹而取得第一手资料	优点是信息及时、客观。缺点是只能观察行为，不能了解行为的内在原因
	亲自经历法		调查人员亲自参与某项活动，在活动过程中搜集有关资料	
	痕迹观察法		通过观察被调查对象留下的实际痕迹来了解被调查对象	
	行为记录法		通过录音、录像、照相、POS 机及其他设备来记录调查对象的行为	
询问法	面谈法	个人访问	通过面对面地询问某个被调查对象来搜集资料	优点是答复率高，可以追问以获得比较完整的信息。缺点是调研人员的态度与语气很容易影响被调查对象；不愿回答隐私问题；调查费用也较高
		小组访问	邀请一定量被调查对象参加小组讨论，由调查者提出各种问题，围绕目标展开讨论	优点是可以深入探讨研究问题。缺点是需要花费被调查对象的时间和精力，要取得其同意有一定困难；对主持人的要求较高
	电话访问法		由调查人员根据抽样的要求，在样本范围内通过电话询问形式向被调查对象询问预先拟定的内容	优点是信息反馈快、成本低。缺点是交谈时间较短，询问内容不能过多，也难以深入
	邮寄调查法		将事先设计好的问卷，通过邮件的形式寄给被调查对象，让其填好后按规定的期限寄回	优点是被调查者可以轻松地、真实地回答问题。缺点是回收率低，难以获得合适的邮寄名录
	留置调查法		调查人员将问卷当面发给被调查对象，并说明回答问题的要求，留给被调查对象自行填写，然后由调查人员在规定的时间收回	优点是回收率比邮寄调查法高，具有邮寄调查法和面谈法的优点。缺点是被调查对象范围受限，成本较高
实验法			调查人员通过改变某些变量（如包装、设计、价格、广告等）的值而保持其他变量不变，以此来衡量这些变量的影响效果，从而取得市场信息	优点是比较科学、比较客观。缺点是时间长、费用高；容易受外部因素干扰；难以找到有代表性的实验市场，也难以找到条件比较相同的比较市场
网上调研			企业在互联网中本企业网页中设置有关问卷或者通过电子邮件寄送问卷进行询问	优点是成本低、反馈快、调查范围广，不受时空限制。缺点是无法了解被调查对象的真实情况

（三）营销策划分析工具

在搜集完有关资料后，就需要运用合适的分析工具对有关的情况进行分析。目前，在营销策划中比较常用的分析工具主要有如下几种：

1. 3C 分析法

3C 分析法是由日本战略家大前研一（Kenichi Ohmae）提出的，他认为成功战略有 3 个关键因素，在制定任何经营战略时，都必须考虑这 3 个因素，即公司（corporation）、顾客（customer）、竞争对手（competitor）。

公司、顾客和竞争对手构成了战略的三角形，只有将公司、顾客与竞争对手整合在同一个战略内，可持续的竞争优势才有存在的可能。大前研一将这 3 个关键因素称为"3C"或"战略三角"。精明的战略家总是从整体纵览 3 种角色，力图把握它们之间的动态关系，制定最为适宜和有效的战略规划单位，从而扩展公司的相对优势（如图 2-1 所示）。

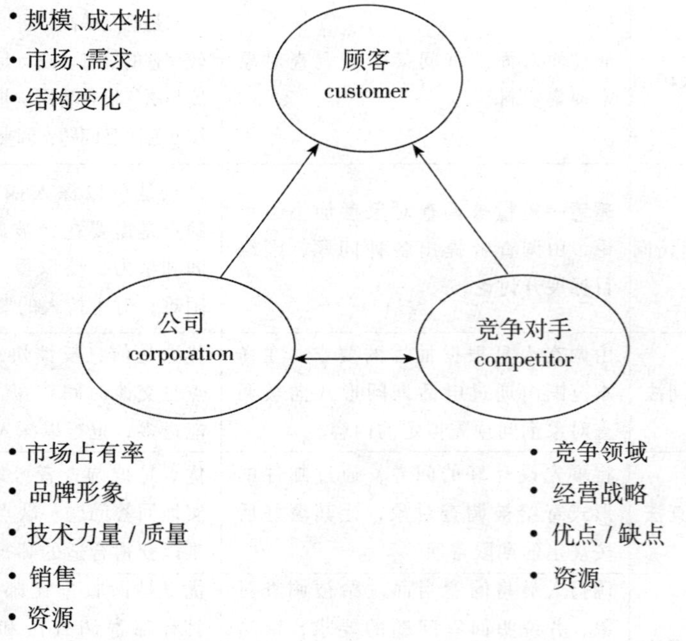

图 2-1　3C 分析法

从"战略三角"的逻辑来看，战略家的任务是要在决定经营成功的关键因素上，取得相对的竞争优势；同时还必须确保其战略能使公司的力量和某一确定市场的需求相配合。使公司目标与市场需求相协调，这对建立持续稳定的良性关系是必不可少的，否则公司的长期战略可能处于危险之中。

但这种协调总是相对的，如果竞争对手能够提供一个更优的配合，公司就会持续处于不利地位。如果公司和消费者打交道的方式与其竞争者雷同，消费者就无法分辨它们各自的产品，其结果可能是一场价格战。虽然短期内可能对消费者有利，但长期来看却会使公司与消费者两败俱伤。一个成功的战略必须确保公司的实力与消费者的需求之间能够形成一个压倒竞争对手的、更好的且更强有力的协调关系。

2. PESTDN 分析

所谓 PESTDN 分析，是对宏观环境的分析，是对传统的 PEST 分析的扩展，增加了对人口和自然这两个环境因素的分析。不同行业和企业根据自身特点和经营需要，分析的具体内容会有差异，但一般都应对政治因素（political factors）、经济因素（economic factors）、社会与文化因素（sociocultural factors）、技术因素（technological factors）、人口因素（demographic factors）和自然因素（nature factors）这六大类影响企业的主要外部环境因素进行分析。

（1）策划与环境。

从某种程度上说，策划是为了让企业与环境相匹配，而对企业资源进行配置，并达成企业目标的策略设计行动过程。它以目标为导向，一方面要考虑企业的资源，另一方面要考虑环境。策划与环境的关系如图 2–2 所示。

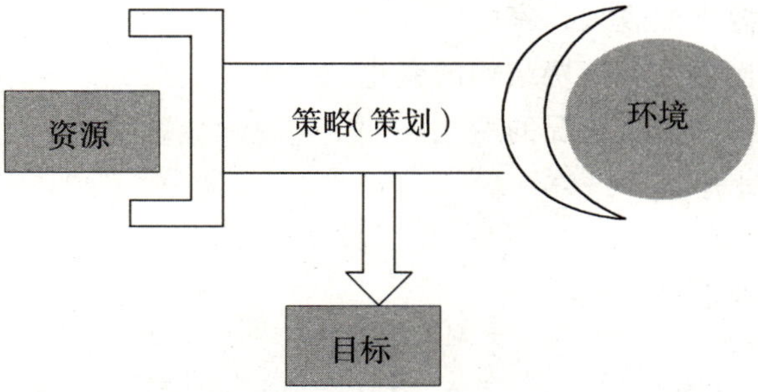

图 2–2　策划与环境的关系

（2）营销环境。

营销环境主要包括微观环境和宏观环境。微观环境是指与企业紧密相连、直接影响其营销能力的各种参与者，这些参与者包括企业的供应商、中间商、顾客、竞争者以及社会公众和影响营销管理决策的企业各个部门。宏观环境，即影响企业微观环境的巨大社会力量，包括人口、经济、政治和法律、科技、社会文化及自然等多方面的因素。微观环境直接影响和制约企业的市场营销活动，而宏观环境主要以微观营销环境为媒介间接影响和制约企业的市场营销活动（如图 2–3所示）。

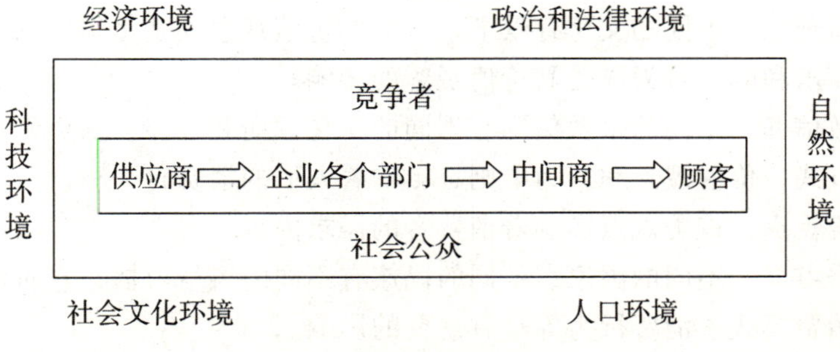

图 2–3　营销环境

（3）PESTDN 分析的内容。

①政治环境。

◆政治局势：企业营销所处的国家或地区的政治稳定状况。

◆方针政策：国家在不同时期，根据不同需要颁布经济政策、制定经济发展方针，如能源政策、物价政策、财政政策、金融与货币政策等。

◆国际关系：国家之间的政治、经济、文化、军事等关系。

◆法律环境因素：政府颁布的有关经营、贸易、投资等方面的法律、法规、政策条文等。如果从事国际营销活动，企业既要分析本国的法律制度，还要分析市场国的法律制度和有关的国际法规、国际惯例和国际准则。

②经济环境。

经济环境一般指影响企业市场营销方式与规模的经济因素，主要包括：

◆消费者收入水平的变化。消费者的购买力来自消费者的收入，但消费者并不是把全部收入都用来购买商品或劳务，购买力只是收入的一部分。因此，在研究消费者收入时，要注意以下几点：国民生产总值；人均国民收入；个人可支配收入；个人可任意支配收入；家庭收入。

◆消费者支出模式和消费结构的变化。

◆消费者储蓄和信贷情况的变化。

◆经济发展水平。

◆经济体制。

◆地区与行业发展状况。

◆城市化程度。

③社会与文化环境。

社会与文化环境包括一个国家或地区的居民教育程度和文化水平、宗教信仰、风俗习惯、审美观点、价值观念等。其主要由两部分组成：一是全体社会成员所共有的基本核心文化；二是随时间变化和外界因素影响而容易改变的社会次文化或亚文化。

◆教育水平：不同的教育水平对产品的需求、营销调研、营销方式都有较大的影响。

◆语言文字：语言文字是人类交流的工具，是文化的核心组成部分之一。一些企业由于其产品命名与产品销售地区的语言等相悖，给企业带来巨大损失。

◆价值观念：不同的文化背景下，人们的价值观念差别是很大的，而消费者对商品的需求和购买行为深受其价值观念的影响。

◆宗教信仰：不同的宗教信仰有不同的文化倾向和戒律，从而影响着人们认识事物的方式、价值观念和行为准则，影响着人们的消费行为。

◆审美观点：审美观点影响着消费者的需求内容。

◆风俗习惯：不同的国家、不同的民族有不同的风俗习惯，它对消费者的消费偏好、消费模式、消费行为等具有重要的影响。

④技术环境。

技术环境是指企业业务所涉及的国家和地区的技术水平、技术政策、新产品开发能力以及技术发展的动态等。技术环境除了要求考察与企业所处领域直接相关的技术手段的发展变化外，还应及时了解：

◈国家对科技开发的投资和支持重点。

◈该领域技术发展动态和研究开发费用总额。

◈技术转移和技术商品化速度。

◈专利及其保护情况等。

⑤人口环境。

人口是构成市场的第一位因素。由于市场是由那些想购买商品同时又具有购买力的人构成的，因此人口的多少直接决定市场的潜在容量，人口越多，市场规模就越大。而人口的年龄结构、地理分布、婚姻状况、出生率、死亡率、人口密度、人口流动性及其文化教育等会对市场格局产生深刻影响，并直接影响企业的市场营销活动和企业的经营管理。

◈人口总量：是决定市场规模和潜在容量的一个基本要素。

◈人口结构：主要包括人口的年龄结构、性别结构、家庭结构、社会结构以及民族结构。

◈地理分布：人口的地理分布表现在市场上就是人口的集中程度。集中程度不同，则市场大小不同；消费习惯不同，则市场需求特性不同。

⑥自然环境。

自然环境是指企业业务涉及的地区或市场的地理、气候、资源、生态等环境。这些因素都会不同程度地影响企业的营销活动，有时这种影响对企业的生存和发展起决定性作用。企业要避免由自然环境带来的威胁，最大限度地利用自然环境变化可能带来的市场营销机会，就应不断地分析和认识自然环境变化的趋势，根据不同的环境情况来设计、生产和销售产品。

企业所面临的机会与自然环境的 4 种趋势（即原材料短缺、能源成本的增加、污染的增加和政府保护环境的使命的加强）是紧密相连的。

3. SWOT 分析

SWOT 分析法是战略管理理论中最常见的分析工具之一，是一种综合考虑企业外部环境和内部条件的各种因素，进行系统评价，从而选择最佳经营战略的方法。其中，S 是指企业内部所具有的优势（strengths），W 是指企业内部所具有的劣势（weaknesses），O 是指企业外部环境的机会（opportunities），T 则表示外部环境给企业带来的威胁（threats）。

公司的优劣势是用来描述其内部条件的。公司的优劣势分析包括公司运作的所有方面，如产品的生产与开发、产品品牌、分销渠道、营销能力、谈判能力、财务状况等。而机会和威胁是公司外部环境的一部分。它们可以由如下因素形成：人口变化、技术进步、法规变化、消费者态度和行为的变化、原材料供给或成本的变化等。

进行 SWOT 分析主要经过如下步骤（如图 2-4 所示）：

（1）行业环境基础分析。

对于行业环境的基础分析，美国管理咨询专家 Paul Tiffany 和 Steven Peterson 提出了基本的分析框架，主要是分析与企业相关联的市场、结构、财务和关系 4

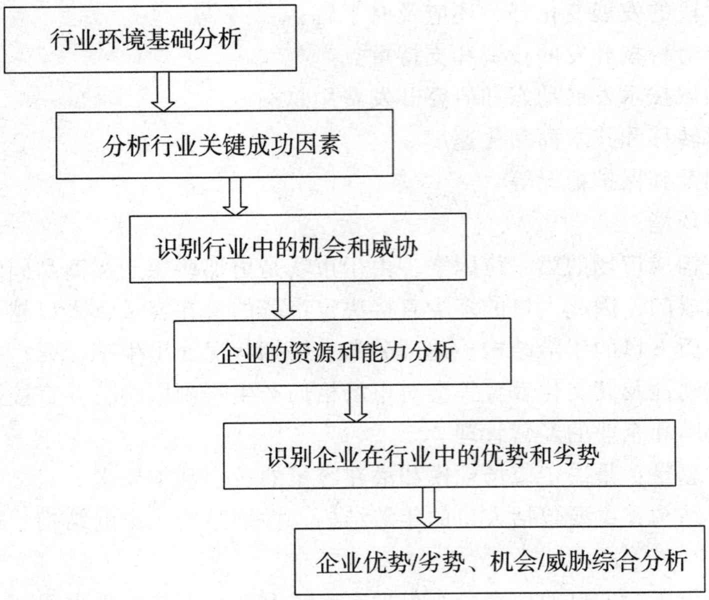

图 2-4 SWOT 分析的步骤

个方面（如图 2-5 所示）。

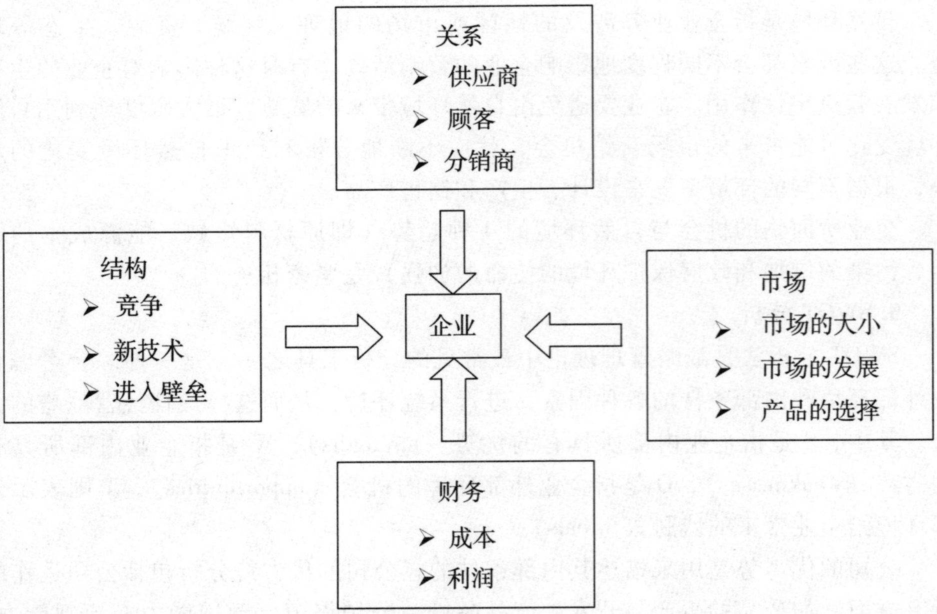

图 2-5 行业环境基础分析框架

（2）分析行业关键成功因素。

如何把握行业成功的关键因素，需要研究以下两个问题：

①行业发展前景的研究。

②市场规律与企业优势的研究。

（3）识别行业中的机会和威胁。

一个企业所面临的机会和威胁主要来自外部宏观环境和竞争对手。来自外部宏观环境的机会和威胁对行业内的所有企业往往都具有同等程度的影响；而来自竞争对手的机会和威胁可能对行业的其他企业造成影响，也可能仅对本企业造成影响。

（4）企业的资源和能力分析。

企业有形的资源主要包括人力、物力和财力；无形的资源主要包括品牌、技术和声誉等。企业的能力分析要充分考虑企业的营销能力、财务能力、生产能力、组织能力等，并要对其各自的能力构成及水平作出恰当的评价。企业能力分析可以利用表 2–3 所示的方式进行。

表 2–3 **企业能力分析核查表**

能力因素	标准	现有能力的绩效				
		强	较强	中	较弱	弱
营销能力	高知名度 分销成本 销售力强 ……					
财务能力	资金成本 筹资容易程度 盈利能力 ……					
生产能力	设备的先进性 生产工艺的先进性 生产能力 ……					
组织能力	组织结构 领导能力 对情况变化的反应速度 ……					

（5）识别企业在行业中的优势和劣势。

在分析了行业的关键成功因素、企业资源和能力的优劣势等之后，就需要识别公司在行业中相对的优劣势。只有和行业的其他同类企业相比较之后，才能明确本企业的优劣势究竟在哪里，从而为制定有关应对策略，充分利用优势、避开劣势提供可靠的依据。识别企业在行业中的优劣势可以利用表 2–4 所示的方式进行。

表 2-4　**识别企业在行业中的优劣势**

行业关键成功因素		企业的资源和能力			
		优势	如何保持和利用	劣势	如何避免和改变
关键成功因素	1. …… 2. …… 3. ……				
非关键成功因素	1. …… 2. …… 3. ……				

（6）企业的优势/劣势、机会/威胁综合分析（SWOT 综合分析）。

在上述分析之后，就可以对企业进行 SWOT 综合分析了，分析的格式见表2-5。

表 2-5　**SWOT 综合分析**

本企业 / 策略 / 竞争对手		内部优势（S） 1. …… 2. …… 3. ……	内部劣势（W） 1. …… 2. …… 3. ……
外部机会（O）	1. …… 2. …… 3. ……	SO 战略 依靠内部优势 利用外部机会	WO 战略 利用外部机会 克服内部劣势
外部威胁（T）	1. …… 2. …… 3. ……	ST 战略 依靠内部优势 回避外部威胁	WT 战略 减少内部劣势 回避外部威胁

4. 消费者 5W2H 分析

在进行消费者研究时，我们必须了解两个问题：

第一，消费群体特征（即文化特征、社会特征和心理特征）是如何影响购买行为的？

第二，消费者是如何进行购买决策的？

在进行营销策划时，或者在日常的营销管理中，需要了解的消费者一般信息的主要内容可以概括为 5W2H。其分析框架如图 2-6 所示。

（1）Who：购买和使用产品/品牌的消费者是谁？

①谁是我们的主要消费者、次要消费者和创新使用者？

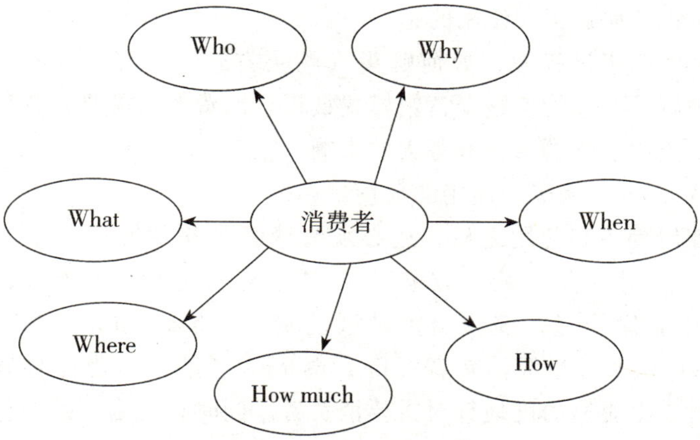

图 2-6　消费者 5W2H 分析框架

②谁参与了决策？一般而言，一个购买决策过程中往往有以下几个参与角色：

- 发起者：第一个提议或想到购买特定产品的人。
- 影响者：对最后购买决策具有某种影响力的人。
- 决策者：对全部或部分购买决策具有决定权的人。
- 购买者：实际从事购买行为的人。
- 使用者：消费或使用该产品或劳务的人。

（2）Why：消费者为什么购买某种产品/品牌？

消费者为什么购买？所追求的产品利益点是什么？只有把握消费者的购买动机，并且以此为基点，开发更有效的卖点，才能继续稳定现有消费群体，吸纳更广泛的消费群体。

（3）Where：在哪里获得产品/品牌信息？在哪里购买和使用？

就接触产品/品牌信息而言，应该了解消费者的获知途径——电视广告、报纸广告、朋友告知、终端商品直接接触等；就购买地点而言，应该了解消费者在什么地方购买——商场、超市、便利商店、杂货店等。只有从这两方面全面了解，才能为广告投放和通路调配提供科学的参考依据。

（4）When：在什么时候购买和使用？

消费者在什么时候购买，也就是购买时机，是了解消费者行为的一个重要方面，只有了解消费者的购买时机，才可以对配送时间、促销时间进行更有规律的组织和规划，当然也会更有效果、更有效率。

（5）What：消费者购买或使用什么产品/品牌？

在实施购买行为时，消费者一般是从一些品牌中选择出最适合自己的。在选择过程中，一定会涉及价值判断与比较，这些消费者用以判定品牌优劣的评估标准（一般称之为购买考虑因素）也是营销过程中不能放过的信息。在评估标准上，有些产品的属性非常重要（重要因素），但在购买决策上却发挥不了影响力（非决定因素）。所以，在了解消费者的产品评估标准时，一定要把决定因素与非决定因素分开，才不会导致营销努力的方向与沟通语言的错误。

（6）How：如何购买和使用的？

在消费者的购买过程中，如何购买（购买方式）也是一个很重要的环节，只有清晰地了解了，才能使整个营销模式最切合消费者的需要，并且这点也对销售渠道、配送流程、终端选择有很大的影响。

（7）How much：购买和使用的数量是多少？

了解了如何购买和使用之后，还必须清楚消费者多久才购买一次（购买频率），以及一次买多少量（购买数量），以便了解消费者使用产品的速度，并根据消费者的产品使用量，细分出重量级消费者（heavy user）、中量级消费者（medium user）以及轻量级消费者（light user）。了解了消费者的销量分级，就可以在产品诉求上更有力度地针对主要消费者。同时，也为产品的包装容量大小设计提供依据。

二、操作流程

在营销策划目标确定后，就要围绕这一目标展开信息搜集工作。信息搜集工作是策划成功的关键，信息的数量与质量往往决定了创意的数量与质量。策划信息搜集流程如图 2-7 所示。

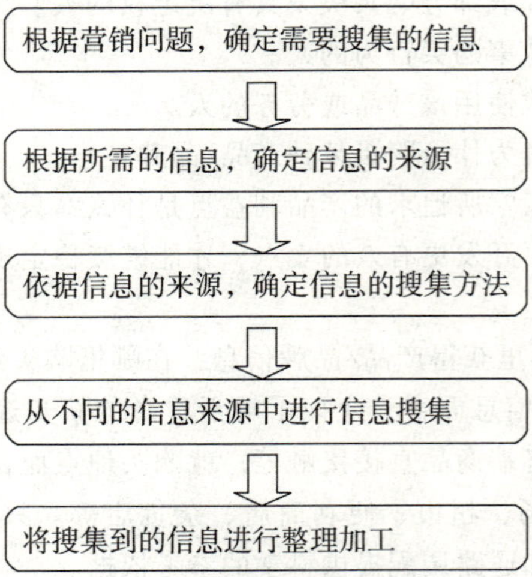

图 2-7　策划信息搜集流程

1. 确定需要搜集的信息

首先，列出完成策划主题所需要的各方面的信息，如产品方面的信息、竞争对手的有关情报、消费者行为信息等。其次，列出目前已经了解的信息。最后，在此基础上确定所需要的信息。

2. 确定信息的来源

资料的来源大体上可以分为第一手资料和第二手资料。所谓的第一手资料，是指为了目前的调研目标而搜集的资料；而第二手资料是指为其他目标而搜集的证据数字，能为目前市场调查所利用的资料。

3. 确定信息的搜集方法

（1）文案调查法。

文案调查法又称为第二手资料调查法，是指查询、阅读和记录可以获得的（通常是已经发布的）与研究项目有关的资料的过程。文案资料包括企业内部资料和企业外部资料。

（2）实地调查法。

实地调查法又称原始资料调查，是为某一特定目的而搜集原始资料的过程。实地调查法包括观察法、询问法、实验法和网上调研法。各种实地调查法的含义及优缺点见表 2-2。

4. 信息搜集

确定了信息搜集的方法后，就可以开展信息搜集工作了。在信息搜集实施前还需要做好如下工作：①成立调研机构和准备好有关资料：如整体实施方案、调查问卷、访问员操作手册、有关卡片、统计表格等；②调查人员的选择；③调查人员的培训。

在搜集资料过程中，要注意多种方法的相互补充，注重信息搜集方法的搭配组合。

5. 信息整理加工

文案调查和实地调查工作完成后，获得了大量宝贵的数据和资料，下一步的工作就是对这些数据和资料进行整理加工、统计分析，得出调研结论。

三、知识拓展

问题界定的方法

1. 渐进抽象

该技术的用途是寻求不同的问题定义。其方法是不断对问题进行抽象，直到获得对问题的满意定义（如图 2-8 所示）。问题的抽象水平是逐级升高的。在满意的较高级水平上，很容易确定问题的解决办法。

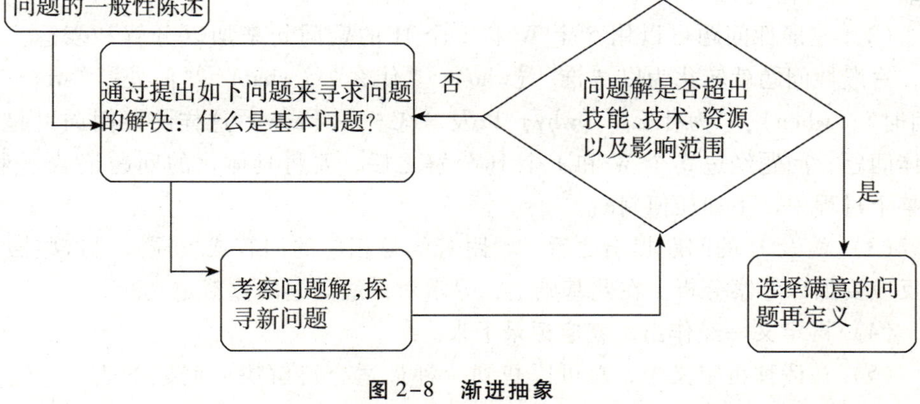

图 2-8　渐进抽象

这种方法的要旨是：一次又一次地确认基本问题，最终获得满意的定义。其路径是通过逐级抽象来不断提高对基本问题的认识。其具体步骤如下：

（1）写出问题的一般性陈述。

（2）通过提出如下问题来探询对问题的可能性解答：什么是最基本问题？

（3）通过回答（2）所提出的问题，升华出新的问题定义。

（4）重复（2）和（3）两个步骤。

（5）选择满意的问题定义，并作为激发创建的基础。

2. 5W 和 1H 法

5W 和 1H 法又叫 6 个诚实的勤务员法，这种技术由新闻采访引申而来，对创造性解决问题颇有帮助。其主要是为系统地搜集与问题相关的资料提供一个基本的框架。由此而搜集到的资料可能会为解决问题提供新的视角。反过来，它又有助于对问题重新加以界定。本技术有以下几个阶段（如图 2-9 所示）：

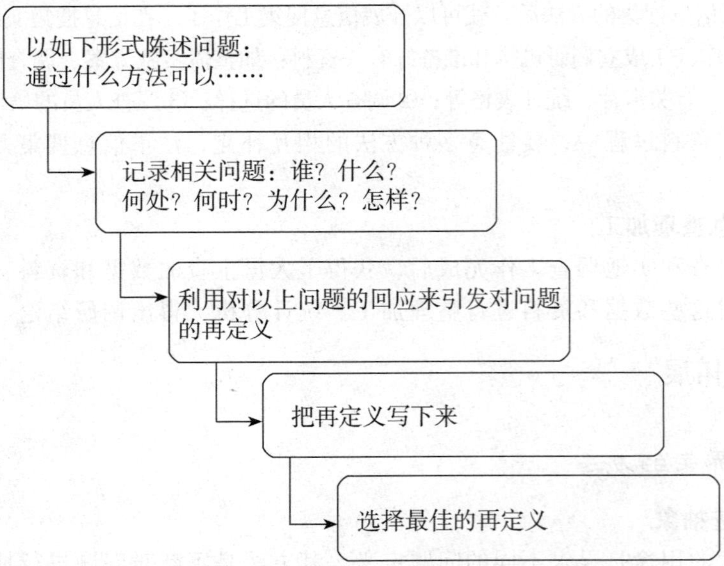

图 2-9　5W 和 1H 法分析流程

（1）问题的表述形式为：通过什么方式可以……（In? What? Ways? Might…?）（简记为 IWWM）。

（2）一般性问题可以用 5 个 W 和 1 个 H 的疑问句来加以分解和表达。这样，一般性问题就转化为以“谁”（who）、“什么”（what）、“何处”（where）、“何时”（when）、“为什么”（why）以及“怎样”（how）这样的疑问词引起的具体问题。问题经过 5 个 W 和 1 个 H 分解之后，要将具体化的问题记载下来。在整个过程中，不加任何判断。

（3）W 及 H 的问题提出之后，紧跟着的是相应的回答或反应。对这些回答或反应要加以考察分析。在此基础上，寻求对一般问题的重新定义。

（4）再定义一经作出，就应记录下来。

（5）在诸种再定义中，总可以找到一种最适合待解决的问题的表达。这种表达将作为最后选择。

3. 鱼骨图分析

（1）鱼骨图（fishbone diagram）。

鱼骨图又称为特征—因素图或因果分析图，经常被用来对问题原因进行分析诊断，是一种发现问题“根本原因”的方法。鱼骨图可以清楚地表达某种结果和可能原因之间的关系。它通过脊骨及其两侧的大、中、小骨，层层展开问题与原因之间的因果关系，基本结构如图 2-10 所示。

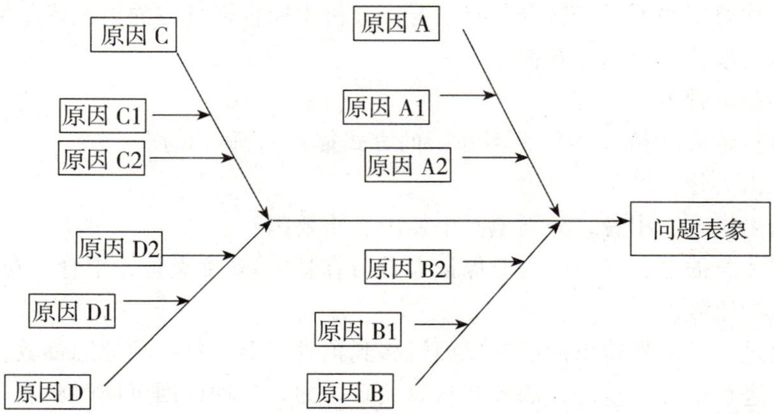

图 2-10　鱼骨图基本结构

鱼骨图最右侧方框里的部分为问题的表象或分析对象，置于图中脊骨粗箭头之右。引起表象发生的不同层次因素，相应为大的因素，以大骨表示，更深一层的因素以中骨表示，再次为小骨。大、中、小骨均以箭头由小向大层层相连。

（2）鱼骨图的应用步骤。

①确定要分析的问题。

要保证问题是专门的、定义严谨且范围相对较小，所有参与的人员都能够切实理解要分析的内容。在讨论时，在挂图或黑板的顶端写出问题是什么。

②头脑风暴，寻找所有可能原因。

对所有可能原因进行一次头脑风暴。要在挂图或黑板上记下每条意见。在确定原因的分类之前先进行头脑风暴是很重要的，否则观念范围就会受到限制。

③确定主要原因的类型。

审核头脑风暴的结果，确定主要原因类型，在经营管理问题中经常使用的类型有“人、机、料、法、环”几种（如图 2-11 所示）。

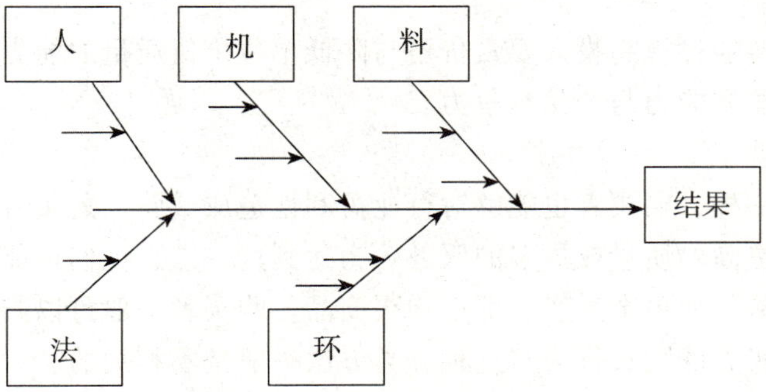

图 2-11　原因类型

◈ 人——问题产生的人为因素。

◈ 机——通指软、硬件条件对事件的影响。

◈ 料——基础的准备以及物料。

◆法——与事件相关的方式与方法。

◆环——内外部环境。

这 5 种类型并不一定适合所有情况，分析中应根据具体的情况确定恰当的类型，但是类型数不应超过 6 种。

④绘制鱼骨图。

◆填写鱼头（按“为什么不好”的方式描述），画出脊骨。

◆画出大骨，填写大要因。

◆画出中骨、小骨，分别填写中要因、小要因。

需要注意的是，绘图时，应保证大骨与脊骨成 60 度夹角，中骨与脊骨平行。

⑤分配原因。

把通过头脑风暴得出的潜在原因转移到鱼骨图上，每一项原因都放在适当的类别之下进行归类、整理，明确其从属关系。如果某种原因可同时归属于两种或两种以上因素，应以关联性最强者为准。

⑥分析根本原因。

考察造成某一结果的根本原因最有可能是什么。在操作上可以拿出任何一个问题，研究为什么会产生这样的问题，然后针对问题的答案再问为什么。这样至少深入 5 个层次（连续问 5 个问题）。当深入到第五个层次后，认为无法继续进行时，列出这些问题的原因，而后列出至少 20 个解决方法。

4. 波特 5 种力量分析模型

波特 5 种力量（five forces）分析模型主要用于行业竞争结构分析以及竞争战略的分析，可以有效地分析客户的竞争环境。

波特 5 种力量分析模型将大量不同的因素汇集在一个简便的模型中，以此分析一个行业的基本竞争态势（如图 2-12 所示）。行业竞争结构分析模型确定了竞争的 5 种主要来源，即供应商和购买者的议价能力、潜在进入者的威胁、替代品的威胁和目前在同一行业的公司的竞争者。一种可行的策略的提出首先应该确认并评价这 5 种力量，不同力量的特性和重要性因行业和公司的不同而不同。

（1）供应商。

供应商主要通过提高投入要素价格与降低单位价值质量的能力，来影响行业中现有企业的盈利能力与产品竞争力。

（2）购买者。

与供应商一样，购买者也能够对行业盈利性造成威胁。购买者能够强行压低价格，或要求更高的质量或更多的服务。为达到这一点，他们可能使生产者互相竞争，或者不从任何单个生产者那里购买商品。购买者一般可以归为企业客户或个人客户，购买者的购买行为与这种分类方法一般是不相关的。

（3）潜在进入者。

新进入者在给行业带来新生产能力、新资源的同时，也会与现有企业发生原材料与市场份额等的竞争。竞争者进入威胁的严重程度取决于两方面的因素：一是进入新领域的障碍大小；二是现有企业对于进入者的反应情况。

进入障碍主要包括规模经济、产品差异、资本需要、转换成本、销售渠道开

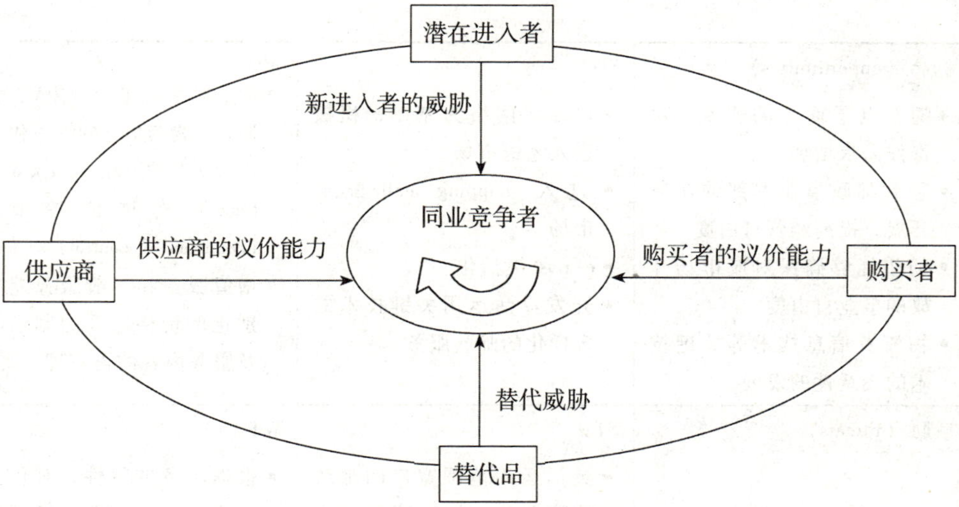

图 2-12　波特 5 种力量分析模型

拓、政府行为与政策、不受规模支配的因素（如商业秘密、产供销关系、学习与经验曲线效应等）、自然资源、地理环境等方面，这其中有些障碍是很难通过复制或仿造的方式来突破的。

（4）替代品。

替代品是指那些与企业产品具有相同功能的或类似功能的产品。

此外，需要注意的是，有的产品可能有多种用途，每种用途都有不同的替代品。生产这类产品的企业，可以从产品的功能入手，分析企业的竞争者。

（5）同业竞争者。

行业内现有企业之间总是存在着竞争，现有企业之间的竞争常常表现在价格、广告、产品介绍、售后服务等方面，其竞争强度与许多因素有关。不同行业的现有企业间的竞争激烈程度是不同的。

四、综合案例

某信息通讯部邮政物流 BPR/ISP 项目 SWOT 分析见表 2-6。

表 2-6　**某信息通讯部邮政物流 BPR/ISP 项目 SWOT 分析**

内部能力 / 策略 / 外部因素	优势（strengths）	劣势（weaknesses）
	• 作为国家机关，拥有公众信任 • 顾客对邮政服务的高度亲近感与信任感 • 拥有全国范围的物流网（3 600家邮政局） • 具有众多的人力资源（42 000名） • 具有创造邮政/金融 synergy 的可能性	• 上门取件相关人力及车辆不足 • 市场及物流专家不足 • 组织、预算、费用等方面的灵活性不足 • 包裹破损的可能性大 • 追踪查询服务不够完善

续表

机会（opportunities） • 随着电子商务的普及，对寄件需求增加 • 随着邮政事业本部的业务开展，提高经营自由度 • 期望能够确保对应市场开放的事业自由度 • 物流及信息技术等关键技术的飞跃性的发展	SO • 以邮政网络为基础，积极进入宅送市场 • 进入 shopping mall 配送市场 • e-post 灵活化 • 开发灵活运用关键技术的多样化的邮政服务	WO • 构成邮寄包裹专门组织 • 通过实物与信息的统一化进行实时的追踪（track & trace）及物流控制（command & control） • 增值服务和一般服务差别化的价格体系的制定及服务内容的再整理
威胁（threats） 略	ST • 灵活运用范围宽广的邮政物流网络，树立积极的市场战略 • 通过与全球性的物流企业进行战略联盟，提高国外邮件的收益性及服务 • 为了确保企业顾客，树立积极的市场战略	WT • 根据服务的特性，对包裹详情单与包裹运送网分别运营 • 对已经确定的邮政物流运营提高效率（BPR），由此提高市场竞争力

五、思考练习

1. 一个营销目标要包含哪几个要素？

2. 请简述策划信息搜集的流程。

3. 信息搜集的方法有哪些？

4. 二手资料来源于哪些方面？

5. 请简述 3C 分析、PESTDN 分析、SWOT 分析、消费者 5W2H 分析等几种方法。

六、实战训练

1. 实训项目

某公司营销问题的调查与分析。

2. 实训目的

通过实训，让学生掌握问题界定的思路与方法，懂得常用的市场分析工具。

3. 实训内容

由教师指定或学生选定一家经营状况不是很理想的企业（最好是本地的），然后由学生深入企业访问、走访有关经销商和消费者，并结合市场的宏观环境对企业的问题进行深入的分析，并形成最终报告。

4. 实训组织

（1）全班分为 4 个小组，每个小组分别调查搜集以下资料：①公司内部资料；②经销商的意见和建议；③消费者对公司和产品的看法等资料；④有关产品所在行业情况、宏观环境等。（2）把搜集到的资料进行共享，各小组各自组织分析讨论，形成分析报告。（3）各小组根据各自的分析报告，制作 PPT，并派一名代表在课堂陈述有关观点。

5. 实训考核

（1）分析报告；（2）PPT 制作及课堂讨论。由教师根据这两项内容对各小组进行考核，并评定分数。

项目三　营销策划创意方法

学习目标

基本知识目标：了解创意在营销策划中的地位和意义；理解营销策划的思维方式；掌握营销策划常用的创意技法。

岗位能力目标：营销策划创意能力。

综合素养目标：具有创新意识、良好思维方式和具有娴熟创意技巧。

导入案例

传统银行布局微银行火力全开

2014 年，传统银行对互联网金融的布局热情依旧延续。2014 年 1 月 3 日，邮储银行在北京发布微信银行、微博银行和易信银行业务，“微银行”平台“火力全开”。

邮储银行介绍，该行是国内首家提供微博银行和易信银行服务的商业银行。同日，该行也启动全面的全国营销活动。

“此次发布的社交平台系列金融产品以及推出的活动，旨在融入互联网金融大潮，抓住互联网用户社交化发展机遇，将金融服务与社交平台结合，为客户提供更加便捷的金融服务。”邮储银行称。

“所有邮储银行的客户，只需在微信、易信或新浪微博中关注‘邮储银行电子银行’，便能通过该平台及时了解邮储银行相关资讯、产品信息，而作为我行手机银行客户服务的增值渠道，还能够为其提供借记卡、信用卡和生活缴费等服务。”邮储银行电子银行部相关负责人介绍。

据了解，市民想要关注此次开通的三大平台，可以通过启动相应手机客户端直接搜索“邮储银行电子银行”或扫描邮储银行海报等宣传材料上的二维码等方式进行。不过，需要特别提醒的是，市民如果需要享受由这三大平台带来的便捷金融服务，需要先开通邮储银行手机银行服务。

邮储银行曲家文表示，邮储银行也在着力打造线下网点智能化、线上服务先进化的互联网金融平台。邮储银行打造了包括网上银行、手机银行、电话银行、电视银行及 5.5 万台 ATM 在内的种类齐全、覆盖面广、纵横交错的电子金融服务网络，再加上 3.9 万多个覆盖全国的网点，服务了全国城乡 4.2 亿客户，成为连接城乡金融的重要通道。据介绍，邮储银行拥有电子银行客户 8 500 万户，位列同业第五位。

邮储银行表示，下一步该行将不断丰富“微银行”的服务功能，并将按照大型零售商业银行的战略定位，不断增强信息科技能力，加快金融创新，为客户提供更加多样化的金融服务。

资料来源　李静瑕. 邮储银行加快推互联网金融平台：首发微博、易信银行 [EB/OL]. [2014-01-03]. http://business.sohu.com/20140103/n392905037.shtml，有改动.

思考与讨论：“微”时代背景下如何进行市场营销？

一、专业知识

创新是策划的生命力，意味着要打破常规，以奇取胜。掌握良好的思维技巧和方法，可以获得事半功倍的效果。创意技法就是进行创意活动、实现创意目标的具体的技巧和方法。目前世界上的创意技法不下几百种，在这里，主要介绍头脑风暴法、信息交合法、检核表法和列举法这几种主要的创意技法。

（一）头脑风暴法

头脑风暴（brain storming，BS）法又称智力激励法或自由思考法，是由美国心理学家奥斯本于1939年首次提出的一种创新方法，是一种集体形式的智力相互激励的方法。它一般通过一种特殊的会议，使参加的人相互启发、相互激励、相互诱导、填补知识空隙，从而引起创造性设想的连锁反应，产生众多的创造性成果。

头脑风暴法可分为直接头脑风暴法（通常简称为头脑风暴法）和质疑头脑风暴法（也称反头脑风暴法）。前者是由专家群体决策，尽可能激发创造性，产生尽可能多的设想的方法；后者则是对前者提出的设想、方案逐一质疑，分析其现实可行性的方法。

采用头脑风暴法组织群体决策时，要集中有关专家召开专题会议，主持者以明确的方式向所有参与者阐明问题，说明会议的规则，尽力创造融洽轻松的会议气氛。主持者一般不发表意见，以免影响会议的自由气氛，由专家们“自由”提出尽可能多的方案。

1. 头脑风暴法的激发机理

头脑风暴法何以能激发创新思维？根据奥斯本本人及其他研究者的看法，主要有以下几点：

（1）联想反应。联想是产生新观念的基本过程。在集体讨论问题的过程中，每提出一个新的观念，都能引发他人的联想，相继产生一连串的新观念，产生连锁反应，形成新观念堆，为创造性地解决问题提供了更多的可能性。

（2）热情感染。在不受任何限制的情况下，集体讨论问题能激发人的热情。人人自由发言、相互影响、相互感染，能形成热潮，突破固有观念的束缚，最大限度地发挥创造性思维能力。

（3）竞争意识。在有竞争意识的情况下，人人争先恐后，竞相发言，不断地开动思维机器，力求有独到见解和新奇观念。心理学的原理告诉我们，人类有争强好胜的心理，在有竞争意识的情况下，人的心理活动效率可增加50%或更多。

（4）个人欲望。在集体讨论解决问题的过程中，个人的欲望自由，不受任何干扰和控制，是非常重要的。头脑风暴法有一条原则，就是不得批评仓促的发言，甚至不许有任何怀疑的表情、动作、神色。这就能使每个人都畅所欲言，提出大量的新观念。

2. 头脑风暴法的要求

（1）组织形式。

①参加人员：参加人数一般为5~10人，尽量使与会人员在年龄、性别、专业结构上都有所不同。头脑风暴法的所有参加者，都应具备较高的联想思维能力。在进行“头脑风暴”（即思维共振）时，应尽可能提供一个有助于把注意力高度集中于所讨论问题的环境。有时某个人提出的设想，可能正是其他准备发言的人已经考虑过的设想。其中一些最有价值的设想，往往是在已提出设想的基础之上，经过“头脑风暴”，迅速发展起来的设想，以及对两个或多个设想的综合设想。因此，头脑风暴法产生的结果，应当被认为是专家成员集体创造的成果，是专家组这个宏观智能结构互相感染的总体效应。

②会议时间：会议时间控制在1小时左右。

③主持人：设主持人1名，主持人只主持会议，对设想不作评论。头脑风暴法的主持工作，最好由对决策问题的背景比较了解并熟悉头脑风暴法的处理程序和处理方法的人担任。头脑风暴法主持人的发言应能激起参加者的思维“灵感”，促使参加者感到急需回答会议提出的问题。通常在头脑风暴开始时，主持人需要采取询问的方式，因为主持人很难在会议开始5~10分钟内创造一个自由交换意见的气氛，并激起参加者踊跃发言。主持人的主动活动也只局限于会议开始之时，一旦参加者被鼓励起来后，新的设想就会源源不断地涌现出来。这时，主持人只需根据头脑风暴法的原则进行适当引导即可。应当指出，发言量越大，意见越多种多样，所讨论问题越广越深，出现有价值设想的概率就越大。

④记录员：设记录员1~2人，要求认真地将与会者每一个设想不论好坏都完整地记录下来。会议提出的设想应由专人简要记载下来或录在磁带上，以便由分析组对会议产生的设想进行系统化处理，供下一（质疑）阶段使用。

（2）会议原则。

为使与会者畅所欲言，互相启发和激励，达到较高效率，必须严格遵守下列原则：

①禁止批评和评论，也不要自谦。对别人提出的任何想法都不能批判、不得阻拦。

②目标集中，追求设想数量，越多越好。在会上，只强调大家提设想，越多越好。会议以谋取设想的数量多为目标。

③鼓励巧妙地利用和改善他人的设想。每个与会者都要从他人的设想中激励自己，从中得到启示，或补充他人的设想，或将他人的若干设想综合起来提出新的设想等。

④与会者一律平等，各种设想全部记录下来。与会者不论是该方面的专家、员工，还是其他领域的学者，以及该领域的外行，一律平等；各种设想，不论大小，甚至是最荒诞的设想，记录人员也要认真地将其完整地记录下来。

⑤主张独立思考，不允许私下交谈，以免干扰别人思维。

⑥提倡自由发言，畅所欲言，任意思考。会议提倡自由奔放、随便思考、任意想象、尽量发挥，主意越新、越怪越好，因为它能启发出更好的观念。

⑦不强调个人的成绩，应以小组的整体利益为重，注意和理解别人的贡献，人人创造民主环境，不以多数人的意见阻碍个人新的观点的产生，激发个人追求

更多更好的主意。

3. 头脑风暴法的程序

创意过程大体上可以分为 4 个阶段：

（1）会前准备阶段。

①会议要明确主题。会议主题要提前通报给与会者，让与会者有一定的准备。

②落实参与者。参与者要有一定的基础，懂得该会议提倡的原则和方法，必要时可进行柔性训练，即对缺乏创新者进行打破常规思考、转变思维角度的训练活动，以减少思维惯性，使其从单调紧张的工作环境中解放出来，以饱满的创造热情投入激励设想活动。

③选好主持人。主持人要熟悉并掌握该技法的要点和操作要素，摸清主题现状和发展趋势。

（2）设想开发阶段。

由主持人介绍与主题相关的参考情况，并宣布开始头脑风暴，要求与会者突破思维惯性，大胆进行联想，力争在有限的时间内获得尽可能多的创意性设想。

（3）设想的整理与评价阶段。

在这一阶段，要对头脑风暴提出的设想进行整理，对每一组或每一个设想，编制一个评论意见一览表。在此基础上，根据“设想评价的准则”对头脑风暴过程中提出的评价意见进行估价。对评价意见的估价，与讨论设想一样重要。因为在质疑评价阶段，重点是研究有碍设想实施的所有限制因素，而这些限制因素即使在设想产生阶段也是放在重要地位予以考虑的。

（4）创意的最终选择阶段。

根据评估的结果，综合考虑有关因素，选择符合要求的最佳创意。在这一阶段要吸收一些有能力对设想实施作出较准确判断的专家参加。如果必须在很短时间就重大问题作出决策，吸收这些专家参加就显得尤为重要。

4. 主持人技巧

主持人应懂得各种创造性思维和技法，会前要向与会者重申会议应严守的原则和纪律，善于激发成员思考，使场面轻松活跃而又不失头脑风暴的规则。

（1）主持人要鼓励所有设想，制造畅所欲言的氛围。要以赏识激励的词句语气和微笑点头的行为语言，鼓励与会者多多设想。

（2）制止批评和嘲讽。禁止使用下面的话语：“这点别人已说过了”“实际情况会怎样呢”“请解释一下你的意思”“就这一点有用”“我不赞赏那种观点”等。

（3）经常强调设想的数量，比如平均 3 分钟内要发表 10 个设想。遇到人人皆才穷计短出现暂时停滞时，可采取一些措施，如休息几分钟，自选休息方法，散步、唱歌、喝水等，再进行几轮头脑风暴。

（4）要掌握好时间，在会议持续 1 小时左右的过程中，形成的设想应不少于 100 种。但最好的设想往往是在会议要结束时提出的，因此预定结束的时间到了，还可以根据情况再延长 5 分钟，这是人们容易提出好的设想的时候。在 1 分钟时间里再没有新主意、新观点出现时，头脑风暴会议可宣布结束或告一段落。

（二）信息交合法

信息交合法又称为要素标的发明法或信息反应场法。信息交合法是一种在信息交合中进行创新的思维技巧，即把物体的总体信息分解成若干要素，然后把这种物体与人的各种实践活动相关的用途进行要素分解，把两种信息要素用坐标法连成信息标，一个轴上各点的信息可以依次与另一个轴上的信息交合，从而产生新的信息。

信息交合法是由许国泰创造的，他认为一切创造活动都是创造者对自己掌握的信息进行重新认识、联系的组合过程，把信息元素有意识地组成信息标系统，使它们在信息反应场交合。引入的信息和格局与格层的变换会引出系列的新信息组合（信息组合的物化是产品，信息组合及推导即构思），这样容易打破旧习惯思维模式。

该法的基本步骤和要点是（以香肠开发为例说明，如图 3-1 所示）：

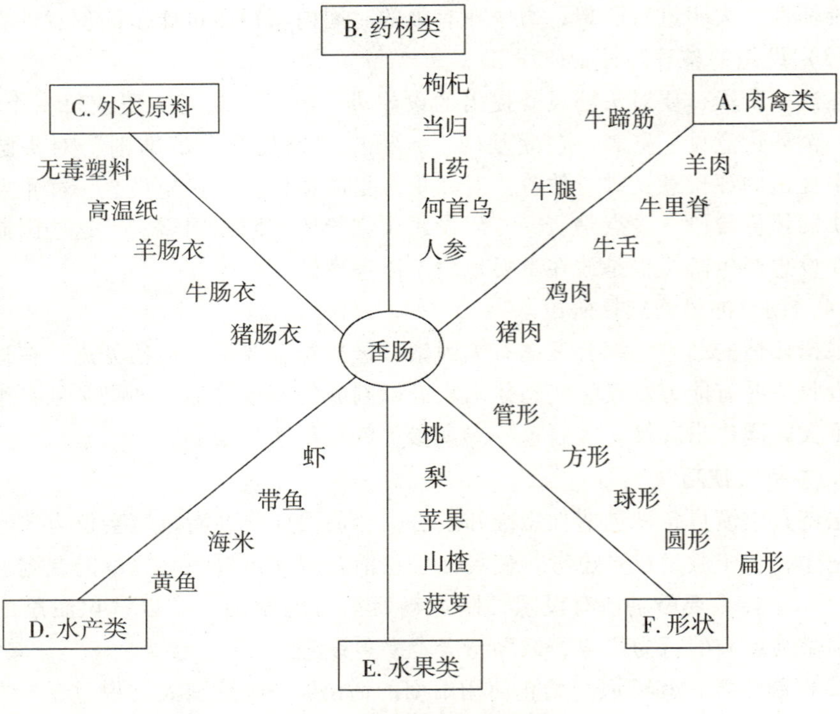

图 3-1 运用信息交合法开发香肠

第一步，定中心：确定所研究的信息及联系的上下维序的时间点和空间点，即零坐标。如开发各类“肠”的系列产品。

第二步，划标线：用矢量标串起信息序列。根据“中心”的需要划几条标线。如“原料、形状、肉禽类、水果类”等。

第三步，注标点：在信息标上注明有关信息点。如在“肉禽类”标线上标注“猪、鸡、牛、羊”等。

第四步，相交合：以一标线上的信息为母本，另一标线上的信息为父本，使多维信息轴交错滑动，相交后产生新信息。如经筛选后，有“海米火腿肠、山楂肠、益智肠”等。

（三）检核表法

检核表法是根据需要解决的问题或者需要创造发明的对象，列出有关的问题，然后一个个来核对讨论，从中获得解决问题的办法和创造发明的设想。它是一种能够大量开发创造性设想、进行自我突破的创意技法。

检核表法几乎适用于任何类型与场合的创意活动，因此享有“创意技法之母”的称号。许多创意思维方法也是由此派生或者启发而来的。目前，世界各国的许多发明家，创造了各具特色的检核表法。这些检核表法，一般来说，可以分为两类：一类是一般性的思考法；另一类是专门性的思考法。常用的检核表法主要有以下 3 种：奥斯本（Osborn）检核表法、创意 12 诀法、奔驰法（SCAMPER）。

1. 奥斯本检核表法

奥斯本检核表的清单内容见表 3-1。

表 3-1　**奥斯本检核表的清单内容**

思考方向	具体内容
用途	有无新的用途？是否有新的使用方式？可否改变现有使用方式？
类比	有无类似的东西？利用类比能否产生新观念？过去有无类似的问题？可否模仿？能否超过？
增加	可否增加些什么？附加些什么？更长的时间？更高、更长、更厚？增加强度、性能、原料？加倍？放大？
减少	可否减少些什么？可否密集、压缩、浓缩、聚束？可否微型化？可否缩短、变窄、去掉、分割、减轻？
改变	可否改变功能、颜色、形状、运动、气味、声音、外形？是否还有其他改变的可能性？
代替	可否代替？用什么代替？还有什么别的排列？别的成分？别的材料？别的过程？别的能源？别的颜色？别的声音？
变换	可否变换？有无可互换的成分？可否变换模式？可否变换布置顺序、操作工序？可否变换因果关系、工作规范？
颠倒	可否颠倒正负、正反？可否上下、头尾颠倒？可否颠倒位置？可否颠倒作用？
组合	可否重新组合？可否尝试混合、合成、配合、协调、配套？可否把物体组合？目的组合？特性组合？观念组合？

2. 创意 12 诀法

创意 12 诀法是中国台湾学者张立信等依据检核表法的原则，创出的 12 种改良物品的方法，概要如下：加一加、减一减、扩一扩、缩一缩、变一变、改一改、联一联、学一学、代一代、搬一搬、反一反、定一定，即“创意12诀”。

3. 奔驰法（SCAMPER）

奔驰法（SCAMPER）由美国心理学家罗伯特·艾伯尔（Robert F. Eberle）创作，其检核表主要用几个字的代号或缩写来代表7种改进或改变的方向，以激发人们推敲出新的构想。

（四）列举法

列举法是一种对一具体事物的特定对象（如特点、优缺点等）从逻辑上进行分析并将其本质内容全面地一一罗列出来，再针对列出的项目逐一提出改进的方法。

列举法基本上有4种：属性列举法、缺点列举法、希望点列举法和优点列举法。另外，我们常见的SAMM法、功能目标法等，都是列举法的延伸应用。

1. 属性列举法

属性列举法也称特性列举法，是美国尼布拉斯加州立大学的罗伯特·克劳福德（Robert Crawford）教授于1954年所提倡的一种著名的创意思维策略。属性列举法偏向物性、人性的特征来思考，主要强调在创造过程中观察和分析事物的属性，然后针对每一项属性提出可能改进的方法，或改变某些特质（如大小、形状、颜色等），使产品产生新的用途。

属性列举法实施步骤如下：

（1）选择一个目标比较明确的发明或革新课题，课题宜小不宜大。

（2）列出课题对象的特性。一般事物的特性可按照词性类型划分为：名词属性、形容词属性、动词属性。

（3）从各个特性出发，通过提问或自问，启发广泛联想，形成头脑风暴，产生众多的新设想。

（4）通过评价，找出最佳的设想来。

2. 缺点列举法

缺点列举法是偏向改善现状的思考，从列举事物的缺点入手，透过不断检讨事物的各种缺点及缺漏，再针对这些缺点一一提出解决问题的方法和措施。缺点列举法的应用面非常广泛，它不仅有助于革新某些具体产品，解决属于“物”一类的硬技术问题，而且还可以应用在企业管理和营销中，解决属于“事”一类的软技术问题。这种分析方法一般分为如下两个阶段：

（1）列举缺点阶段。在这个阶段，要召开一次缺点列举会，启发大家找出分析对象的缺点。会议由5~10人参加，会前先由主管部门针对某项事物，选出一个需要改革的主题；在会上发动与会者围绕这一主题尽量列举各种缺点，越多越好，另请人将提出的缺点逐一编号，记在一张张小卡片上。一次会议的时间在一两个小时之内，会议讨论的主题宜小不宜大，即使是大的主题，也要分成若干小主题，分次解决，这样原有的缺点就不致被遗漏。

（2）探讨改进政策方案阶段。在这一阶段，会议主持者应启发大家思考存在上述缺点的原因，然后根据原因找到解决的办法。会议结束后，应按照“缺点”、“原因”、“解决办法”和“新方案”等项列成简明的表格，以供下次会议或撰写政策分析报告时用，亦可从中选择最佳政策方案。

3. 希望点列举法

希望点列举法也是由美国尼布拉斯加州立大学的罗伯特·克劳福德教授发明的。它是偏向理想型设定的思考，是透过不断地提出“希望可以”、“怎样才能更好”等理想和愿望，再针对这些理想和愿望提出达成的方法。希望点列举法的步骤是先决定主题，然后列举主题的希望点，再根据选出的希望点来考虑实现方法。希望点列举法的具体做法如下：

（1）召开希望点列举会议，每次可有5～10人参加。

（2）会前由会议主持人选择一件需要革新的事情或者事物作为主题，随后发动与会者围绕这一主题列举出各种改革的希望点；为了激发与会者产生更多的改革希望，可将各种提出的希望写在小卡片上，公布在小黑板上，并在与会者之间传阅，这样可以在与会者中产生连锁反应。会议一般举行1～2个小时，产生50～100个希望点，即可结束。

（3）会后再将提出的各种希望进行整理，从中选出目前可能实现的若干项进行研究，制订出具体的革新方案。例如，有一家制笔公司用希望点列举法产生出了一批改革钢笔的希望：希望钢笔出水顺利；希望绝对不漏水；希望一支笔可以写出两种以上的颜色；希望不沾污纸面；希望书写流利；希望能粗能细；希望小型化；希望笔尖不开裂；希望不用打墨水；希望省去笔套；希望落地时不损坏笔尖等。这家制笔公司从中选出“希望省去笔套”这一条，研制出一种像圆珠笔一样可以伸缩的钢笔，从而省去了笔套。

希望是由想象而产生的，思维的主动性强、自由度大，所以列举希望点所得到的发明目标含有较多的创造成分。同时，由于列举希望点获得的发明目标与人们的需要相符，所以更能适应市场。

二、操作流程

一般而言，创造性思维开发主要经过4个阶段：界定问题、确立目标阶段，探索创意阶段，创意评审阶段和创意实施阶段，具体如图3-2所示。

1. 界定问题、确定目标阶段

人的行为都是在某种动机的驱策下为某一特定的有目的的活动，也就是说，人类的行为模式是受需求驱动的。因而，在这一阶段要明确地了解和提出问题，树立本次创意的目标。

2. 探索创意阶段

探索创意阶段也就是寻求对策阶段。在这一阶段，首先按常规思维进行思考，看看有没有可行的方案，如果有，则直接输出并实施；如果没有，则需要通过创造性思维进行思考，经过资料的搜集、提炼、消化，在头脑中进行各种尝试、重新组合后，会到达一个豁然开朗的阶段（即鲁克所说的“顿悟”阶段）。这一心理活动常常又称为“灵感”。

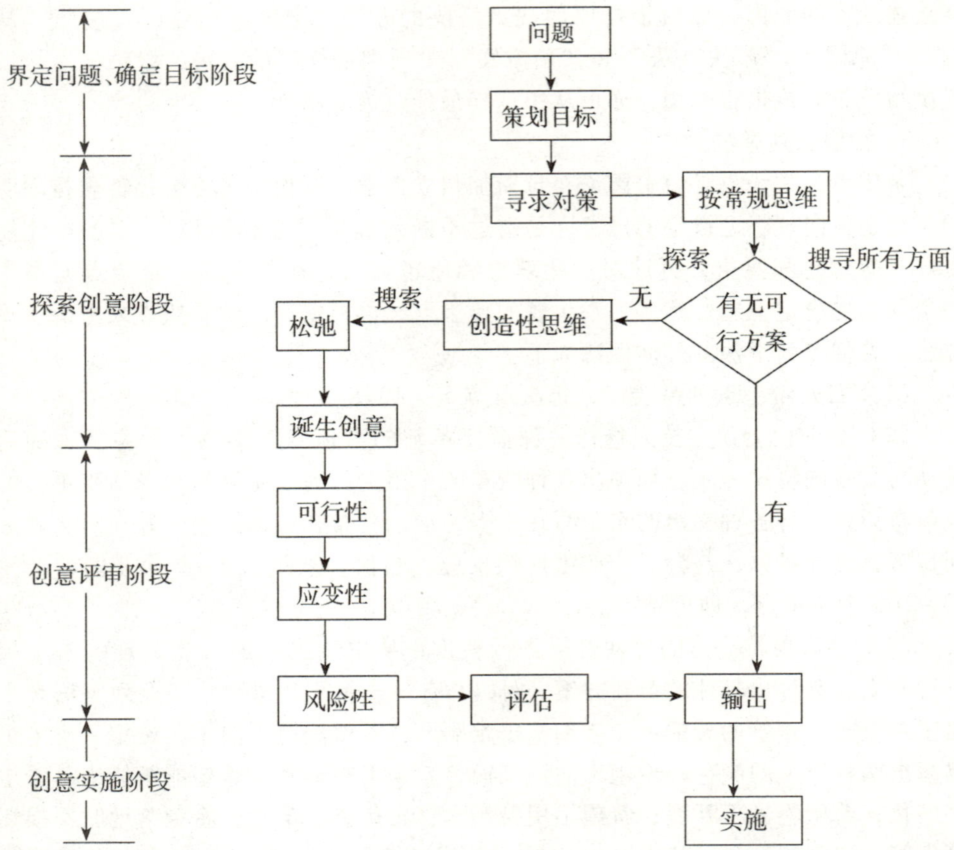

图 3-2　创造性思维开发流程

资料来源　单宝．企业创意与策划［M］．北京：民主与建设出版社，2002.

3. 创意评审阶段

这个阶段就是根据现实情况对提出的各种创造性构想进行审核。这主要从创意的可行性、应变性和风险性 3 方面进行考察。首先要考察的是创意在现实中是否可行，论证的方法有预演法、模拟法和分析法。应变性主要是考察创意实施可能遇到的各种突发事件，这对策划成败的影响是相当大的。策划的脆弱性除了表现为突发事件外，还有一个表现就是策划在实施过程中有可能遇到的各种风险，有的风险是可以预测的，有的则是不可预测的。为了降低策划的脆弱性，必须要对可能遇到的各种风险进行预测分析，提出防范的手段、措施。

4. 创意实施阶段

这个阶段就是将创意成果付诸实施。

三、知识拓展

（一）策划中的思维模式

思维是人脑对客观现实概括的、间接的反映，是策划运筹的无形载体，在策划的产生和发展中起着基础性作用。策划思维则是创造新事物、新方法、新方案的思维方式。策划者在策划过程中运用策划思维，对策划对象进行思考，最终会产生新的思想、创意、点子或方案等新的思维成果。

1. 经验思维

经验思维是一种最普遍、最常用的思维方式，是指人们在遇到一个需要处理和决定的问题时，总是把以往的经验作为思考的“参照物”，不自觉地要同自己的经验作一番比较，按照过去成功的行为方式来确定这次行动。一般而言，经验越丰富，经验被吸收并转化为反射、下意识的可能性就越大，对类似问题的处理就越快。经验思维在策划中是必要的，但经验思维由于个人认识水平的限制而具有较大的局限性，过分强调和依赖经验思维容易产生心理定式从而导致习惯性定向，导致策划无创意，甚至失败。所谓习惯性定向，就是指个人以习惯的方式应付某类问题，而不作经验以外的尝试，以至于形成机械式或盲目的习惯反应倾向。

2. 理性思维

理性思维中的形象思维和抽象思维（又称逻辑思维）是人们理智地把握世界的两种思维方法。在理性思维中，形象思维就是人们不脱离直观形象而进行的思维活动。形象思维在感性认识的基础上，通过典型的方式进行概括，并充分运用形象材料（图形图标、实物）等进行思维。抽象思维包括公理思维和辩证思维两种方法。公理思维又称为“按规则思维”，是根据公认的原则、原理、规则等对所面临的情况和问题进行谋划。公理思维对策划活动也具有不可或缺的作用，由于有关的原理、原则是对经验进行总结、抽象而形成的，具有一般性，对解决问题具有普遍性的指导意义，所以在对“大势所趋”类事物及情况的推断上，公理思维具有较大的作用。但需要注意的是，公理思维具有不完全性，已有的公理思维很难概括复杂的社会现象，因此在策划实践中要注意避免抱着公理思维不放，走向教条主义。辩证思维主要不是基于经验，而是基于特定情况的本质。辩证思维要求策划者在策划一开始，首先着眼于客观事实和现实情况，正确分析、判断数量和质量两方面的因素，透过现象抓住事物的本质。

3. 创造性思维

创造性思维是指超常思维，是人们以已有的来源于实践的科学知识、经验逻辑为基础，同时又不受其束缚，常常超越思维的常规，一定程度地摆脱传统结论，甚至一定程度地摆脱传统的逻辑思维，酝酿和实现奇谋妙计的一种具有突破创新性质的思维方式。创造性思维是策划思维的精髓，它并不排斥经验逻辑和抽象思维等方式，而是在辩证思维的指导下，对各种思维进行高度综合、高度集中、高度灵活的应用。

常见的创造性思维有以下几种：

（1）非逻辑思维。

非逻辑思维包括直觉、灵感、想象等思维形式。非逻辑思维在创造的关键性阶段往往起着特殊的作用。

①直觉。直觉是一种无意识的思维，直觉能力来源于个人的学识和经验，是以实践为基础的。直觉在策划方案构思中的作用是帮助作出预测，提出新的概念

和新的经营理念等。

②灵感。灵感是在创造过程达到高潮阶段时出现的一种富有创造性的心灵状态，此时的创造力骤然倍增，但往往是转瞬即逝的。灵感与有意识的逻辑思维不同，是创造者将全部精力、智慧高度集中在思考的问题上，以至于不知不觉地、突如其来地产生灵感。灵感是长期辛勤劳动的结晶，是思维从量变到质变的飞跃。这种飞跃需要一定的客观条件，一般地说，在清净的环境中，在心情舒畅、头脑清晰的情况下，较容易产生灵感。

③想象。想象是对记忆中的表象进行加工改造后得到的一种创造性的形象思维。想象分为再造性想象和创造性想象两种。再造性想象的形象是过去已经存在但想象者没有遇到的，如学习历史、地理时进行的想象。创造性想象的形象却是当时尚未存在过的，它将经过想象改造的各个成分纳入新的联系进行创造性的组合，建立一个新的完整形象。在创造性思维中，想象是一个发挥着特殊作用的工具，因为想象使人们有可能窥见未来，从而引导和激发人们为此作出不懈的努力。

（2）直观思维。

直观思维是对研究对象进行直接观察后的思索，具有生动性、具体性、直接性的特点，是开发人们创造性思维的基础。直观思维要求加强洞察力。策划人在观察问题时要看清本质，由点及面，时空结合，表里结合，量质结合，动静结合。

（3）联想思维。

联想思维是大脑跳跃式的信息检索。从研究某一事物的现象和变化，联想到另一事物的现象和变化，探索它们之间有无共同的属性和类似的变化规律，借以解决自己所要研究解决的问题。联想可以分为接近联想、类似联想、对比联想和仿形联想等。

（4）组合思维。

组合思维从某一事物出发，以此为发散点，尽可能多地与另一（或一些）事物联结成具有新价值（或附加价值）的新事物的思维方式。它是将表面上看起来不相关的事物联系组合起来，使事物由单功能变成多功能或产生功能性变化。

在科学界、商业和其他行业都有大量的组合创造的实例。当然组合不是随心所欲的拼凑，必须是遵循一定的科学规律的有机的最佳组合。中国“思维魔王”许国泰所创造的信息交合法就是进行组合思维的很好的工具。

（5）横向思维。

横向思维是一种促使创意产生的创造性思维，是摆脱某种事物的固有模式，冲破常规，从多角度多侧面去观察和思考一件事，善于捕捉偶然产生的构想，从而产生意料不到的富有创造性的见解、观点和方案。这种方法的运用一般是基于人的发散思维，故又把这种方法称为发散式思维法。发散思维有很多种具体的思维方式，下面是一些常见的方法。

◆材料发散法——以某个物品尽可能多的“材料”为发散点，设想它的多种用途。

◈功能发散法——从某事物的功能出发，构想出获得该功能的各种可能性。

◈结构发散法——以某事物的结构为发散点，设想出利用该结构的各种可能性。

◈形态发散法——以某事物的形态为发散点，设想出利用该形态的各种可能性。

◈组合发散法——以某事物为发散点，尽可能多地把它与别的事物组合成新事物。

◈方法发散法——以某种方法为发散点，设想出利用该方法的各种可能性。

◈因果发散法——以某事物发展的结果为发散点，推测出造成该结果的各种原因，或者由原因推测出可能产生的各种结果。

（6）求异思维与求同思维。

求异思维是在相同或相似的两个或多个不同的事物中，寻找它们的相异之处。求同思维是在两个或多个不同的事物之间找出它们的相同或相似之处。

（7）直觉思维。

在创造性思维中，直觉思维占有特别重要的位置，是策划中综合性创造的核心。

所谓直觉思维，是指那种使人茅塞顿开、达到瞬间领悟的思维。具体地说，它是思维主体在一定知识经验的基础上，从感性材料中直接捕捉、迅速领悟事物的本质的活动，是在一刹那间融直接感受、复杂体验和深刻理解于一体的过程。

（8）逆向思维。

逆向思维是指为实现某一创新或解决某一用常规思路难以解决的问题，而采取反向思维寻求解决问题的方法。它是一种同习惯思维和传统思维方向相反的思维。日常生活中见到的，90%以上属于习惯思维和传统思维。我们的思维常常跟熟悉的东西相联系，常常不知不觉地按照自己的传统和习惯（经验）去思考问题。按习惯思维和传统思维考虑问题，得出的往往是常规的结果，而逆向思维，往往会产生意想不到的效果。

在策划过程中，应大力提倡逆向思维。这是因为：一是原来活动方式的各种情况、各种细节，大家都按传统和习惯思考过了，要想有所突破，只有反其道而行之，即逆向思维。二是传统思维或习惯思维可能蕴含着某些不合理不科学的因素，长此以往，甚至可能出现某种“危险”，因此也需要提倡逆向思维。

逆向思维主要有下面几种类型：

①反转型逆向思维法。这种方法是指从已知事物的相反方向进行思考，产生构思的途径。事物的相反方向常常是从事物的功能、结构、因果关系等三个方面作反向思维。

②转换型逆向思维法。这是指在研究问题时，由于解决这一问题的手段受阻，而转换成另一种手段，或转换思考角度思考，以使问题顺利解决的思维方法。如历史上被传为佳话的司马光砸缸救落水儿童的故事，实质上就是一个运用转换型逆向思维法的例子。由于司马光不能通过爬进缸中救人的手段解决问题，

因而他就转换为另一种手段，破缸救人，进而顺利地解决了问题。

③缺点逆用思维法。这是一种利用事物的缺点，将缺点变为可利用的东西，化被动为主动，化不利为有利的思维方法。这种方法并不以克服事物的缺点为目的，相反，它是将缺点化弊为利，找到解决方法。

(9)“超越”思维。

超越思维就是超出事物原有的范围思考事物、对待事物、处置事物或改变事物的一种思维。超越思维中一个著名的类型是“超前”思维。就是在时间序列上超越原有的时间界限所进行的思维。

策划总是基于现在而对将来进行策划，因此超前思维在策划中就显得特别重要。可以说“超前”是策划的基本原则，超前思维是策划人员的基本素养。“跳出去”思维和“超前”思维都是“超越”思维，一个超越空间，一个超越时间。

（二）“635”头脑风暴法

“635”头脑风暴法（以下简称“635”法）又称默写式智力激励法，是德国人荷立根据德意志民族习惯于沉思的性格提出来的一种默写式头脑风暴法，是对奥斯本头脑风暴法进行改造而创立的。与头脑风暴法原则上相同，其不同点是把设想记在卡片上。头脑风暴法虽规定严禁评判，自由奔放地提出设想，但有的人对于当众说出见解犹豫不决，有的人不善于口述，有的人见别人已发表与自己的设想相同的意见就不发言了，而“635”法可弥补这种缺点。

其具体做法如下：

每次会议有6人参加，坐成一圈，要求每人在第一个5分钟内在各自的卡片上写出3个设想（故名“635”法），然后由左向右传递给相邻的人。每个人接到卡片后，在第二个5分钟再写出3个设想，然后再传递出去。如此传递6次，半小时即可进行完毕，可产生108个设想。

“635”法的具体程序如下：

(1) 与会的6个人围绕环形会议桌坐好，每人面前放有一张画有6个大格18个小格（每一大格内有3个小格）的卡片。

(2) 主持人公布会议主题后，要求与会者对主题进行重新表述。

(3) 重新表述结束后，开始计时，要求在第一个5分钟内，每人在自己面前的卡片上的第一个大格内写出3个设想，设想的表述尽量简明，每一个设想写在一个小格内。

(4) 第一个5分钟结束后，每人把自己面前的卡片顺时针（或逆时针）传递给左侧（或右侧）的与会者，在紧接的第二个5分钟内，每人再在下一个大方格内写出自己的3个设想；新提出的3个设想，最好是受卡片上已有的设想所激发的，且又不同于卡片上的或自己已提出的设想。

(5) 按上述方法进行第三至第六个5分钟，共用时30分钟，每张卡片上写满了18个设想，6张卡片共108个设想。

(6) 整理、分类、归纳这108个设想，找出可行的先进的解决方案。“635”法的优点是能弥补与会者因地位、性格的差别而造成的压抑；缺点是因只是自己看和自己想，激励不够充分。

（三）“6 顶思考帽”

“6 顶思考帽”是英国学者爱德华·德·波诺（Edward De Bono）博士开发的一种思维训练模式，是一个全面思考问题的模型。它提供了“平行思维”的工具，避免将时间浪费在互相争执上，强调的是“能够成为什么”，而非“本身是什么”，是寻求一条向前发展的路，而不是争论谁对谁错。运用波诺的“6 顶思考帽”，将会使混乱的思考变得更清晰，使团体中无意义的争论变成集思广益的创造，使每个人都变得富有创造性。

作为思维工具，“6 顶思考帽”已被美、日、英、澳等 50 多个国家在学校教育领域内设为教学课程。同时也被世界许多著名商业组织采用作为创造组织合力和创造力的通用工具。这些组织包括微软、IBM、西门子、诺基亚、摩托罗拉、爱立信、波音、松下、杜邦以及麦当劳等。

1. “6 顶思考帽”的含义

任何人都有能力进行以下 6 种基本思维功能，这 6 种功能可用 6 顶颜色的帽子来比喻：

（1）白帽子。白色意味着中立而客观，代表着事实和资讯。它是一顶中性的事实与数据帽，具有处理信息的功能。白色思考帽常见问题是：我们有什么信息？我们需要得到什么信息？

（2）黄帽子。黄色意味着乐观、希望，代表着与逻辑相符合的正面。它是一顶乐观帽，具有识别事物的积极因素的功能。黄色思考帽常见问题是：为什么这个值得做？利处是什么？为什么可以做这件事？它为什么会起作用？

（3）黑帽子。黑色是阴沉的颜色，意味着警示与批判。它是一顶谨慎帽，考虑的是事物的负面因素，对负面因素的注意、判断和评估，它具有发现事物的消极因素的功能。黑色思考帽常见问题是：这是真的吗？它会起作用吗？它的缺点是什么？它有什么问题？为什么不能做？

（4）红帽子。红色是情感的色彩，代表着感觉、直觉和预感。它是一顶情感帽，具有形成观点和感觉的功能。

（5）绿帽子。绿色是春天的色彩，生机盎然、肥沃丰美，代表着创造性、新的想法。它是一顶创造力之帽，具有创造性解决问题的方法和思路的功能。绿色帽子常见问题是：有什么不同的想法？新的想法、建议和假设是什么？可能的解决办法和行动的过程是什么？选择是什么？

（6）蓝帽子。蓝色是天空的颜色，代表着冷静。它是一顶指挥帽，管理和控制着事物的整个过程。

2. “6 顶思考帽”的意义

在现实中，我们往往不知道什么时候该戴哪顶帽子，特别是当一个团队的成员在同一时刻戴着不同颜色的帽子时，常常导致我们思想混乱、相互争吵和作出错误的决策。

“6 顶思考帽”使我们将思考的不同方面分开，这样，我们可以依次对问题的不同侧面给予足够的重视和充分的考虑。就像彩色打印机，先将各种颜色分解成基本色，然后将每种基本色打印在相同的纸上，就会得到彩色的打印结果。同理，我们对思维模式进行分解，然后按照每一种思维模式对同一事物进行思考，最终得到全方位的“彩色”思考。

“6 顶思考帽”是一个操作极其简单、经过反复验证的思维工具，给人以热情、勇气和创造力，让每一次会议、每一次讨论、每一个决策都充满新意和生命力。这个工具使用“平行”思考技能，取代对抗型和垂直型思考方法，能帮助我们充分研究每一种情况和问题，创造超常规的解决方案，增加建设性产出。

3. “6 顶思考帽”的应用

运用“6 顶思考帽”，团队成员不再局限于某一单一思维模式，而且思考帽代表的是角色分类，是一种思考要求，而不是代表扮演者本人。“6 顶思考帽”代表的 6 种思维角色，几乎涵盖了思维的整个过程，既可以有效地支持个人的行为，也可以支持团体讨论中的互相激发。

一个典型的“6 顶思考帽”在实际中的应用步骤如下：

（1）陈述问题事实（白帽）。

（2）提出如何解决问题的建议（绿帽）。

（3）评估建议的优缺点：列举优点（黄帽）；列举缺点（黑帽）。

（4）对各项选择方案进行直觉判断（红帽）。

（5）总结陈述，得出方案（蓝帽）。

四、综合案例

恒大冰泉：一瓶矿泉水的营销策略

借势夺冠热点：2013 年 11 月 9 日，恒大亚冠夺取冠军的新闻沸腾了整个中国。足球作为我国长期以来相对薄弱的体育项目，恒大登冠无疑是国足史上一次“意外惊喜”。也是继 1990 年辽宁队后，中国足球队再度称霸亚洲。这次的夺冠，让广州恒大家喻户晓。“恒大足球”、“恒大集团”、“许家印”等一时间成为关注度和搜索率极高的新闻热词。就在这举国瞩目的“惊喜”发生的第二天，恒大集团迅速采取趁热打铁之势，举行恒大冰泉上市发布会。

悬念式营销：“我们公司将在本周日发布一重大新闻。”据说，早在 11 月 8 日，恒大相关工作人员就向一些媒体记者发出采访邀请，但是拒绝透露任何其他信息。在 9 日晚的亚冠决战之中，恒大悄然更换了队员们的亚冠比赛球衣，不仅所有球员的比赛服装印上了“恒大冰泉”的胸前广告，教练员、工作人员的服装也同样如此。就在工作人员忙着将亚足联颁奖仪式的用具搬离绿茵场的时候，4 个超大的矿泉水瓶被人扛进体育场绕场庆祝，而上面的“恒大冰泉”字样赫然在目。与此同时，亚冠决赛当晚，无论在电视上还是在网络上，只要与亚冠决赛有关的版面均会出现“恒大冰泉”的广告。

政、商、学、体云集：恒大冰泉发布会上，商界、政界、学术界、体育界相关人事云集，吸引百余媒体到场。恒大矿泉水集团董事长潘永卓，恒大集团副总裁刘永灼，吉林白山市副市长陈耀辉，中国矿业联合会天然矿泉水专业委员会主任田廷山，国务院资深参事、水文地质学家、勘察大师王秉忱等依次致辞。世界名帅里皮、郎平、前世界足球先生菲戈以及前西班牙兼皇马双料队长耶罗受聘成为恒大冰泉全球推广大使。

水源优质：在冰泉矿泉水的相关介绍中，显示其水源地为长白山深层矿泉，其与欧洲阿尔卑斯山、俄罗斯高加索山一并被公认为世界三大黄金水源之一。长白山深层矿泉，属火山岩冷泉。水温常年保持在6~8℃，水质中的矿物成分及含量相对稳定，水质纯净、零污染，口感温顺清爽。另外，其官方宣称，经世界权威鉴定机构德国 Fresenius 检测，“口感和质量与世界著名品牌矿泉水相近，部分指标更优”。

生产工艺先进：在生产工艺方面，恒大冰泉整个生产线均引进世界上最先进的生产设备，且采用直接从深层火山岩中取水，无空气接触灌装生产，保障质量。

背靠大山的品牌：恒大集团是在香港上市，以民生住宅产业为主，集商业、酒店、体育及文化产业为一体的特大型企业集团，总资产达2745.9亿元，在全国140个主要城市拥有大型项目262个，连续3年土地储备全国第一、在建面积全国第一、销售面积全国第一、销售额稳居全国三甲。“冰泉”作为新生的矿泉水品牌，背靠大山，可谓含着金钥匙“出世”。

高品低价的民生事业：恒大冰泉对外宣称将坚持“一处水源供全国”模式，坚持“高端品质、亲民价格”微利模式，保障每一滴水均来自长白山，为广大老百姓提供安全健康养生的天然矿泉水，从根本上改善现代人的亚健康状态，全面提升国民体质。

保健诉求：水是生命之源，人体的70%由水分组成，饮用高质量的水，被认为是有助于提升生命质量的最重要途径之一，但国内对饮用健康好水的观念还比较薄弱。恒大冰泉则在宣传中，充分体现了保健这一概念：“蕴含丰富且均衡的人体所需钼、硒、锶、锂等20多种微量元素，且偏硅酸含量较高，偏硅酸对人体主动脉硬化具有软化作用，对心脏病、高血压、动脉硬化、神经功能紊乱等都有医疗保健作用。”

强势的广告轰炸：2013年11月9日两小时的亚冠决赛直播、各大网站和媒体的广告投放，都让恒大冰泉这款新产品备受关注，而且恒大冰泉还将在未来的一个赛季中登上广州恒大的球衣。另外，恒大冰泉还进行了纸媒的整版广告投放，奇艺网、新浪网等各知名网站广告投放，当然财大气粗的恒大冰泉也在湖南卫视、江西卫视等电视台进行了高密度广告投放。

多元化销售渠道：在发布会上恒大冰泉领导指出，将借助恒大地产特色产业平台，打造多元化的立体营销渠道服务平台。以终端直营渠道和现代渠道为主，以特通渠道和经销商渠道为辅，建立起立体营销网络。恒大集团考虑建立一套独立的饮用水系统，将恒大天然矿泉水纳入楼盘社区系统，使之成为恒大物业的一大亮点，为物业提高附加值。

另外，恒大冰泉还在全国超过130个城市、逾200个项目、各地区恒大酒店、恒大影城、健康养生会所等设置产品展示零售店，并且将开通“恒大矿泉水”网上商城。这些举措不仅令恒大冰泉的销售渠道管理更加立体，也将为消费者提供全方位的后期客户跟踪服务。

恒大冰泉如此出狠招，农夫山泉、娃哈哈、乐百氏等又该如何应对呢？恒大冰泉会取得中国矿泉水的首席之位吗？

资料来源　秩名．恒大冰泉：一瓶矿泉水的营销策略［EB/OL］．［2013-11-21］．http：//www.imcema.org/article-23188-1.html.

五、思考练习

1. 请简述检核表法创意法。
2. 请简述创造性思维开发的流程。
3. 请简述头脑风暴法操作的步骤。
4. 如何运用信息交合法？
5. 我们常用的手机存在什么缺点？请运用列举法把它们列举出来。
6. 在策划中如何运用“6 顶思考帽”？

六、实战训练

1. 实训项目

头脑风暴法的模拟操作。

2. 实训目的

通过本次模拟实训，让学生掌握头脑风暴法的操作流程和操作规则，体会头脑风暴法的精妙之处。

3. 实训内容

（1）头脑风暴法的操作规程；（2）头脑风暴法的会议原则。

4. 实训组织

（1）以小组为单位，每组 8 个人。（2）确定题目：①如何创建学习型班集体？②怎样才能达到目的？两题可任选一题。（3）每组按头脑风暴法的要求自行组织会议，教师在旁边观察并进行指导。（4）最后各小组汇报最有创意的几个观点。

5. 实训考核

（1）头脑风暴法的组织是否准确；（2）会议中是否执行有关规则；（3）是否产生很好的创意。教师根据这些要点给各小组打分，并进行总结。

项目四　营销战略策划

学习目标

基本知识目标：掌握市场细分、目标市场以及市场定位的基本知识，了解一些常见的新兴的营销战略。

岗位能力目标：具备寻找目标市场并进行市场定位的能力。

综合素养目标：熟练掌握STP策略的精神和内涵并具备相应策略拟定的能力。

导入案例

《爸爸去哪儿》五位一体的营销策略

就在《中国好声音》《中国好歌曲》等歌唱类节目在“红海”里厮杀、观众已经看得腻味的时候，湖南电视台推出名人亲子关系类节目《爸爸去哪儿》。它像一股清新之风，迅速获得观众芳心，创造了同时段电视节目收视率排名第一的佳绩。《爸爸去哪儿》的成功，为我们众多营销从业者上了生动的一课。

一是运用感情经济。

打好感情牌，获取客户认可甚至感动，是成功营销的关键环节。

当今社会，经济高度发达的背后是父母与子女见面时间、次数的减少，父母的工作、应酬以和子女相处少为代价已经越来越被人们所认识，所以《爸爸去哪儿》节目中各位爸爸与孩子的互动让不少观众感慨良多，同时也看到了父亲在孩子成长中不可或缺的作用。连节目里的“最佳爸爸”林志颖都表示，“错过了孩子第一声喊爸爸，第一次会爬”。所以，这个节目送上的是一碗暖暖的心灵鸡汤，在社会上引起共鸣。

因此，时刻留意社会感情缺失，找寻热点突破口，打好感情牌，结合自身产品的优势，进行宣传营销，是成功营销的关键，现在社会上酝酿的“银发经济”、“大妈经济”，其实质就是感情经济。

二是引进国际成熟模式。

作为文化类产业，山寨是最难突破的拦路虎。中国电视节目模式上没有形成流水线、工业化式的生产，创意程度和产业化程度远远低于发达国家。《爸爸去哪儿》节目版权和模式购自韩国MBC电视台的《爸爸！我们去哪儿?》。此节目在韩国一经推出，收视率便一路飘红，稳坐该时段电视节目收视率冠军宝座。从受众人群的角度来看，中韩文化差异相对较小，韩国观众喜欢的节目复制到中国不会发生水土不服，且明星爸爸与可爱宝宝的组合卖点十足，有足够的受众基础。从节目制作的角度来看，引进韩国团队制作经验，扫除了节目制作的硬件问题。

因此，借助外部力量，引进先进的营销模式，也是企业成功营销的关键之一。君不见，宝马等品牌的塑造，其背后都有一大批国际知名的营销公司。如果宝马一开始就闭门造车，就不会有今天的宝马。

三是产品差异化定位。

“人无我有，人有我新，人新我变”的俗语是营销成功的不二法门。现在的市场“乱花渐欲迷人眼”，消费者（观众）不会记得没有特点的产品（节目）。形成自己的特点，满足消费者（观众）的差异化需求，成为一个品牌（节目）能否留在消费者（观众）心中的关键。

在“狼烟四起”的荧屏节目中，观众们对于千篇一律的选秀类、相亲类节目早已经视觉疲劳，泛滥的煽情手法，更使得消费者产生厌烦，选秀节目逐渐陷入比惨、比奇的怪圈。只有突破传统综艺节目的窠臼，才能抢占收视率。《爸爸去哪儿》将室内综艺升级为野外综艺，将虚假的比惨变成突出节目的记录性而忽略综艺性的真人秀，温馨的小清新情调受到观众热捧。

四是明星造势。

《爸爸去哪儿》之所以能胜《饭没了秀》一筹，是因为嘉宾是明星爸爸和星二代，节目满足了普通的观众窥探和猎奇心理，从而使一档家庭亲子节目具备了十足的娱乐性，变成一档可以全家人一起观看的电视节目。剥离掉亲子真人秀的新鲜形式，暂且忽略这类节目貌似朴素的包装，会发现《爸爸去哪儿》的核心是对明星的消费，明星的号召力是这档节目成功的核心。

五是新媒体推波助澜。

《爸爸去哪儿》开播初期的微博讨论数，一直处于几百、几千的讨论量。但随着林志颖等明星微博更新节目活动，引发了微博的热议，林志颖发布节目活动的话题一度处于新浪微博热门话题的首位。同时，节目所带来的话题讨论日渐发酵，在微博、微信上引发了从最开始的萌、开心上升到全民热议的亲子教育、父爱不缺席等社会现象的讨论。电视、网络、视频、微博、微信、软文等多种方式互动的推广方式让这个节目一夜之间街知巷闻，带动了收视率的节节攀升。社交网络、移动互联的推波助澜，让“小众热点”变成大众娱乐狂欢，在放大节目影响力的同时，也会让商业价值无限放大。所以说，营销推广不能单单靠一种方式，要有针对性地结合多种社会化媒体营销及移动营销，刷大众的屏，让产品无处不在。

总之，《爸爸去哪儿》这档节目的成功，昭示着一个新营销时代的逐渐成熟，那就是以情感人、第三方合作、差异化战略、明星造势和制造话题五位一体的融合。综合利用营销手段才能成功。

资料来源 杨香豹.《爸爸去哪儿》五位一体的营销策略[N/OL].(2014-01-24)[2014-12-10].http://zqdb.hinews.cn/html/2014-01/24/content_15_1.htm.

思考与讨论：《爸爸去那儿》节目为什么能够引起全民的关注？

一、专业知识

（一）市场细分

市场细分（market segmentation），又称为市场区隔，是依据消费者的需要和欲望、购买行为和购买习惯等方面的差异，把某一产品的市场整体划分为若干消费者群的市场分类过程。每一个消费者群就是一个细分市场，每一个细分市场都是具有类似需求倾向的消费者构成的群体。

1. 市场细分变量

消费者需求的差异性是市场细分的依据，凡是构成消费者差异的因素都可以作为市场细分的标准。消费品市场一般以地理、人口、心理、购买行为等作为细分标准，见表4-1。

表4-1 **消费品市场细分标准及细分变量**

细分标准		细分变量
消费品市场	地理因素	区域、气候、城镇规模、城市或农村、地形、交通运输条件等
	人口因素	年龄、性别、家庭规模、家庭收入、职业、教育、文化水平、家庭生命周期、民族、宗教信仰、社会阶层等
	心理因素	生活方式、社交、个性、购买动机、价值取向、态度等
	购买行为	购买时间、追求的利益、使用者状况、使用率、忠诚度等

2. 市场细分的方法

市场细分的方法有多种，主要有以下四种：

（1）单一变量法。单一变量法是根据用户的某一种因素进行细分。例如，儿童玩具可以用“年龄”这个单一变量来细分，不同的儿童对玩具的需求是不同的，可以把儿童市场划分为1~3岁、4~6岁、7~9岁、10岁以上等。

（2）主导因素排列法。主导因素排列法是指一个细分市场的选择存在多种影响因素时，可以从消费者的特征中寻找和确定主导因素，然后与其他因素有机结合，来确定细分市场的目标市场。

（3）综合变量法。综合变量法是指对影响需求的两种或两种以上的因素进行综合细分。综合变量法的核心是并列多因素分析，所涉及的各项因素无先后顺序和主要与否的区别。

（4）系列变量法。系列变量法是根据企业营销的需要，按照影响需求的各种因素由大到小排列，由粗到细、由浅入深、由简至繁地进行系统细分。

需要注意的是，并非选用的细分变量越多越好，也并非把市场划分得越细越好。市场划分得越细，每一个子市场的容量就越小。一个极端的情形是：每个人或每一个用户都是一个子市场，企业针对他们分别实施不同的营销组合，这也称为“定制营销”。在个性化日益突出的时代，这也许是未来的一种发展方向。但是，应该注意到，我国当前市场处在以中低消费能力为主的状态下，一般不宜将市场划分得过细，而应因地制宜并与个性化需求相结合，宜细则细，宜粗则粗，以务实为本。

3. 市场细分的原则

市场细分要遵循以下原则：

（1）可衡量性。细分市场的规模、购买力以及特性能被测量。

（2）差异性。细分市场在观念上能被区分，并且对不同的营销组合和方案有不同的反应。

（3）有获利能力。细分出来的市场要足够大，使企业有获利的可能。

（4）可进入性。细分出来的市场是企业可以利用现有的人力、物力和财力去占领的。

（5）稳定性。细分出来的市场不但要有一定的市场容量和发展潜力，而且要有一定程度的稳定性，即占领市场后的相当长时期内不需要改变自己的目标市场。

（二）目标市场选择

目标市场是公司打算进入的细分市场，在对每一个细分市场进行评估后，公司要决定选择哪些和多少目标市场。

1. 评估细分市场

并不是每一个细分市场企业都要进入，因此在进行目标市场选择之前需要对每个细分市场进行评估。在评估时，需要考虑以下因素：

（1）细分市场是否具有吸引力，如它的大小、成长性、盈利率、规模经济、风险高低、行业竞争结构（如现有竞争、潜在竞争、替代威胁、进入和退出障碍）等。

（2）是否符合组织的目标。某些细分市场虽然较大，但不符合公司的长远目标和形象，因此不得不放弃。

（3）组织是否拥有资源和能力。即使某个颇具吸引力的细分市场符合本公司的目标，但如果本公司缺乏在该市场成功竞争的资源和能力，也只能放弃。

2. 选择目标市场

公司可以考虑五种进入目标市场的模式，如图 4-1 所示。

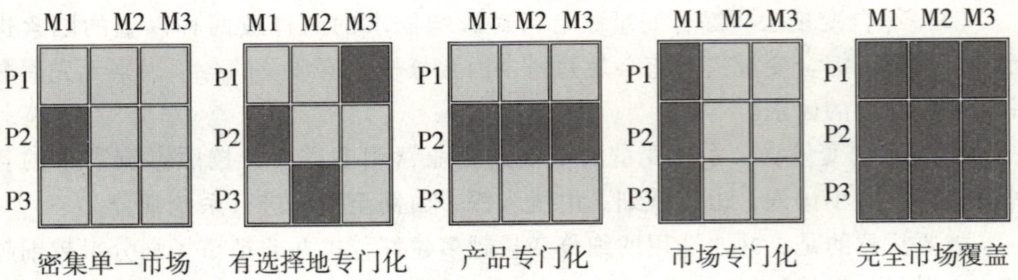

注：P 代表产品，M 代表市场。

图 4-1　进入目标市场的五种模式

（1）密集单一市场。公司可以选择一类目标客户并为之提供专业服务，也有人把它称为利基策略或补缺策略。这种模式能更好地满足细分市场需要，在用户群体中树立起特别的声誉，但在细分市场不景气或某个强大的竞争者决定进入细分市场时，公司就可能遭受灾难性后果。

（2）有选择地专门化。公司在若干个经过挑选的、符合公司的要求和能力的细分市场上进行市场营销活动，各个细分市场之间的联系很少。这样可以分散公司的风险，但同时也缺乏协同效应。

（3）产品专门化。产品专门化是指公司向各类顾客提供同一产品或服务。这种模式在生产方面有协同效应——公司可以使用同一种生产能力，满足需求各不相同的顾客。这种模式的威胁来自于生产方面和替代品。

（4）市场专门化。市场专门化是指专门为满足某个目标顾客群体的各种需要而提供各种服务。这种模式在营销方面具有协同效应——企业可以使用同一种营销资源，满足同一批顾客的需求。它的威胁主要来自于市场方面，如企业服务的市场萎缩了，企业的生存就会受到威胁。

（5）完全市场覆盖。完全市场覆盖是指公司用各种产品或服务满足各个细分市场上顾客的需求。这种模式对公司各方面资源要求较高，如财力、物力、人力等。一般来说，在公司达到相当的规模时，才考虑采用这种模式。

3. 目标市场策略

公司可以采取三种目标市场的策略（如图 4-2 所示）。

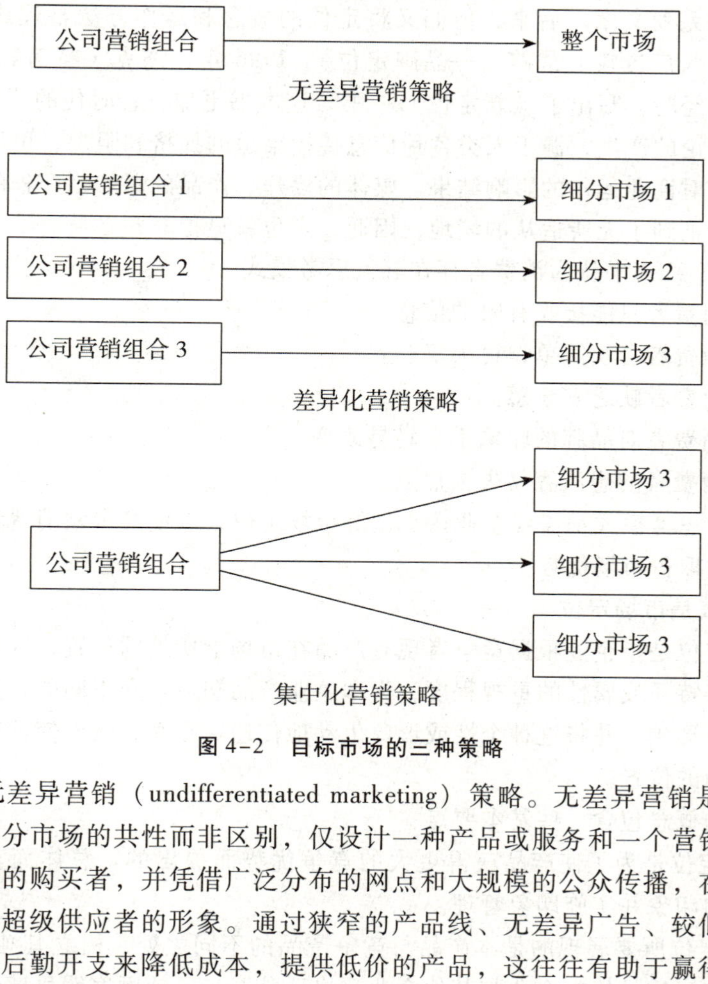

图 4-2　目标市场的三种策略

（1）无差异营销（undifferentiated marketing）策略。无差异营销是指公司着眼于不同细分市场的共性而非区别，仅设计一种产品或服务和一个营销计划来迎合最大多数的购买者，并凭借广泛分布的网点和大规模的公众传播，在顾客心目中树立一个超级供应者的形象。通过狭窄的产品线、无差异广告、较低的营销调研以及市场后勤开支来降低成本，提供低价的产品，这往往有助于赢得对价格敏感的那部分细分市场。

（2）差异化营销（differentiated marketing）策略。差异化营销是指公司决定同时经营几个细分市场，并为每个细分市场设计不同的服务。差异化营销一般能比无差异营销创造更大的销售额，但是也会增加经营的成本，包括产品设计成本、生产成本、管理成本、促销成本、市场后勤成本等。

(3) 集中化营销(focus marketing)策略。无差异营销和差异化营销策略以覆盖整个市场为目的，适用于大型公司。而对于那些资源有限的中小型公司而言，集中化营销策略则更为适合。运用集中化营销策略的公司力图占领一个或几个小市场，在自己所服务的细分市场中占据很强的市场地位。但是，这个策略意味着“将鸡蛋放在一个篮子中”，因此蕴含着较高的风险。

(三) 市场定位策略

1. 定位时代

定位(positioning)，是由著名的美国营销专家艾・里斯与杰克・特劳特于20世纪70年代早期提出来的。当时，他们在美国《广告时代》发表了名为“定位时代”的系列文章。后来，他们又将定位的概念和运作方法整理成一本关于定位的专著《广告攻心战略——品牌定位》。1996年，杰克・特劳特整理了25年来的工作经验，写出了《新定位》一书，这本书更加符合时代的要求。

定位理论的产生，源于人类各种信息传播渠道的拥挤和阻塞，可以归结为信息爆炸时代对商业运作的影响结果。媒体的爆炸、产品的爆炸、广告的爆炸，几乎把消费者推到了无所适从的境地，因此，定位就显得非常必要。

《新定位》一书认为消费者存在五大思考模式：

(1) 消费者只能接收有限的信息。

(2) 消费者喜欢简单，讨厌复杂。

(3) 消费者缺乏安全感。

(4) 消费者对品牌的印象不会轻易改变。

(5) 消费者的想法容易失去焦点。

这五种思考模式都需要企业认真做好市场定位，以使其占领消费者心目中的位置，从而取得市场优势。

2. 什么是市场定位

市场定位是指企业根据竞争者现有产品在市场上所处的位置，针对顾客对该类产品某些特征或属性的重视程度，为本企业产品塑造与众不同的、给人印象鲜明的个性或形象，并将这种个性或形象生动地传递给顾客，从而使该产品在市场上具有适当的位置。

定位的概念包含一些基本要点：

(1) 定位是为了使产品获得更大的竞争优势而提出的。总体而言，定位是选定有利的印象并实施印象管理。

(2) 定位所要展现的是本产品与竞争产品的不同之处，树立其独特的形象。市场定位的实质是使本企业与其他企业严格区分开来，使顾客明显感觉和认识到这种差别，从而在顾客心目中占有特殊的位置。菲利普・科特勒(Philip Kotler)认为，“定位是勾画企业的形象和提供价值的行为，它需要向顾客说明本企业的产品与现有竞争者和潜在竞争者的产品有什么区别”。

(3) 定位应包含产品是什么、给谁用等基本内容。

(4) 产品的定位不一定是同类产品所没有的，而应该是竞争产品或企业所没有说、没有注意，却对消费者具有巨大吸引力的。

（5）定位的基础是对本产品和竞争产品的深入分析，对消费者需求的准确判断。定位的实质是在目标消费群的心里建立或改变某种特定的印象或期望，为产品设定消费者所向往的新价值。

（6）定位既可以是针对某一特定产品或服务的产品定位，也可以是针对某一特定品牌的品牌定位，还可以是针对某个企业的企业定位。

3. 定位的作用

定位的作用可以概括为以下三点：

（1）赋予企业及其产品以竞争对手所不具备的优势。这种优势并不包含产品的实体中的质量、性能、用途的优势，而是一种观念上的优势，是一种关于产品特定的形象、特定的用途、特定的市场、特定的消费者、特定的风格的观念，这种观念上的优势使产品突破了“同质化”所带来的困境，在一定程度上减轻了价格战的压力，同时增加了其他产品的替代难度。

（2）树立企业及其产品的独特形象，在消费者心目中占据一个有利地位。消费者总会对与众不同的企业或产品产生深刻的印象，也会选择有特点的产品。通过定位，发现并且占据一个有利的位置，可以帮助产品或企业在消费者心目中树立独特的形象。

（3）为制定营销组合策略奠定基础。定位是一项战略性决策，一旦确定，企业的所有可以控制的营销手段，包括产品、价格、渠道、促销手段，都要为传达产品、品牌或企业的独特的形象而服务，以获得一种持续的、竞争者难以替代的竞争优势。例如，假设某企业决定生产销售优质低价的产品，那么这样的定位就决定了：产品的质量要高；价格要定得低；广告宣传的内容要突出强调企业产品质优价廉的特点，要让目标顾客相信货真价实，低价也能买到好产品；分销储运效率要高，保证低价出售仍能获利。也就是说，企业的市场定位决定了企业必须设计和发展与之相适应的市场营销组合。

4. 市场定位的原则

在定位中，要遵守以下一些基本原则：

（1）抢占适合自身特点的位置。首先要明确公司自身的实力，重点考虑产品特征与市场需求的关系、公司自身资源和能力水平，同时还要考虑市场结构竞争态势，然后再合理定位。

（2）抢占市场空白点。企业要仔细分析市场结构，选择竞争对手作一般努力或没有努力的细分市场建立特定的产品形象。

（3）要与过去的印象相关联。要求公司在定位时要充分考虑公司过去已实施的定位所形成的印象和竞争对手定位所形成的印象，尽可能把希望建立的特定的印象有机地嫁接在消费者原有印象上。

（4）动态调整原则。企业在变化的社会中，在变化的消费者需求面前，在强大的竞争威胁下，必须抛弃传统的静态市场定位的观念，必须“以变求活”，对经营环境的变化保持高度的敏感，及时调整市场定位策略。

5. 定位策略

（1）实体定位。

实体定位的基本思想是通过技术创新，使产品具有其他同类产品的某些属性（包括产品品质、特色、功效、造型、色彩、用途、利益、质量与价格、服务、文化等），然后强调产品的新价值，显示与竞争产品有所不同，以此来形成有区别的产品形象。

①品质定位。与竞争产品进行对比，寻找产品在质量方面的局部差异或整体差异，然后把产品定位在差异最显著的地方。

②特色定位。根据需要满足的需求或所提供的利益来定位。这里的利益包括购买产品时追求的基本利益和附加利益。这种定位策略是根据产品的属性来定位的，产品的属性包括制造该产品时采用的技术、设备、生产流程以及产品的功能等，也包括与该产品有关的原料、产地、历史等因素，如一些名贵中成药的定位就充分体现了原料、秘方和特种工艺的综合。

③功效定位。分析与同类产品相比较有明显区别的特殊功能，然后扩展使用范围或严格控制适用范围来进行产品定位。

④造型定位。这种定位的前提是能够对产品的造型做技术上的处理，然后强调这种外观特点的好处。

⑤色彩定位。这种定位是指从色彩上突出产品的特征。

⑥用途定位。这是指根据产品的使用场合及用途来定位。例如，脑白金就把自己定位为礼品，而且“送礼只送脑白金”；有一家生产“曲奇饼干”的厂家，最初将产品定位为家庭休闲食品，后来发现不少顾客购买它是当早餐用的，又将之定位为“早餐饼干”。

⑦利益定位。这种策略是把品牌和顾客利益结合起来实现差别化定位。产品利益包括产品的实际效用和使用产品后的心理感受。

A. 实际效用定位。不同的产品有不同的效用。例如，牙膏的实际效用有经济（低价）、医用（防蛀）、化妆（洁白牙齿）和味觉（气味好）。生产牙膏的企业可以从中选择一种或多种效用来定位。

B. 心理感受定位。这是通过把品牌与其能带给顾客的心理感受相结合实现差别化来定位的。例如，“柒牌”西服厂的广告语是“让女人心动的男人”。

⑧质量与价格定位。企业依据产品的质量档次和价格高低，吸引相应的顾客群。产品可以定位于不同的质量/价格档次，质量和价格之间可以有不同的组合。例如，青岛啤酒就定位于高质量、高价格。

⑨服务定位。实施这个策略的前提条件是产品是无形产品或公司在服务上具备优势，可强调服务设施、服务人员等方面的优势。

⑩文化定位。将某种文化内涵注入产品之中，形成文化上的品牌差异。文化定位不仅可以大大提高品牌的定位，而且可以使品牌形象独具特色，特别是在我国，每种高档的酒都在强调它们独特的“酒文化”。

（2）观念定位。

观念定位的基本思想是通过强调产品的心理价值，从消费者心理上形成与同类产品有显著不同的差别化印象。由于产品的基本功能和消费者对产品的习惯性认识，在通常情况下消费主体都有其确定的价值判断，这种固定的价值判断成了消费者选择或否定某种产品的标准。有时某种产品由于种种原因，形成了消费者观念上的某种障碍。采取观念定位，有助于推动产品为消费者所接受。观念定位常见的定位方法如下：

①强势定位。企业在已经取得较大的市场份额或在局部上占优势的情况下，选择一个最强的、第一的定位，树立起一个市场领导者的形象。

②跟随定位。企业在没有局部优势，也没有可能占据市场领导者地位的情况下，可以考虑利用领导者现有的声望来提升自己的地位，但也不排除明确表明自己次于领导者的定位。美国第二大出租汽车公司——AVIS出租汽车公司就是采取跟随定位策略而获得成功的，它在广告中公开宣称："我们第二，所以我们更努力"。

③是非定位。首先从观念上人为地创造一个标准，由此区分出一个细分市场，然后集中力量进行针对性的宣传。最典型的例子是美国的七喜（7UP）汽水，它们在广告宣传中运用是非定位策略，把饮料分为可乐型和非可乐型饮料两大类，并宣称可乐型饮料以可口可乐和百事可乐为代表，而非可乐型饮料以七喜汽水为代表，从而突破可口可乐和百事可乐垄断饮料市场的局面，使企业获得空前成功。

④比附定位。比附定位法也称类比定位法，它主要是将相同、相类似的产品进行比较，并借用他人的地位和声望进行定位的方法。如重庆的缙云山把自己宣称为"川东小峨眉"，三亚定位为"东方夏威夷"，越南下龙湾定位为"海上桂林"。这种通过与人们心中第一位的形象相比附确定形象的定位方法反而给消费者留下较深刻的印象。

⑤俱乐部定位。公司如果不能取得第一名和某种具有很大意义的属性，便可以采取这种战略，声称自己是"俱乐部"的一员，其含义是俱乐部成员都是"最佳"的。美国克莱斯勒汽车公司宣布自己是美国"三大汽车公司之一"，使消费者感到克莱斯勒和第一、第二一样都是知名轿车，从而缩小了三大汽车公司之间的距离。北京红星二锅头把自己归属于"到北京旅游必做的代表性的事情"这个俱乐部中，宣称"到北京游长城、吃烤鸭、喝红星二锅头"。这个定位对红星二锅头提升其文化品位，进入高档酒市场，并取得成功功不可没。

市场定位的方法多种多样，但从另一个角度可以把它们归结为两大类：一是迎头定位，也称针锋相对的定位；二是避强定位，即公司尽力避免与实力较强的其他企业直接发生竞争，而使自己的产品或某些属性与竞争对手相比有明显的区别。

二、操作流程

（一）市场细分的流程

市场细分的流程如图4-3所示。

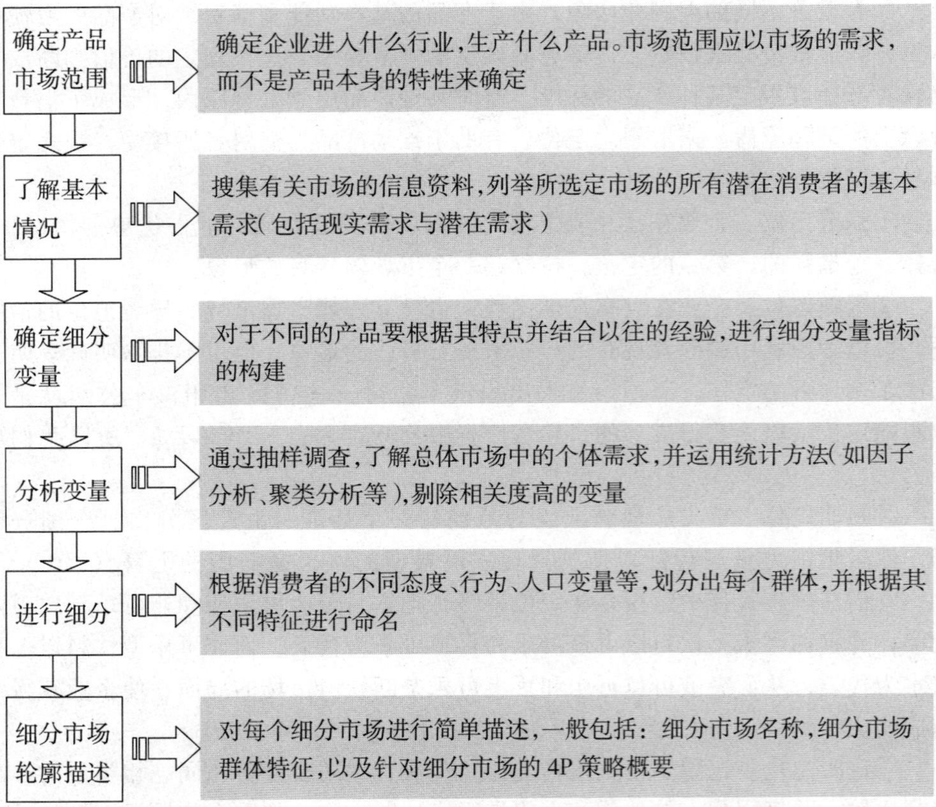

图 4-3　市场细分的流程

（二）市场定位策划的流程

企业可以通过以下步骤，制定和实施定位策略（如图 4-4 所示）：

- 定位分析；
- 市场细分；
- 选择目标市场；
- 选择差异化竞争优势；
- 形成定位战略；
- 制订营销行动计划以实施和传播定位。

1. 定位分析

定位分析包括市场分析、公司内部分析和竞争者分析，也就是 3C 分析。

（1）市场分析。通过分析可以确定市场需求的总体水平、发展趋势、地理分布，据此对市场进行细分，并深入理解各个细分市场的规模和潜力、顾客需要和偏好、顾客对竞争者的看法。

（2）公司内部分析。其要求企业确定它的资源（资金、人力、专有技术和有形资产）及其局限性、其他约束条件、管理层的价值观和目标（盈利能力、成长性等）。

（3）竞争者分析。通过分析直接或间接的竞争者，认识企业自身的优势和

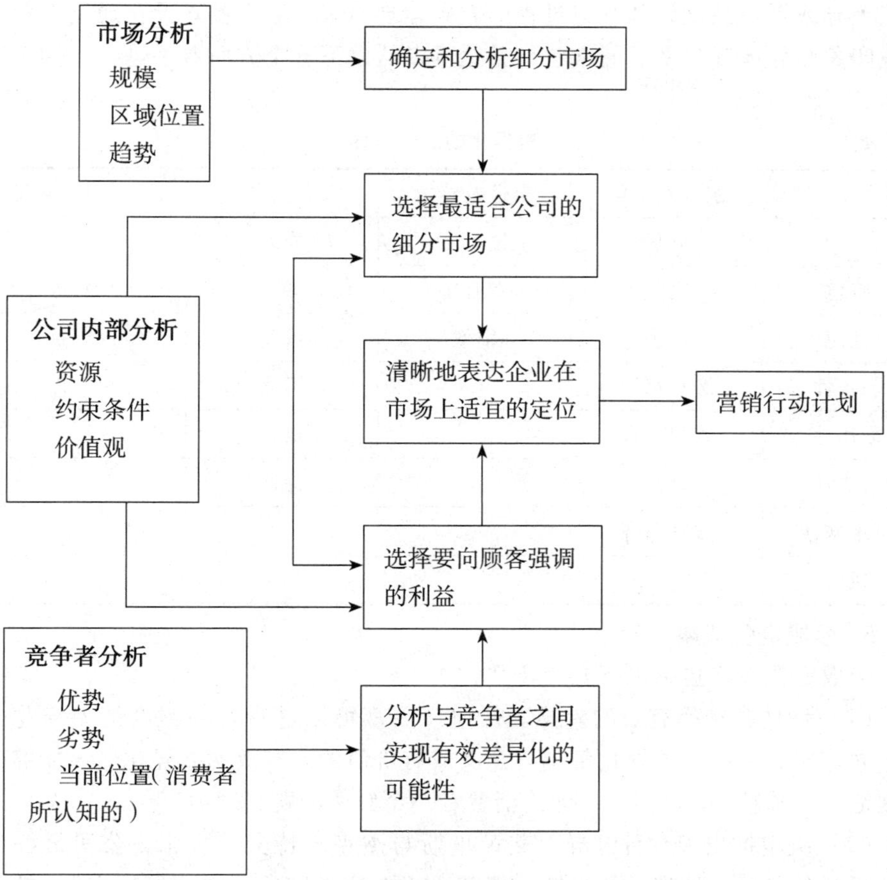

图 4-4　市场定位策略制定的具体流程

劣势，并决定如何将自己的产品或服务与竞争者的产品或服务区分开来。

2. 市场细分

在对市场规模、需求特征、发展趋势等进行分析的基础上，采用适当的标准，对市场进行细分。

3. 选择目标市场

在综合考虑细分市场的特点、企业的资源、价值观和其他约束条件的基础上确定企业的目标市场。

4. 选择差异化竞争优势

所谓的差异化（differentiation)，是指为使企业的产品与竞争者产品相区分，而设计一系列有意义的差异的行为。差异化是定位的核心环节，定位的本质是差异化，即自己的产品和品牌与对手的区别。定位高度依赖于企业有效地使其产品或服务产生差异化的能力。差异化可以从产品实体、服务、渠道、人员和形象等方面进行。

根据迈克尔·波特的理论，企业的竞争优势来源于两个主要方面：成本领先和差异化。实际上，为了向消费者提供更多的价值，企业产品定位是从差异化开始的。差异化分为实质性差异化和心理性差异化。实质性差异化通过产品的功能特点差异或者产品设计和制造过程的差异体现出来；心理性差异化通过消费者感觉或印象差异体现出来。通常，差异化可以从以下五个方面着手进行，如表 4-2 所示。

表 4-2 差异化的五个方面

产品实体差异化	服务差异化	渠道差异化	人员差异化	形象差异化
设计	订货	覆盖面	能力	标志
特色	交货	专业化	谦恭	媒体
性能	安装	绩效	诚实	气氛
一致性	客户培训		可靠	事件
耐用性	客户咨询		负责	
可靠性	维修		沟通	
可维修性	多种服务			
风格				

5. 形成定位战略

形成定位战略包括以下几个步骤：

（1）评估并选择有效的差异。任何产品都可以进行各种程度的差异化。然而，并非所有商品的差异化都是有意义或有价值的。有效的差异化应该能够为产品创造一个独特的“卖点”，即给消费者一个鲜明的购买理由。

（2）决定推出多少种差异。艾·里斯与杰克·特劳特主张，公司最好为其产品或服务选择一种唯一的属性，使其成为在这一属性上的“第一名”。较之其他的信息，顾客更倾向于记住“第一名”，尤其在一个信息爆炸的时代。

公司可以选择下述“第一名”的定位，包括“最大的规模”、“最佳的服务”、“最低的价格”、“最高的价值”、“最安全”、“最快”、“最舒适”以及“最先进的技术”等。如果一家公司坚持不懈地反复强调这些定位中的一个，并且令人信服地进行传播，就可能树立某种独特形象并赢得顾客的心。

公司也可以考虑双重利益定位。如果有两家或更多的竞争者在同一属性上都宣称自己是最好的，双重定位就很有必要了。

当然，三重利益定位也有不少成功的案例，但需要注意的是，当公司为其产品或服务推出较多的优越性时，可能会令人难以相信。同时，由于主题太多，往往会导致顾客对产品的印象模糊不清，失去了明确的定位。

（3）评估与选择定位。在确定了推出的差异（利益）之后，就要绘制认知图，并在图上标示出本企业产品以及竞争者所处的位置。任何一种产品都有许多属性或特征，如价格的高低、质量的优劣、规格的大小、功能的多少等。其中任何两个不同的属性变量都能组成一个坐标，从而构建起一个认知图。

以产品的价格和质量分别作为横纵坐标变量建立一个坐标系来分析目标市场是非常普遍的，因为任何产品的这两个属性特点都是消费者最关心的。当然，根据不同的产品，企业也可选择消费者关心的其他属性，如规格-速度组合用于分析旅游用客车市场，口味-重量组合用于分析咖啡市场等。

（4）拟定价值建议书。经过上述步骤，公司要拟定一份价值建议书，以清晰表明和宣传公司的优势和差异。表4-3展示了不同企业对其目标顾客的价值建议。

表4-3 价值建议书范例

公司	目标顾客	利益	价格	价值建议
联邦快递	IT企业/商务顾客	交货速度/可靠性	远高于竞争者	次日上午10：30到货
运通信用卡	商务顾客、上流阶层	服务周到完善	远高于竞争者	最亲切的信用卡服务
美国商业银行	普通的储蓄客户	延长营业时间	行业平均水平	美国最便利的银行

6. 制订营销行动计划以实施和传播定位

当公司制定一个明确的定位战略后，还必须有效地传播这一定位。营销组合是实施定位战略的关键，所有的营销组合手段都可以影响顾客的感觉。营销组合的制定和实施，必须服从和支持其定位战略。比如，如果定位高档的产品，则要非常讲究产品包装的档次与品位，同时产品的价格往往也是较高的，以高价支持其定位，因为人们的消费心理往往是“质高价必高，便宜无好货”。在销售渠道方面，要进入高档的大商场或设置专卖店销售，而不宜进入低档的普通商场、超市、交易场等；在促销方面，则不宜采用打折、降价销售等促销手段，不宜采用低档的黑白传单广告等。

在传播过程中，要根据目标顾客的特点，采用适合的、有针对性的媒体。传播，只需要让目标消费者知晓、感兴趣，进而对品牌形成忠诚即可，而不必对大众“广而告之”。

三、知识拓展

（一）工业品市场细分标准

工业品市场细分标准一般采用用户规模、需求因素以及用户地点作为细分的变量。

（1）用户规模：大、中、小；购买量大小：大量购买者与散客。

（2）需求因素：采购目的、商品用途、使用者情况、追求利益重点、质量标准、功能要求、供货时间、使用频率、价格要求、交易方式、生产发展规划等。

（3）用户地点：地区、气候、资源条件、自然环境、企业地理位置、生产力布局、交通运输、通讯条件等。

（二）两种新兴的营销战略

1. 营销战略联盟

战略联盟是指两个或两个以上的企业为实现某种战略目标而共同建立起来的具有合作性质的利益共同体。当然，联盟企业之间是彼此独立的，联盟的目的主要是为了增强企业的长期竞争优势。战略联盟之所以产生，主要是因为：①消费者偏好日益差异化使得企业仅依靠自身的能力难以掌握竞争的主动权，战略联盟可以提高企业的核心竞争力；②竞争的白热化使企业两败俱伤，企业需要竞争，更需要合作，也就是所谓的“竞合”战略；③研发一项新产品或进入一个新市场具有的风险日渐增大，而战略联盟则可以分散这种风险；④战略联盟能够在不扩大企业规模的基础上扩大业务范围。

常见的战略联盟形式有：

（1）联合调查。

市场调查是整个营销活动的起点，是获取决策信息和决策依据的途径，但市场调查工作量太大、专业性太强、费用太高，而企业联合起来，就可以避免以上各种不足。

企业在做这样的调查时，可以寻找同类（目标客户相同）但不同细分市场产品的企业。例如，生产儿童服饰的厂商，可以联合儿童玩具厂商、儿童食品厂商、儿童图书出版商等一起，共同对当地政治环境、法律环境、经济环境、技术环境、文化环境、消费者状况等进行调查。当然，在调查各自行业发展状况、同行对手情况、同类产品情况等项目时，这些企业不能使用完全相同的调查结果，还得区分对待。

如果选择同业竞争对手做联合调查伙伴，则可以使用完全相同的调查问卷，最大程度地节约调查资源。但由于竞争等种种原因，这样的联合调查比较少见。其实，在这样的情况下，如果由专业机构或者当地行业协会出面协调，组织同业机构进行联合调查，则参与企业均可共同受益。

除了横向联合以外，企业也可以选择纵向联合进行市场调查。向上，可以和自己的供应商联合调查；向下，可以和自己的经销商、零售商一起进行市场调查。比如大型超市，作为消费型商品的重要销售终端，与它们进行合作，能够帮助企业事半功倍地获取宝贵的市场资料。因为超市 POS 机记录下来的数据经过分析处理，得到的结果足以让任何厂商心动。通过这些数据分析结果，厂商知道的不仅仅是当期的产品销售量，甚至还能够知道每一种包装规格的产品的销量，达到单品管理。除此之外，数据中还有此类品牌的销售量与其竞争品牌销售量的对比分析，这种数据更会让厂商望眼欲穿，这种最根本的、最真实可信的数据远远要比咨询公司的数据结果可靠，而且节省直接调研费用。

另外，如果企业进入一个比较陌生的新市场，例如国内企业进入国际市场之初，最好与当地现成的、专业的、高质量的公司结成合作伙伴，联合对方来进行市场调查；否则，由于对当地语言、风土人情、政策法规等情况极为陌生，进行市场调查会很困难。

（2）联合研发产品。

在产品技术日益分散化的今天，已经没有哪个企业能够长期拥有生产某种产品的全部最新技术，企业单纯依靠自己的能力已经很难掌握竞争的主动权，因此，大多数企业的对策是尽量采用外部资源并积极创造条件以实现内外资源的优势相长。

新产品的开发是个复杂的过程，从寻求创意到新产品问世往往需要花费大量的时间，而市场环境的复杂多变又使新产品开发上市的成功率极低。企业间共同开发与提供新产品，可以利用共同的资源，进行技术交流，减少人力资源闲置，节省研究开发费用，分散高风险和共同攻克技术难题。

两个企业或者多个企业联合开发一项新的产品，企业各自都可以利用新产品改造现有的产品，提高产品的质量或创新卖点，从而提高市场竞争力。

（3）特许经营。

特许经营是指特许经营权拥有者以合同约定的形式，允许被特许经营者有偿使用其名称、商标、专有技术、产品及运作管理经验等从事经营活动的商业经营模式。拥有重要无形资产的一方，撬动了广泛的社会资源，迅速扩大规模，获取额外收益。

（4）资源共享。

资源共享就是把属于本企业的资源与其他企业共享，其共享方式可以是有偿的，也可以是无偿的。资源共享一方面可以充分利用现有资源提高资源利用率，另一方面可以避免因重复建设、投资和维护造成的浪费，是实现优势互补和高效、低成本目标的重要措施。

任何企业不可能在所有资源类型中都拥有绝对优势，即使同一资源在不同企业中也表现出极强的比较优势，从而构成了企业资源互补融合的基础。特别是已经固化在企业组织内部的某些资源，不可完全流动交易，如营销渠道、市场经验、客户数据库资料等无形资源，不便通过市场交易直接获取。要获取对方的这些独特的资源，必须与之建立合作关系，实现双方的共享和互补。

（5）渠道共享。

渠道建设是企业市场营销活动中非常重要的一环，也是企业面临的最棘手的问题之一。企业可以在渠道设计、渠道决策、中间商选择、中间商控制、中间商激励、中间商调整等方面相互合作，以强化渠道管理，决胜终端。

渠道是一种资源，异业或同业间渠道的借用与共享，可以将售点和展示点的口径大大拓宽，构筑超越竞争者的优势渠道。通过渠道共享，企业既可以借助共生伙伴的渠道把产品安全、及时、高效、经济地从生产者手中转移到消费者手中，又可以降低渠道建设成本，提高分销效率。

（6）联合品牌。

联合品牌策略是一种复合品牌策略，是指两个公司的品牌同时出现在一个产品上。这是一种伴随着市场激烈竞争而出现的新型品牌策略，它体现了公司间的相互合作。品牌联合是一种重要的品牌资产利用方式，对于品牌联合的发起方来说，实施品牌联合的主要动机是希望借助其他品牌所拥有的品牌资产来影响消费者对新产品的态度，进而增加购买意愿，并借以改善本品牌的品牌形象或强化某种品牌特征。

联合品牌策略的优点在于它结合了不同公司的优势，可增强产品的竞争力，降低促销费用。

（7）业务外包。

所谓业务外包（outsourcing），也称资源外包、资源外置，是指企业基于契约，将一些非核心的、辅助性的功能或业务外包给外部的专业化厂商，利用它们的专长和优势来提高企业的整体效率和竞争力，从而达到降低成本、提高效率、充分发挥自身核心竞争力和增强企业对环境的迅速应变能力的一种管理模式。

当前，业务外包主要有三个趋势：

一是外包偏向于后台业务。新经济时代，市场瞬息万变，企业生存的基本准则就是能及时获取终端信息，随市而变。为了把握终端市场，把准市场脉搏，许多企业对前台业务，都是亲力而为，强化服务，而将后台业务、离市场较远的业务外包出去。

二是外包偏向于机械性业务。信息社会，产品的生命周期缩短，品种增加，批量减小，顾客对产品的交货周期、价格和质量的要求也越来越高。在这种背景下，满足个性化需求，已成为企业业务的重中之重。为此，企业要将机械性、重复性的业务，通过数字化、软件化外包出去，如外包生产。

三是外包业务偏向于非核心业务。企业的重要业务必须由企业自身完成，对于那些非核心业务，可实施外包。企业可以通过合作伙伴来完成，如现在很多的家电企业将售后服务（送货、安装、维修、咨询等）外包。

2. 关系营销战略

关系营销战略是指导企业与顾客建立和维持一个长期、稳定的关系的活动方针和竞争方式。关系营销与交易营销有诸多不同，二者的主要区别如表 4-4 所示。

表 4-4 关系营销与交易营销的区别

关系营销	交易营销
重视顾客忠诚度	重视市场占有率
保留现有顾客	吸引新顾客
着眼于长远利益	着眼于短期利益
双方能从长期关系中获利	企业能从交易中盈利
相互合作，共同创造价值	利用已有的产品来交换货币
高度接触	中等接触
相互依赖程度高	相互依赖程度低
较多的顾客承诺	有限的顾客承诺

关系营销是以建立、维护、促进、改善、调整关系为核心。这里的“关系”主要是指企业与客户、供应商、分销商、竞争者、内部员工之间的关系。

（1）与客户的关系。在发展新客户的同时，还要重视留住老客户。通过数据库营销、会员俱乐部等多种形式，保持和维系顾客，注重顾客价值的实现。

（2）与供应商、分销商的关系。企业和供应商、分销商之间不仅有竞争，更有合作，明智的企业会与供应商和分销商建立起长期的、彼此信任的互利关系。

（3）与竞争者的关系。事实上竞争者之间可以建立一种“双赢”或“多赢”的关系，可以使合作各方获得更多的利益，至少与竞争者之间保持公平竞争、和睦相处、互相学习的良性关系。

（4）与内部员工之间的关系。员工是企业的资产而不是成本，要将员工视为企业的内部顾客，通过满足员工的利益、注重员工的发展和培育等方法来提高员工的满意度和忠诚度，并最终实现企业外部顾客的满意。

（5）与影响者的关系。各种金融机构、新闻媒体、社会团体以及政府机构等，对企业的营销活动都会产生重要的影响，企业必须以公共关系为主要手段争取他们的理解和支持。

关系营销可以分为三个层次：第一层次，财务性联系，即通过频繁营销计划（向顾客提供奖励以增加购买数量、提高购买频率的方式）或俱乐部营销计划实现收益增加；第二层次，社会性联系，即了解顾客的个人需求和偏好将服务定制化以满足个体的需要，从而增加顾客的高社会利益；第三层次，结构性联系，即通过顾客无法从其他渠道获得的服务，增强企业与顾客之间的结构性联系。

四、综合案例

鱼峰水泥——危机之下的营销战略

一、辉煌的往昔

广西鱼峰集团有限公司（原柳州水泥厂）是华南地区最具影响力的水泥生产企业之一，公司位于广西柳州市西郊太阳村镇。公司始建于1958年，是国家第二个五年计划中投资兴建的大型水泥企业之一，50多年来，由最初的年产水泥20万吨的生产能力发展到现在的年产500万吨。

鱼峰水泥在中国水泥工业史上曾经写过极其辉煌的一页，创造了多个第一：20世纪80年代中期全国产量第一，建成第一个水泥出口中转站，全国水泥出口第一，为中国水泥工业培养输送了大批技术管理人才，为中国水泥工业的发展作出过突出的贡献。

公司主打产品“鱼峰”牌水泥，合格率一直保持100%，获全国名、优、特产品，国家金质奖章，中国名牌产品，广西著名商标，广西区优质产品，大西南优质名牌产品，质量满意产品，全国用户满意产品等称号；曾多次获得国家质量金奖和“全国用户满意产品”称号；1994年在全国水泥行业中首家通过ISO 9002质量体系认证，并于2001年12月获得ISO 14001国际环保体系认证。产品覆盖广西、广东、海南、贵州等省区，远销我国香港、澳门特别行政区及东南亚各国，公司的产品已累计出口达到1 300万吨，在同行业中名列前茅。

“鱼峰”水泥产品覆盖国内广西、广东、海南、云南、湖南、贵州等华南、中南和西南地区，出口远销中国港澳台地区，东南亚的文莱、新加坡、泰国、马来西亚、越南、菲律宾、印尼、缅甸，以及日本、智利等国，筑成了国内外大批高层建筑、机场、铁路及隧道、高速公路、桥梁等优质工程。

二、遭遇世界金融危机和激烈的市场竞争

（一）遭遇金融危机

2008年，国际水泥产业遭遇了两轮冲击波，一是能源价格上涨，二是次债危机带来金融风暴。特别是金融风暴使2008年世界大部分地区水泥需求量下降，从而引发各地区的水泥产量下降。2008年全年，东欧地区水泥产量下降了12%，俄罗斯下降了25%，北美下降了20%。2009年一季度，西欧地区水泥产量下降了24%，东欧地区下降了33%，美国下降了17%，俄罗斯下降了35%，东南亚等原先发展不错的地区也放缓了发展速度。2008年国际经济下滑，直接影响了国内经济，水泥需求量下降，特别是广东地区同比出现负增长。受国际大环境的影响，鱼峰集团水泥产品内外市场也明显下滑，往年销往粤西市场的数十万吨水泥今年全部被迫退市。

（二）竞争对手的加入

1. 区域竞争现状

华南地区包括广东、广西和海南两省一区。广东、广西主攻珠三角目标市场，珠三角是我国最早实现经济开放的地区之一，带动两广水泥产业发展，大企业云集，竞争激烈，已步入成熟市场。两广地区依靠珠三角经济圈的启动，经济快速发展，成为继国内华东水泥之后的第二大水泥消费市场，因此竞争也异常激烈。

自2004年以来，大企业集团纷纷进入，在粤北、粤西和粤东分别建设三个生产基地，锁定珠三角地区为目标市场；在粤南地区由于布局的饱和以及煤炭资源的瓶颈制约加剧，对新建水泥生产线进行严格限制。但基地式建设使产能规模巨大且集中释放，导致广东效益走低。在这一背景下，市场几经波折，但最具规模实力的大集团在这里快速崛起，两岸三地的海螺水泥、台湾水泥、华润水泥是其代表，与紧随其后的央企中材集团、本地龙头塔牌、有外资背景的越秀以及从房地产业进入水泥的光大，号称“七君子”，在广东水泥市场上进行着激烈的竞争。

而在广西，随着《北部湾经济区发展规划》颁布实施，经济区开放开发热潮汹涌澎湃，北部湾港口群、公路、铁路、石化和钢铁基地等基础设施建设加快了广西的经济发展，必将拉动水泥产业快速发展。因此，水泥企业也在这里进行着市场的争夺战。

水泥大企业在桂林—柳州—南宁南北贯通的铁路沿线建设水泥生产基地，主攻本地市场；利用优越的区域位置、资源条件，水路通道，复制海螺水泥在长三角的“沿江模式”，借西江通过水路物流连接珠三角，形成两广联动的水泥大区域市场概念。

受国际金融危机的影响，国内水泥需求量下滑，两广的发展态势发生变化。广东水泥2008年市场需求明显减缓，海螺、越秀、中材等产量下降明显；而广西本地经济发展加快，水泥市场上扬，而且依靠西江使运输成本降低，将水泥运往广东，也是冲击广东水泥市场的原因之一。

2008年广东在建熟料产能1 340万吨，广西1 550万吨，未来产能压力较大，造成供给过剩，导致企业竞争加剧的因素是存在的。

2. 企业动态

（1）海螺水泥。海螺水泥具备超前战略思想，在做透华东市场之后挥戈南下，开拓华南市场。海螺进入时正值固定资产投资拉高，市场价格处于高位。海螺运用规模、成本优势，在华南市场再获丰厚利润。截至 2008 年 11 月，海螺在两广的总产量居第一（占广东产量的 11.75%，广西产量的 17.14%）。海螺在广西三点布阵，三角形布局非常稳固，兴安海螺雄踞广西北部，掌控桂林也有机会下探柳州；扶绥海螺坐镇西南，北供南宁南销防城港；北流、兴业、海螺、台湾水泥、安寨东南，除供本地市场外，主要目标市场是广东湛江和茂名地区。海螺选址的最大特点是靠近市场，一是城市群，二是国家重点项目工程，北流、兴业的布点就是考虑两广沿海的钢铁、石化基地建设。

（2）台湾水泥。2006 年正式进入华南市场，构筑广东、广西、福建市场互动区域，在广东、广西的布局与海螺类似，但更为集中。2008 年受国际金融风暴影响，台湾水泥对大陆市场仍持乐观态度，不减“深耕华南”的决心。截至 2008 年 11 月，台湾水泥在广东产量达到 344 万吨，同比增长 71%，2009 年广西投产运行，产量 76 万吨，两地熟料基地 8 条 6 000 t/d 生产线都已下线投产，明年产量翻三番也有可能。台湾水泥表示要加快打通水路和铁路出口通道，改善物流条件，充分发挥基地优势。

台湾水泥在市场的开发上非常有特点，古语道：“军马未动，粮草先行”，台湾水泥是市场先行，福州配套大型粉磨站的建设就是佐证——粉磨领先熟料投产。大基地的建设需要大的市场，广西贵港生产线的投产，意味着福建的熟料将逐步由台湾水泥在广西的基地供给。港澳地区也是台湾水泥的传统市场，福建与台湾一江之隔，海西经济区的建设，随着两岸关系的改善，对台湾水泥来说无疑是重大利好。

“深耕华南”是台湾水泥在大陆投资的重要战略。目前，台湾水泥在华南的布局包括广东英德、广西贵港、广西柳州和福建福州等，新的市场规划正在紧锣密鼓地调研中，台湾水泥将依托 ERP 信息化管理，在第一时间取得人才、资源、生产、销售和物流信息，并形成良好的区域联动效应。台湾水泥的投资是看未来的 15～20 年，发展中国家有大量的基础设施建设，随着城市化发展不断推进，台湾水泥看准中国水泥工业未来 20～30 年的发展市场。

（3）华润水泥。华润水泥虽然是进入水泥产业的新军，但有进入新产业的丰富经验，后发制人是其优势所在，一旦进入，下手非常“狠”是它的高招。华润水泥通过精密的调研，测算建设、生产、物流、销售成本后，提出“战略领先”，即在建设前就要看到今后在市场上的竞争优势。“功夫不负有心人”，华润水泥拿到了沿西江流域的最好位置，生产基地沿西江一路排开，没有给对手一点机会。对此，据说擅长沿江战略的海螺水泥也不得不称道，可以说是“青出于蓝”。华润水泥在广西平南、贵港和桂平三处沿西江布线，凭借优越的物流条件进驻珠三角地区。2007 年由于西江水运出现问题，华润水泥果断“虎口拔牙”，毫不犹豫地布点广东肇庆封开。此举意义重大，若封开被竞争对手拿下，那么华润在广西的西江生产基地将毁于一旦，这关系到生死存亡。拿下封开后，华润长舒一口气，逃过一劫。这就是战略领先的道理。至此，3 000 吨的船舶将常年畅通无阻，使华润水泥继海螺水泥后具备强大的物流优势。

华润西江布点是针对广东珠三角市场，紧接着便马不停蹄地下手对广西境内布局，一是在广西内陆采取分布式布点：南宁、百色田阳、贺州富川、来宾武宣；二是着眼沿海：防城港上思和玉林陆川。上思是目标防城港，陆川锁定广东湛江、茂名，其用意非常明显，在海螺水泥生产基地和目标市场中间位置“卡位”设点，其招也够“损”的。

大规模的生产线建设，必须要有今后的市场保证，华润水泥2008年11月12日进入广东汕头建设200万吨粉磨站；12月10日防城港200万吨粉磨站开工；12月18日竞拍海南国投水泥29%的股权成功，宣告正式进入海南市场。华润水泥开发福建市场的序幕已经拉开，原市场销售总监调防福建大区任地方“司令官”，用意非常明确。

（4）其他企业 。中材通过收购亨达利进入广东，发展速度不快，2008年在建生产线熟料产能达434万吨。本地老牌企业广东塔牌、越秀在本地仍具有相当大的竞争力，但发展速度较两广的“三甲”还有一定差距。塔牌集团在2008年5月上市，已将战区延伸到福建。海南华盛天涯并不甘心只在海南发展，将触角伸进广东、防城港，投资13亿元，年产水泥熟料270万吨项目在第五届中国-东盟博览会上正式签约。

三、调整战略迎头搏击

面对激烈的市场竞争，鱼峰水泥受到了极大的挑战，不但被迫退出传统的市场，而且“敌人”已经打到了家门口，并且鱼峰水泥根本无法与海螺水泥、华润水泥、台湾水泥等“财大气粗”的竞争对手进行正面的竞争。不但如此，受金融危机的影响，国内和国际的世界水泥的需求量也大幅下降。在这种“内忧外患”的境况下，鱼峰水泥认真分析市场和竞争特点，调整战略，迎接挑战。

鱼峰水泥是家有着50年历史的老企业，年总产能达到450万吨。但在金融危机影响和市场竞争白热化的情况下，要满足这个产能并非易事。面对复杂严峻的市场环境，鱼峰水泥通过深入开展市场调研，科学判断产品市场走势，理清了发展思路，迅速调整产销布局。

1. 调整国际营销战略

国际市场方面，针对原主要国际市场——美洲市场受国际金融危机影响出口持续减弱的形势，该公司以科学发展的眼光分析市场，果断将国际市场从美洲转到非洲，并协调当地由我国政府援建的大型基础设施建设项目，运用鱼峰水泥“国家出口免检产品”的品牌影响力来拓展国际市场，迅速做大中东和南非等海外市场。与此同时，针对国内外市场需求，积极引进战略合作伙伴，采取联营等手段扩张产能，实现企业营销全面升级。

2. 集中精力做好本地市场

在开拓国内市场方面，紧紧抓住国家扩大内需政策机遇，紧盯固定资产投资建设重大项目，提早介入工程，提前做好市场储备。虽然鱼峰水泥是正宗的“柳州制造”，但一直以来却是“墙内开花墙外香”，其在柳州的市场份额不到33%。这是由于鱼峰水泥具有高质量的产品品质，其产品供不应求，并以出口为主，自家门口的市场需求根本顾及不上，因而其市场份额并不高。

在水泥行业有着“运输半径”限制的说法，鱼峰水泥没有办法与国内外的水泥巨头在全国布点竞争，因此集团公司充分发挥“运输半径”的优势，集中精力做好本土及外围市场，重点突破，保持鱼峰水泥的势力范围，让“强龙”压不住“地头蛇”。集团公司重新构建了“以桂中地销市场为鱼峰赖以生存的根基，沿黔桂铁路线两翼拓展，挺进西南，做大西南市场”的营销战略新格局，把西南省区作为公司释放最大产能的后续市场，奋力开拓贵州、四川等西南省区市场。具体而言，就是主攻“汽车运输200公里，火车500公里的市场范围”。鱼峰水泥制定的目标是将柳州市场份额扩大到77%。2009年鱼峰水泥重新夺回了柳州9家混凝土搅拌站的供货权。

3. 立足城市，辐射农村

在布局好国际、国内的营销战略的同时，鱼峰水泥也制定了“立足城市，辐射农村”的次级战略，将鱼峰水泥向更广阔的农村推进。因而今年鱼峰水泥将一直向外的营销精力，分一半投入到柳州本土及农村市场，重新构建本地销售网络，以柳州为据点辐射周边农村，提供完善的售后服务，向乡一级市场推进。

4. 差异化营销和定制营销战略

根据波特的竞争优势理论，企业可以选择的竞争战略有三种，分别是总成本领先战略、差异化战略和集聚战略，企业可以从中选择一个加以实行。很明显，华润水泥、海螺水泥、台湾水泥凭借它们的财力优势和规模经济，走的是总成本领先战略，最终以价格取胜。而鱼峰水泥没有那么大的资金实力和规模去和这些竞争对手拼成本、拼规模、拼价格，而是走“差异化”的道路。一直以来，由于技术质量过硬，鱼峰水泥生产的大多是针对大型水利等基础工程的高标号水泥产品。目前，鱼峰水泥日产销量频频突破1万吨大关。但提到未来的发展形势，公司认为面对激烈的市场竞争，鱼峰水泥任何市场份额都不能丢，既要抱稳高标号水泥市场这个“大西瓜”，又要捡拾原先关注度不够的低标号水泥市场这粒“小芝麻”。2007年，公司研制生产成功一种用于特种工程的水泥主要成份——抗硫酸盐熟料。抗硫酸盐水泥主要用于海边或海底地下工程，要求具有较强的抗硫酸浸蚀物质腐蚀的功能，目前已大批量销往中东国际市场。经检验，该熟料各项技术指标均符合用户质量要求，用户比较满意。

集团公司充分利用企业生产线类型多、生产技术过硬的优势，根据市场需求生产出客户所需的产品，产品结构十分丰富。2009年以来，该公司通过加大新产品开发，已对公司50%的产能进行及时调整，通用硅酸盐水泥、特种水泥产品种类已达8种之多，涉及不同标号品种，低端产品复合水泥市场的占有率迅速扩大。

另一方面，公司还根据用户的特殊要求、特殊的用途生产产品，真正做到定制营销。比如，去年末，调研得知贵州急需大量的水泥，于是根据当地地理、气候等条件，专门组织生产一批低碱水泥，投放市场后大受欢迎。

5. 树立社会营销观念，实施绿色营销

鱼峰水泥在满足客户需求创造经济效益的同时，也在努力探索社会、环境、企业三赢的循环经济发展之路，把鱼峰水泥建设成绿色品牌。充分利用创建新型干法水泥工程技术研究中心的有利契机，发挥鱼峰的人才和技术优势，在节能减排、循环经济、绿色经济等方面主动作为，加快课题研究进度，不断提高企业的核心竞争力。为此，该公司通过技术创新，加大原燃材料替代、城镇工业废渣综合利用，废气回收余热发电，用科技手段解决城市污泥处理等资源节约研发及力度。比如，成立研发中心，派出专业人员到北京等地参观学习，研究污泥变水泥的技术发展，积极寻找更为经济有效、无二次污染的处置污泥的较有利和划算的方法，使污泥变成水泥，节省资源，促进经济发展。

2004 年公司利用日本对华绿色援助计划的支持，配套建设了先进的纯低温余热发电系统。通过回收水泥熟料生产线生产过程中所排放的大量废气余热进行发电，电力全部回用于水泥生产。截至 2009 年 9 月，通过余热发电项目，已实现供电量 17 951 万千瓦时，与同等规模的燃煤电厂相比，相当于节约标煤 6 万多吨，减少 CO_2 排放量近 15 万吨，对减少温室效应、保护生态环境起到积极的促进作用。公司还利用硫酸工业废渣（铁粉）、煤矸石等工业废弃物替代天然资源黏土、铁矿石、粉煤灰、矿渣等工业废弃物作混合材，工业磷石膏、氟石膏替代天然石膏作调凝材料生产水泥产品，每年利用各种工业废渣超过 50 万吨，为减轻城市处置固体废弃物负担发挥了十分重要的作用。

6. 知识营销

知识营销指的是向目标受众传播新的科学技术，通过科普宣传，让消费者不仅知其然，而且知其所以然，重新建立新的产品概念，进而使消费者萌发对新产品的需要，达到拓宽市场的目的。这其实是一种“创造需求”的营销理念，是一种主动的营销策略，不同于“满足需求”的被动的营销策略。这种营销策略更能让客户满意。按照索尼公司的观点，客户是缺乏远见的，客户或许并不知道他们真正需要什么。索尼是用新产品去引导消费者，而不是问他们需要什么。索尼通过这种反传统的营销方式，最终也取得了巨大的成功。

在鱼峰水泥，营销人员也不是跟着客户的所谓“需求”走，而是通过产品的创新去引导客户，走在客户之前。并且通过知识营销，向客户宣传水泥的知识，教育客户如何选用水泥和进行水、沙子和水泥的配比。例如，公司经常在乡镇的水泥销售点对群众进行这方面的知识宣传、教育。这种方式增进了人们对鱼峰水泥的信赖，激发了对鱼峰水泥的需求。

四、效果及评价

鱼峰水泥根据科学的市场调查，通过对国际、国内战略的调整，在做好销售市场区域布局战略的前提下，采取切实有效的差异化营销战略、定制营销战略、绿色营销战略、知识营销战略，有效应对国际金融危机和竞争对手带来的挑战，逆势而上，推动了企业生产经营健康、持续发展。2009 年 1—5 月份，鱼峰水泥累计生产水泥 135 万吨，同比增长 19.5%；实现销售收入 3 3761 万元，同比增长 18.5%。展望未来，水泥行业的竞争将更加激烈，鱼峰水泥唯有不满足过去，戒骄戒躁，努力开拓创新，才能立足并更进一步发展。

资料来源　作者根据广西新闻网、广西鱼峰集团有限公司官方网站及实地采访广西鱼峰集团有限责任公司所获得的信息资料整理编写。

五、思考练习

1. 什么是市场定位？为什么要进行市场定位？
2. 请简述市场定位的基本流程。
3. 市场细分和市场定位之间是什么关系？
4. 差异化与市场定位之间是什么关系？
5. 进行市场定位要遵循哪些基本原则？
6. 市场定位有哪些具体的方法和策略？

六、实战训练

1. 实训项目

我国功能饮料市场的定位分析。

2. 实训目的

通过对我国目前功能饮料的市场调查与定位分析，探究功能饮料市场存在的市场机会。在完成这个项目后，让学生理解市场定位策划的原理及方法；同时让学生了解功能饮料的行业情况。

3. 实训内容

（1）目前饮料市场的细分标准是什么？根据这些标准细分出哪些市场？目前这些细分市场都有了哪些企业或品牌？

（2）分析我国市场上的功能饮料主要品牌各自的定位。（提示：目前功能饮料的主要品牌有红牛、力保健、脉动、康有利、激活、“他+她-”、宝矿力、怡冠、劲跑X、健力宝A8、尖叫）

（3）根据消费者的需求和目前的竞争情况，功能饮料市场还有哪些市场机会？如果决定进入这个市场，又该如何定位？

4. 实训组织

（1）以小组为单位开展策划活动。全班分为8组，每组5～6人，确定组长1人。

（2）小组成员要做好分工，搜集有关资料，进行必要的实地调查。

（3）对搜集的资料进行汇总分析，共同讨论，统一意见，最后撰写好分析报告。

5. 实训考核

（1）课堂交流。每组根据各自的分析报告，制作PPT，每组推荐1人代表小组陈述观点，接受全班同学和老师的提问。

（2）根据老师和同学的意见，进一步完善“定位分析报告”，并打印上交。

（3）老师根据课堂的陈述和“定位分析报告”，为各个小组确定成绩。

项目五　新产品上市策划

学习目标

基本知识目标：理解产品的整体概念；理解新产品的概念及类型；掌握新产品的开发策划和产品诉求点的确定。

岗位能力目标：具备新产品上市策划的能力。

综合素养目标：具备产品策略的基本知识，具备有关新产品开发和市场推广的能力。

导入案例

齐鲁频道、景芝酒业携手开拓校园市场

2014年上半年，景芝酒业携手齐鲁频道推出首届山东大学生创意设计大赛，8场高校创意巡讲，国内顶级创意大咖劲刮头脑风暴，点燃了学子们的创意火花。齐鲁台常青藤媒体群——餐厅桌面、餐厅电视、网络互动、《锐》杂志等多渠道宣传，创意风暴席卷山东各大高校。

独具慧眼 瞄准校园市场新蓝海

“景芝”，是一个具有底蕴的白酒品牌。多年来，“景芝”以产品质量为保证，全面发掘景芝镇5 000余年的历史文化，用心凝铸“芝麻香”系列产品的内涵及形象，使“真心酿真情”深入齐鲁人的脑海。然而，由于“地利优势+消费者家乡情结+小贵即安”的市场特点，鲁酒一直给人一种“诸侯割据”的品牌印象。随着白酒行业进入深度调整期，白酒市场走到了一个新的十字路口。传统的营销模式很难应对当前的行业困局，内涵创新和营销创新成为大多数酒企近几年抢夺市场的主要策略。景芝酒业也不例外，对内泰山酒业、趵突泉、扳倒井等兄弟企业群雄割据，难以突围；对外川酒、汾酒、徽酒、苏酒趁机大量涌入山东市场，给鲁酒市场带来猛烈冲击。腹背受敌的景芝酒业如何突出重围，开拓新的市场渠道成为其当前最迫切的需求。

凭借持久不懈的品质提升和对酒业未来发展方向的敏锐把握，保证产品品质的同时，景芝酒业在品牌营销上寻找到了新的突破口——2014年独具慧眼，将目光瞄向了山东校园市场。山东是人口大省、消费大省，同时也是教育大省。山东高校数量达120余所，仅次于江苏，排名全国第二，在校大学生人数300多万人，校园消费市场的巨大潜力日益突显。为此，齐鲁频道结合景芝酒业千年底蕴的文化内涵，为其量身定制了“创意青春 设计未来——景芝酒业·首届大学生创意设计大赛”，不仅成功帮其完成企业全形象的品牌再造，而且做到了在山东高校市场的深度传播，从而锁定未来主流消费群体。

文化营销 景芝品牌深度传播

如今，校园市场中企业之间的竞争变得越来越激烈，但是曾经风靡一时的价格战早已经成为了“明日黄花”。越来越多的企业将重点放在建立自己的品牌知名度及忠诚度上，纷纷展开了各种形式的校园促销活动，但收效却并不明显。原因很简单，熟悉市场营销战略、熟练市场运筹帷幄的各路企业，其“校园行活

动”却并没有真正找到与年轻族群沟通的有效方式。校园中进行品牌的营销并不是短时间内就能体现的，它需要一个长时间的积累。而在这漫漫的长途中，“景芝”找到了一个强行的助力器——文化营销。

大学生群体是不容忽视的智业军团，他们没有固化的思维定式或环境束缚，他们的思想更加天马行空，他们的创意更加令人耳目一新。创意设计大赛无疑是文化营销的最佳展现形式。命题企业通过设计大赛，不仅可以收获海量的创意作品，包括平面、策划案或者影视、网络等作品，还可以潜移默化地将企业文化、营销理念等核心价值观进行精准传播，与大学生群体达成精神上的共鸣。

“创意青春 设计未来——景芝酒业·首届大学生创意设计大赛”以“景芝酒业”为命题主题，面向全省专科、高职、本科、硕士、博士等在校学生征集优秀的创意设计方案。参赛作品分为广告创意和广告设计两大类别，其中广告创意类分为产品广告语、平面广告、影视广告、微电影、企业吉祥物四小类；广告设计类分为产品包装设计、展位设计、宣传品设计三小类。全场共设金奖、银奖、铜奖、优秀奖四个等次的奖项，并且提供了丰厚的现金奖励，只要参赛者的创意够独特，设计够给力，就有机会赢得最高5万元的创意奖励。

常青藤校园媒体群 直通300万大学生群体

齐鲁常青藤校园媒体，是齐鲁频道X媒体之一，直接面向全省300万大学生消费群。作为山东独家校园整合营销平台，常青藤通过锐视界、锐桌媒、《锐》杂志、锐拍客、锐客网、社交APP等六位一体的媒体矩阵、一体两翼的活动营销，实现了对山东校园渠道的独家垄断，帮助客户锁定未来最主流的消费群体，真正做到全方位整合资源，精准传播。

为了提升设计大赛以及命题企业产品在学生中的知名度和提及率，同时增加企业形象的新闻曝光率和大众影响力，“景芝”通过全方位整合常青藤校园媒体资源，为其开拓山东校园市场提供了切实可行的解决方案。

- 锐活动：8场线下巡讲掀起创意风暴

创意设计大赛自3月份启动以来，历时4个月，陆续在山东高校进行了8场创意巡讲，各大高校70个院系300多万学子积极参与，陶磊、杨烨炘、邓斌、薛振添等一线创意讲师深入到高校中现场解析命题，与莘莘学子积极互动，在山东高校掀起了一场创意风暴。创意巡讲直接覆盖人群达到10万人。巡讲中，不仅背景板、易拉宝、主持人口播、话筒标等物料都体现景芝酒业的赞助元素，而且每场巡讲企业的负责人都现场讲解企业文化、品牌故事、播放品牌形象宣传片，更加强化了“景芝”的品牌认知度与美誉度。

- 《锐》杂志：命题解析+企业文化传播双管齐下

《锐》杂志是山东省首份公开发行、深度覆盖全省高校市场的DM杂志，每期发行量30 000册。大赛启动伊始，《锐》杂志围绕大赛进行了专题报道，从大赛简介、参赛指南、命题解析、企业文化、品牌故事等多角度、多维度进行最大化传播。而且，我们还邀请了山东知名设计类院校的导师，针对不同参赛类别，给同学们提出了合理的参赛建议，助力同学们赢在起跑线上。

● 锐视界 最精准的视频传播平台

锐视界是覆盖山东省百余所高校的视频联播平台，现已成为“山东大学生自己的电视台”。锐视界以学校餐厅高密度、强制性收看的电视为媒介主体，以锐视界灯箱平面广告为辅助，结合校园活动，在山东高校构建起强势、分众、精准、深度的目标广告运营体系。为更好地达到大赛传播效果，活动宣传片、宣传海报、游码字码在常青藤锐视界每天120次高频次传播。比赛结束后，获奖的优秀作品也在锐视界上每天循环展示，二次传播效果更明显。

● 锐桌媒 企业品牌深入人心

餐桌媒体作为新兴的媒介形式，其强效的传播方式，在校园内引起广泛关注。大学生每天换个座位看广告，让命题企业——景芝酒业的品牌形象更加深入人心。

社会效果和品牌传播双赢

● 培养未来忠实消费群体

此次大赛在全省100余所高校同时展开，景芝酒业的形象通过海报、条幅、校园餐厅电视、桌面、《锐》杂志、线下巡讲等方式，不断向学生群体渗透，使产品近距离接触大学生群体，加深影响自身和周边的消费者，为品牌未来培养了一大批忠实消费群体，实现了市场提前占位，达到其品牌营销的目的。

● 建立人才供需的资源平台

本次大赛共收到参赛作品1 000余件，最终经过近两个半月的层层筛选，共评选出19个奖项，最高金奖奖金高达5万元。于景芝而言，这不仅仅是一次企业品牌推广，还挖掘了大学生群体中优秀的创意人才，完成人才供给的梯队建设，帮助企业完成初步筛选，建立更加有效率、有价值的人才供需体制。

“景芝酒业·首届大学生创意设计大赛”的成功举办，反映的是景芝酒业主动承担起作为鲁酒领军企业的社会责任，积极践行社会公益活动，投身大学生教育事业，关心和支持当代大学生全面成长的成功探索。这一举动也向外界传播了健康的企业形象，从而带来良好的外部评价效果，获得社会和市场的广泛认可，达到社会效益和品牌传播的双赢。景芝酒业所走的这条品牌营销创新之路，为现下酒企“过冬”提供了成功经验和参考价值。

资料来源 佚名．齐鲁频道、景芝酒业携手开拓校园市场［J/OL］．广告人杂志，2015（1）．［2015-01-20］．http：//www. admen. cn/html/shizhanjinan/20150113/9441. html.

思考与讨论：

1. 景芝酒业为什么要选取学生作为目标市场？

2. 如何向目标消费者进行市场推广？

一、专业知识

（一）产品整体概念与新产品的判定标准

1. 产品的整体概念分析

产品是指那些能够提供给市场以满足消费者或用户需要和欲望的任何有形和

无形的服务，它由多个层次构成，如图 5-1 所示。

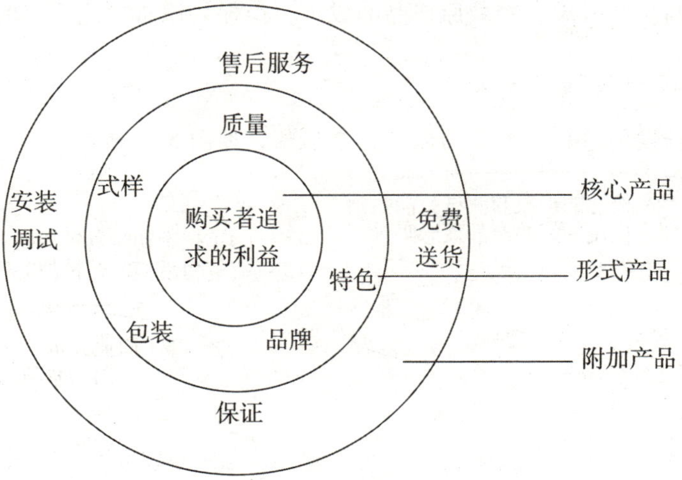

图 5-1　产品整体概念

（1）核心产品。它是产品整体概念中最基本的层次，是购买者购买某一特定产品时追求的基本效用和利益，是顾客需要的中心内容。

（2）形式产品。它是核心产品的存在形式和载体，但形式产品较核心产品具有更为广泛的内容，它通常向购买者展现出以下一些能被人感知的特征，如产品的质量、档次、式样、特色、包装及品牌等。核心产品与形式产品是不可分的，核心产品总是通过形式产品提供给购买者。

（3）附加产品。它是指消费者或用户在购买某一特定的形式产品时所得到的全部附加服务和利益，包括咨询服务、产品介绍、提供信贷、免费送货、安装调试、技术指导、保证、售后服务等。

2. 新产品的种类

新产品是指采用新技术原理、新设计构思研制、生产的全新产品，或在结构、材质、工艺等某一方面比原有产品有明显改进，从而显著提高了产品性能或扩大了使用功能的产品。只要是产品整体概念中的任何一部分的变革或创新，并且给消费者带来新的利益、新的满足的产品，都可以认为是一种新产品。新产品的种类主要有：

（1）全新产品。全新产品是指采用新原理、新结构、新技术、新材料研制而成的产品。

（2）换代新产品。换代新产品是指在原有产品的基础上，部分采用新材料、新技术研制的性能有显著提高的新产品。

（3）改进型新产品。改进型新产品是指在原有老产品的基础上进行改进，使产品在结构、功能、品质、花色、款式及包装上具有新的特点和新的突破，改进后的新产品。

（4）仿制新产品。仿制新产品是指采用各种改进技术，对现有产品改善其性能，提高其质量，使其规格型号多样、款式花色翻新，以及本企业模仿市场上已有的产品。

（5）降低成本型新产品。降低成本型新产品是指企业利用新科技，改进生产工艺或提高生产效率，削减原产品的成本，但保持原有功能不变的新产品。

（二）新产品开发策划

新产品开发的过程一般分为以下几个步骤，如图 5-2 所示。

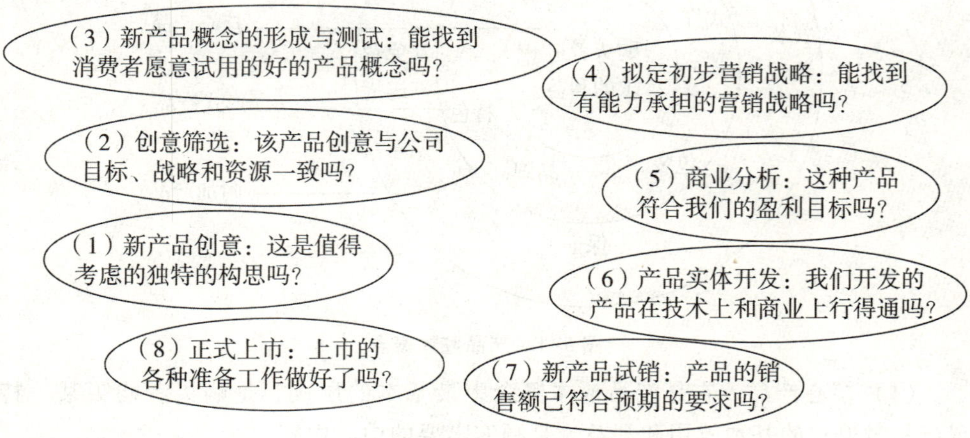

图 5-2 新产品开发过程

1. 新产品创意

所谓创意，就是对新产品进行设想或构思的过程。缺乏好的新产品构思已成为许多行业新产品开发的瓶颈。一个好的新产品构思是新产品开发成功的关键。

企业通常可从企业内部和企业外部寻找新产品构思的来源。企业内部构思来源包括：研究开发人员、市场营销人员、高层管理者及其他部门人员。这些人员与产品的直接接触程度各不相同，但他们的共同点便是都熟悉公司业务的某一个或某几个方面。对公司提供的产品较外人有更多的了解与关注，因而往往能针对产品的优缺点提出改进或创新产品的构思。企业可寻找的外部构思来源包括顾客、中间商、竞争对手、企业外的研究和发明人员、咨询公司、营销调研公司等。

2. 创意筛选

新产品构思筛选是采用适当的评价系统及科学的评价方法对各种构思进行分析比较，从中把最有希望的设想挑选出来的一个过滤过程。构思筛选的主要方法是建立一系列评价模型。评价模型一般包括评价因素、评价等级、权重和评价人员。

3. 新产品概念的形成与测试

新产品概念是从消费者的角度对产品构思进行的详尽描述，即将新产品构思具体化，描述出产品的性能、具体用途、形状、优点、外形、价格、名称、提供给消费者的利益等，让消费者能一目了然地识别出新产品的特征。因为消费者不是购买新产品构思，而是购买新产品概念。新产品概念形成的过程亦即把粗略的产品构思转化为详细的产品概念。任何一种产品构思都可转化为几种产品概念。新产品概念的形成来源于针对新产品构思提出问题的回答，一般通过对以下三个问题的回答，可形成不同的新产品概念，即：谁使用该产品？该产品提供的主要利益是什么？该产品适用于什么场合？

需要注意的是，不要一味关注产品特性。营销人员应首先找出客户所寻求的好处或解决方案，然后再开发具有某种特性、能够提供某种好处及解决方案的产品，同时考虑所期望的产品定位。应该暂时放下自己的想法，好好研究客户的感觉，将客户认为有价值的特性纳入产品之中。

4. 拟定初步营销战略

对已经形成的新产品概念制订营销战略计划是新产品开发过程的一个重要阶段。该计划将在以后的开发阶段中不断完善。营销战略计划包括三个部分：

（1）描述目标市场的规模、结构和消费者行为，新产品在目标市场上的定位，市场占有率及前几年的销售额和利润目标等。

（2）描述新产品的价格策略、分销策略和对第一年的营销预算进行规划。

（3）描述预期的长期销售量和利润目标以及不同时期的营销组合。

5. 商业分析

商业分析的主要内容是对新产品概念进行财务方面的分析，即估计销售量、成本和利润，判断它是否满足企业开发新产品的目标。

6. 产品实体开发

新产品实体开发主要解决产品构思能否转化为在技术上和商业上可行的产品这一问题。它是通过对新产品实体的设计、试制、测试和鉴定来完成的。根据美国科学基金会的调查，新产品开发过程中的产品实体开发阶段所需的投资和时间分别占总开发费用的30%、总时间的40%，且技术要求很高，是最具挑战性的一个阶段。

7. 新产品试销

新产品试销，就是将新产品与品牌、包装和初步市场营销计划组合起来，然后把新产品小批量投入市场，以检验新产品是否真正受市场欢迎的过程。新产品试销的基本流程如下：

（1）决定是否试销。并非所有的新产品都要经过试销，可根据新产品的特点及试销对新产品的利弊分析来决定。

（2）选择试销市场。如果决定试销，接下来就是对试销市场的选择，所选择的试销市场在广告、分销、竞争和产品使用等方面要尽可能地接近新产品最终要进入的目标市场。

（3）决定试销技术。消费品常用的试销技术有销售波测试、模拟测试、控制性试销及试验市场试销。工业品常用的试销技术是产品使用测试或通过商业展览会介绍新产品。

（4）控制新产品试销过程。这是指对促销宣传效果、试销成本、试销计划的目标和试销时间的控制是试销人员必须把握的重点。

（5）收集和分析试销信息资料。信息资料包括消费者的试用率与重购率，竞争者对新产品的反应，消费者对新产品性能、包装、价格、分销渠道、促销发生等的反应等。

8. 正式上市

新产品试销成功后，就可以批量生产，全面推向市场了。在这一阶段，企业将要投入大量的资金用于生产条件的配置和进行市场营销，对此，企业必须慎重地进行决策并全面加强管理工作，以确保新产品经营成功。

（三）产品分析与诉求点确定

产品是企业运作市场的前提和基础，企业应该明白一个事实：好产品不一定能够做成功，而能做成功的都是好产品。

初期进行市场操作应该明确主攻重点产品，确保产品单一，或者是一个系列，这样可以集中资源。市场操作最忌讳一次操作多个产品，因为所有企业的资源都是有限的，把有限的资源用于多个产品的开发，往往使企业难以兼顾，最终造成企业的人力和财力资源断档，造成企业操作市场的失败。

市场上往往存在这样的基本情况，就是一个重点产品所产生的回款和收益远远大于其他很多产品的回款和收益的总和。如果企业集中资源把一个重点产品操作起来，以这个产品所形成的销售通路和品牌、经验、资金资源，其他产品容易跟进，以一个产品带动一群产品是多产品企业操作市场的最佳方案，这样使复杂的事情简单化，变得容易操作了。不仅国内的企业，包括如宝洁这样的跨国企业，虽然有几百种产品，也是从三个最有竞争优势的产品开始操作国内市场的。

在产品策略这个环节中，为产品寻找卖点是最重要的工作内容，根据营销专家的总结，产品的卖点可以从以下几个方面进行提炼：

（1）卖专家：在新产品上市时，引用权威言论、权威发表的文章，参考权威数据，借助权威品牌、权威机构认定、权威单位试用等方法打动消费者的心。

（2）卖技术/工艺：在新产品的技术先进性上寻找产品的卖点，提炼出差异化的概念。

（3）卖品质：从产品质量方面提出差异化概念。

（4）卖功能/方便：在功能方面、能为消费者提供的便利性方面寻找卖点。

（5）卖价格：从新产品与同类产品的价格或性价比的对比中寻找其卖点。

（6）卖服务：从提高消费者的满意度即如何使服务超越消费者的期望这个方面寻找卖点。在我国家电行业中，海尔是从服务中寻找卖点的典型代表，如它曾提出“三全快乐”服务，即全员、全时、全面还要让你快乐的服务，根据这个卖点设计了一系列服务承诺。

（7）卖个性/品牌：从产品的独特个性和产品品牌方面寻找卖点。

二、操作流程

1. 新产品上市流程

确定目标市场和突破口—选择进入路径—市场营销组合策划—实施经营—监督并修正策划方案，如图 5-3 所示。

（1）评估产品和市场调查。

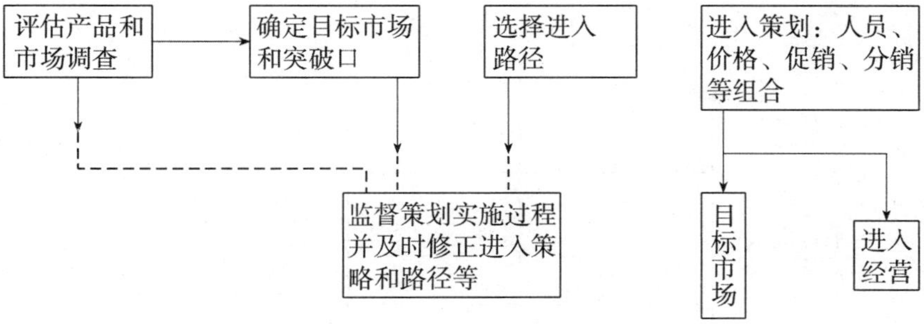

图 5-3　新产品上市策划流程图

资料来源　叶万春．企业营销策划［M］．3 版．北京：中国人民大学出版社，2012.

对新产品的评估主要包括以下问题：

①新产品的竞争力如何？其优势和劣势是什么？

②产品能满足消费者哪方面的需要？

③新产品的卖点有哪些？面临的竞争程度如何？

④新产品是否需要在实体样式、包装、服务等方面作出适于进入市场的更新？

（2）拟进入的目标市场选择。

企业的目标市场在营销战略中已经确定。但是，一般情况下，由于资源的限制，企业不可能一下子全部进入所有的目标市场，在这里所需要确定的是最先进入的市场。

（3）发现市场空缺。

市场空缺是不同企业在不同类产品或同一类产品的不同型号或品种之间所形成的空隙地带。市场空隙不等于潜在市场，它只是潜在市场的一部分。市场空缺是指那些市场启动条件基本趋于成熟的潜在市场。

（4）市场进入的营销组合策划。

在新产品推广策划中，主要涉及产品、价格、渠道和促销四要素。

2. 新产品推广策划的主要内容

新产品推广策略包括四个主要内容：何时推出新产品，何地推出新产品，向谁推出新产品，如何推出新产品。

（1）何时推出新产品：时机策略。

上市时机关系到新产品的成败，因此新产品上市要尽可能选择最佳的上市时机。在销售周期方面可以考虑在淡季上市或在旺季上市，在考虑竞争方面，相对于竞争对手，则有先行进入、平行进入和推迟进入等几种情况，如图 5-4 所示。

①旺季上市。常规的思路是希望产品上市后遇到产品销售旺季，销售旺季是主流产品普及、新产品上市的大好时机，有利于新产品快速发展，但是新产品上市一旦不成功就会丧失退路，贻误市场销售旺季的战机。例如，季节性产品往往是应季上市；也可以利用节假日推出与之相关的产品；同时还必须考虑新产品上市对老产品的影响，如果对老产品销售影响很大，则应在老产品库存下降到一定程度后再推出新产品为好。

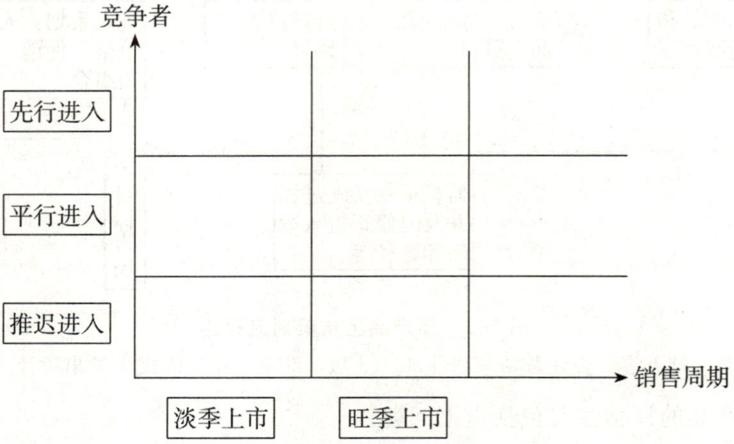

图 5-4　新产品上市时机选择

②淡季上市。在销售淡季上市，通过淡季做市场和点滴的经验积累，等到旺季来临之后，扎实的基本功就会使销售力量一下子壮大起来。有很多企业反季节上市，比如，饮料、啤酒、冰淇淋、空调等夏季产品在冬季上市，虽然冬季消费此类产品的顾客较少，销量不大，但企业会由此关注成本和服务，期望在有限的淡季市场抢夺有限的消费者，为旺季市场销售上量打下坚实的基础。

③先行进入。率先进入市场，掌握主要的渠道资源和终端消费者。这样可以获得先入为主的优势，率先在消费者中建立品牌偏好。一般来说，消费者对先进入市场的新产品印象比较深刻，便于企业树立形象。

④平行进入。与竞争者同时推出新产品。这种策略可以与竞争者分担广告促销费用，分担风险。由于消费者对新产品不熟悉，要让消费者了解新产品，企业不可避免地需要投入巨额广告宣传费。同时进入，可以减少企业负担的让消费者了解产品的宣传广告费用。

⑤推迟进入。在竞争者产品上市后再择机进入市场，这样可以节省广告宣传费，避免新产品上市可能出现的问题和失误，还可以比较准确地理解市场需求量的大小。特别是在产品生命周期进入成长期时进入，市场需求已经明确，消费者对产品的基本情况已经大致理解，进入市场风险比较小。

（2）何地推出新产品：地理策略。

企业和策划人员还要决定，向什么地方推出新产品。选择本地市场还是外地市场，城市市场还是农村市场，国内市场还是国外市场。尤其重要的是，决定新产品在上市初期应在哪些地方推出。

通常很少有企业能够一下子把新产品推向全国，覆盖整个市场。大多数企业是采取逐步拓展的方式，先选择一个地方打开市场，然后以此为样板市场向其他地区推开，直至覆盖全部市场。

（3）向谁推出新产品：目标顾客策略。

新产品市场早期，分销目标和促销对象应该选择最有希望的购买群体。先突破这些群体，然后再向其他的群体进攻是常用的策略。泛泛地向目标市场推出新产品，要么代价太高，要么收效甚微。企业应根据新产品试销所得的数据，描述出早期目标顾客的特征。一般而言，新产品的目标顾客应具备以下特征：

①创新使用者和早期使用者；

②产品的大量使用者；

③意见领袖；

④用最少的促销费用就可以争取到的顾客。

（4）如何推出新产品：市场进入策略。

为了提高新产品成功的可能性，在新产品推出之前，企业需要为新产品的推出制定市场进入策略。市场进入策划的思路如下：

①明确策划目标。新产品上市策划的目标很明确，就是让目标顾客了解并接受新产品，使新产品成功入市。

②找出新产品上市的障碍。对新产品上市而言，其最大的障碍在于消费者对新产品、新品牌了解甚少，分销商不适宜的旧体制及对新产品不了解，公司内对新产品的促销缺乏经验。

③设定产品的营销渠道策略：包括渠道的模式及管理等。

④拟订传播计划：包括确定广告目标受众、确定广告的诉求点、确定合适的媒体组合。

⑤拟订促销计划：包括设定促销目标、选定促销工具、决定促销的具体办法。

⑥拟订执行计划：根据方案的设定，安排好人、财、物等资源以保证上市方案的顺利实施。

三、知识拓展

（一）新产品扩散和采用理论

所谓新产品扩散，是指新产品的上市，并随着时间的推移不断地被越来越多的消费者所采用的过程。扩散与采用的区别，仅仅在于看问题的角度不同。采用过程是从微观角度考察消费者个人由接受创新产品到成为重复购买者的各个心理阶段，而扩散过程则是从宏观角度分析创新产品如何在市场上传播并被市场所采用的更为广泛的问题。产品的推广过程就是新产品的扩散和消费者的采用过程。新产品扩散和采用理论是新产品推广的基础和渊源。

一般来说，新产品的采用会经历以下五个阶段：

（1）知晓：顾客对该新产品有所察觉，但缺乏了解。

（2）兴趣：顾客受到激励，寻找该产品有关的信息。

（3）评价：具体考虑该新产品是否适用、是否值得购买。

（4）试用：顾客小规模地购买、试用该新产品，并根据使用的效果重新评估和修正自己对新产品的认知与购买决策。

（5）采用：顾客完全接受新产品，并重复购买，继续使用。

顾客对新产品采用的过程，理论上存在以上五个阶段。但在实践中，消费者对不同新产品的接受和采用速度差别很大。营销策划人员应努力促使消费者顺利地从上一阶段进入到下一阶段，最后接受新产品。特别要注意的是，不能使消费者长期停滞在前三个阶段，只有当消费者试用新产品后，才能更好地了解新产品，产生信任感，成为采用者。因此，当企业发现大量消费者对新产品的反应徘徊在评价阶段时，就要采用特殊的有效策略促使消费者尽快进入试用阶段。

（二）新产品采用者的类型

美国学者罗杰斯在对新产品扩散过程的研究中发现，某些人性格上的差异是影响消费者接受新技术和新产品的重要因素。就消费品而言，罗杰斯按照顾客接受新产品的快慢程度，把新产品的采用者分为五种类型：

（1）创新采用者。该类采用者约占全部潜在采用者的2.5%。任何新产品都是由少数创新采用者率先使用，他们具备如下特征：极富冒险精神；收入水平、社会地位和受教育程度较高；一般是年轻人，交际广泛且信息灵通。

在向市场推出新产品时，应把促销手段和传播工具集中于创新采用者身上。如果他们的采用效果较好，就会大力宣传，影响到后面的使用者。

（2）早期采用者。早期采用者占全部潜在采用者的13.5%。他们大多年轻，富有探索精神，对新事物具有浓厚的兴趣，经济状况较好，信息灵通，容易受到促销宣传的影响。他们大多是某个群体中具有很高威信的人，受到周围朋友的拥护和爱戴。正因如此，他们常常去收集有关新产品的各种信息资料，成为某些领域的舆论领袖，对其他人的意见和购买行为有较强的引导作用。

（3）早期大众。早期大众占全部潜在采用者的34%。其特征是：深思熟虑，态度谨慎；决策时间较长；受过一定教育；有较好的工作环境和固定收入；对舆论领袖的消费行为有较强的模仿心理。他们虽然也希望在一般人之前接受新产品，但却是在经过早期采用者认可后才购买，从而成为赶时髦者。由于该类采用者和晚期大众占全部潜在采用者的68%，因而，研究其消费心理和消费习惯对于加速创新产品扩散有着重要意义。

（4）晚期大众。这类采用者约占全部潜在采用者的34%。他们对新事物心存疑虑，多持观望态度，工作环境、教育水准和收入状况一般。他们不主动采用新产品，当新产品已进入成熟期，大多数人都使用并反应良好时才购买。

（5）落后采用者。这类采用者约占全部潜在采用者的16%。他们思想保守固执，深受传统观念束缚，对新事物、新潮流多持反对意见，恪守已有的消费模式，不愿意接受新产品。只是在新产品已经进入成熟后期或衰退期，绝大多数人已经采用时才接受。

四、综合案例

无印良品：靠这8点把产品做到极致

无印良品是一个奇葩的案例。它没有logo、广告、代言人、繁复的颜色与样式，业绩却依旧一飞冲天。2010年至2012年，其全球净销售额从1 697亿日元（约107.8亿元人民币）增至史无前例的1 877亿日元（约119.2亿元人民币）。

它有什么样的产品秘密？希望本文给大家一些帮助。

1. 洞察消费需求

2003 年，MUJI 实施名为“观察”的开发计划，开发团队会直接拜访消费者，观察其日常生活，并对房间内每一个角落乃至每件商品一一拍照，照片随后被提交讨论分析，以此挖掘潜在消费需求。

2. 变亦不变，使用便利性

MUJI 现今电子产品销量冠军、深泽直人所设计的壁挂式 CD 机，早年即由金井发掘。不同于一般 CD 机永远“平躺”的设计，深泽直人所设计的 CD 机如同方形换气扇置于墙上，开关亦非惯常的按钮，而是垂下的绳子。

3. 对细节管控的要求

标准化陈列不仅要求整齐、饱满、富有冲击力，还要求考虑顾客购物习惯。例如，文具区所有笔盖都必须朝向同一个方向，美容护肤品类的各类瓶子的瓶盖和标签也必须朝向统一，被挂在高处的搓澡棉、浴花必须由店员用纸板作为尺子规整，保持同一水平高度。

4. 重视每一位消费者，苛求完美

关于业绩爆棚的管理秘密全在金井政明的手机邮箱内。其中最受其珍视的邮件来自“生活良品研究所”，每个顾客的反馈意见均会直达其邮箱。“这些都是顾客所不知道的，他们不知道这些意见居然社长都会亲自看。每分每秒，我都会看这些意见。”金井政明狡黠地说。此类邮件到达的高峰是在周三，总数超过 100 件，平常亦有 30 ~ 50 件。有人指责某款晾衣架会因紫外线的照射而变脆断裂，有人抱怨最新款的拖鞋“头太小”……

5. 环保、节制的理念

日本是一个资源极少的国家，所以他们国家的很多设计都因遵循极简的理念而著称，包括日本最流行的禅宗也讲究的是“极简生活”，用我们现在的话说就是“极简朴的生活”。关于 MUJI 的理念，其设计总监原研哉在《设计中的设计》中曾这样描述：“追求的不是‘这样好’，而是‘这样就好’。它将价值赋予可接受的质量：节制、让步以及超然的理性，可称之为‘全球理性价值’，一种倡导以极端理性的视角使用资源和物体的哲学。MUJI 理念要指出的是日常生活的‘基础性’和‘普遍性’。”

6. 极简、便利性的设计感

追求商品本质和便利性使得 MUJI 的产品开发过程颇为另类。以日本零售龙头企业大荣（DAIEI）为例，其自有品牌 SAVING 在开发时仅与制造商合作，而 MUJI 则不同，每件商品从企划、设计、制造到售卖均需层层把关，均有设计师参与。即使产品设计方案获得最终通过，产品还将面临更为严苛的关卡。由日本顶尖设计师组成的外部咨询委员会严格讨论商品是否符合 MUJI 的理念。

硬性指标包括商品不能追逐流行趋势以免跟风后过时，商品必须能够提升品牌形象等。只有经过外部咨询委员的集体认可，产品才能最终上架。“最常见的淘汰原因是做设计的人不会考虑到产品能否被销售。”金井政明解释说。

金井政明异常强调节制及反流行。金井政明认为过分消费会导致很多淳朴的东西慢慢消失。作为流行的对立面，MUJI 追求的是长久耐用、具有高度普遍性的设计及材质、恰当的价格，而不会增加有很强嗜好性的设计和颜色。

为了驱动 MUJI 实现“使用便利性”，金井政明成立了两个核心的管理部门并亲自管理。一个是面向消费者集思广益的生活良品研究所，使用者可在商品开发、试卖、正式售卖等阶段提供意见，金井则开通个人邮箱用于采纳建议、敦促进度。另一个是设计师主动寻找需求的商品种类开发部，其门下设生活、服装、食品部三大分支，对产品进行定期检查，更新设计。

如此设计流程往往颇费周折。“松井忠三曾经说募集商品设计时，其实是恰如其分地摆荡在两条线之间的。这有点像调收音机音量的时候，可能不知道什么样的音量适合自己，所以你就会去调，再回来一点，又回来再回去一点，就是这样一个过程。”MUJI 中国区总经理王文欣解释说。

例如，MUJI 一款用于放在冰箱里制作凉水的冷水桶就曾经历四次改造。设计师发现日本冰箱普遍偏小，较大的冷水桶无法直立放置，遂将侧面设计成平面以便在冰箱里不滚动，桶口亦被密封，防止平放时有水溢出。一些女性消费者反映装满水后水桶太重，平放取出吃力，设计师又在水桶侧边加上了弧形凹槽增加受力点。该冷水桶亦可作为泡茶的茶壶，此后消费者亦两次提议对桶内滤网进行改进，设计师最终照单全收。

为了制订出最佳方案，往往需要邮件沟通无数，最繁忙时甚至在机场进行设计讨论，以便讨论结束后各自赶赴下一个目的地。

7. 冷酷的陈列标准

在中国，MUJI 的陈列标准是日本总部陈列模式同本土 VMD 构思的混合体。通常，日本总部会给出商品陈列的方法论。例如，一个大货架的底层为销售区，应方便顾客取货；中层则为展示区，用于传达产品用途；高层陈列区则为顾客提供视觉冲击力。在 MUJI 的陈列哲学中，所有商品的摆放必须遵循从左至右依次由浅入深、由小到大的基本陈列规则。待培训的陈列师必须在店铺实习 6～12 个月体察陈列方法，最终方案则需根据中国顾客喜好程度、所开门店周边状况、企划活动主题等进行定制。

大的陈列区域确定过后，MUJI 还会继续细分陈列——这则是“说服力工程”中最为耗时的环节。迥异于大多数零售商按照货架空间大小进行商品陈列的惯用做法，MUJI 会先设计出陈列方案，再按照方案为商品量身定制货架及盛装道具，如此行事的好处在于商品与货架、商品与道具能无缝融合，而饱满感会带给顾客强烈的视觉冲击力。

每一件商品都能在 MUJI 的商店里拥有自己的精确坐标。VMD 会依据总部的基本方法论，为每个货架设计一张陈列图。基本货架用于正常陈列，而侧货架则用于售卖战略商品和促销产品。这张图会精确表示出货架每一层从左至右应该摆放哪件商品，并以条形码进行最终确认。若是大型货架，VMD 则还会配上一张后期完成效果图。在尚未开业的上海环贸 iapm 购物中心，在其他门店电钻轰鸣、灯光布置仍未齐全的情况下，MUJI 的门店依靠这种方法已完成近 80% 的陈列。

除了新开门店，陈列师还需操刀门店每月新品、主题及促销陈列。通常情况下，此类更新会以图片的形式分发给各门店，店员据此进行陈列变动后，需要拍照交予 VMD 确认。为了更好地统一 70 余家中国门店的陈列，MUJI 还增设“区域陈列师”一职，用于跟进各门店陈列标准化的执行情况。

标准化陈列不仅要求整齐、饱满、富有冲击力，还要求考虑顾客购物习惯。在占中国总销售额 50% 的服装销售区，MUJI 要求但凡折叠摆放的衣服，必将每一摞衣服最上面一件的领口向外对准通道——MUJI 发现顾客购买衣服时往往很在意领口，如此摆放能让顾客不弯腰亦能轻易看清每层货架衣服的领口款式。

8. 贴心的本地化

2012 年 3 月，成川卓也作为营业改革担当被派驻到中国。他曾前往宜家和中国本土家具城，记录下每个卖场里所售床的尺寸与每个尺寸的产品数量，并向日本总部提出改进提案。这份提案和海外源源不断的“大床”要求，促使 MUJI 于 2013 年 1 月起在中国售卖 1.6 米、1.8 米宽的大床。除了床，一款符合本地市场、特殊尺寸的桌子亦在中国出现。

本地化的商品开发对拉升销售额亦至关重要。成川卓也曾在日本总部负责生活杂货类商品开发，早年出差到中国，他曾听到中国员工抱怨日式设计的床的尺寸大小并不符合中国国情。在日本，其国民居住空间较小，家居尺寸亦因此偏小，通常床的设计宽度为 1.4 米，而在中国和欧美等地，床的宽度往往为 1.6 米或 1.8 米。“尺寸毕竟是中国需求的一部分，如果我们没有这个尺寸的话，销售基本上是不可能的。”成川说。

本地化运营的另一难题是如何估算产品销量及订货量。对于有销售参照物的新品，成川会根据以往类似产品的销售成绩推算订货数量。而对于缺乏参照物的新品，成川则会听取中国员工的意见，集体拟订销售方案。“我们不希望中国员工担心万一选中卖不掉怎么办，而是考虑这个商品怎么做才能销售更好。”成川卓也解释说。以 MUJI 此前从未在中国销售的被套套装为例，成川与中国员工商议后决定引入，并大胆让店铺作为推荐商品持续半年售卖。如今这套售价高达 650 元的产品已是纺织品类畅销品的第二名。做出此类决策有时完全仰仗于感觉。

金井政明亦意识到这一点。2014 年 10 月，MUJI AWARD 设计大赛将由日本移到中国举办。金井希望它能向中国的设计师和普通民众募集实用设计，并将其商品化。良品生活研究所亦计划成立中国分部，通过官网收集顾客意见，开发符合中国本地生活习惯的精良设计。

资料来源　佚名．无印良品：靠这 8 点把产品做到极致［EB/OL］．(2014-04-10)．http：//www.topbiz360.com/web/html/school/yingxiaojinnan/20140410/148430.html.

五、思考练习

1. 从营销角度而言，什么样的产品才是新产品？
2. 新产品的开发要经过哪些流程？
3. 新产品上市的流程是怎样的？
4. 新产品上市策划要考虑哪些方面？

5. 如何提炼产品的“卖点”?

六、实战训练

1. 实训项目

新产品上市策划。

2. 实训目的

通过实训，使学生掌握最常见的新产品市场与推广策划的方法与技巧，同时增加学生对市场的感性认识。

3. 实训内容

(1) 确定要上市的新产品（可由教师指定或学生自己选定）。

(2) 对产品及其市场进行研究，如产品的性能、特色，目标消费者及消费行为，竞争对手的情况等。

(3) 拟订产品市场策划书及后续的推广方案，并制作成 PPT 在课堂上进行交流。

4. 实训组织

(1) 以小组为单位，5 人一组。

(2) 要求进行实地调研，了解产品所在行业的特点。

(3) 建议拟开拓的市场是本地市场或学生比较熟悉的市场。

5. 实训考核

(1) 上市策划书，主要考核方案的新颖性、规范性、可行性。

(2) PPT 制作及讨论。教师综合各组的表现，进行打分，并作总结。

项目六　促销策划

学习目标

基本知识目标：掌握促销策划的流程以及常见的促销方法，如广告、广告、营业推广等。

岗位能力目标：具备拟订各类常见的促销方案的能力。

综合素养目标：能敏感地察觉到公司面临的机遇与问题，拟订并执行合适的促销方案。

导入案例

农夫山泉和TCL的跨业联合促销

2004年7月伊始，“农夫山泉TCL与您共圆中国金牌梦”的活动在全国各地展开。在农夫山泉饮料和TCL电冰箱各自的终端销售点，洋溢着两家企业合作的氛围。家电卖场现场，TCL产品体验区，农夫山泉样品堆头气势宏大，格外引人注目。TCL冰箱内，陈列的全是农夫山泉系列产品，还标出战略合作伙伴TCL荣誉推荐字样。在一些重要卖场，消费者还可以免费品尝到TCL电冰箱里冷藏的“农夫果园”，现场气氛围颇为热烈。

在农夫山泉这边，无论海报还是横幅，都在告知与TCL家电的亲密合作。为让消费者得到额外的利益，TCL特地推出一批特惠机型，活动期间凭农夫山泉的产品标签可优先购买。

在重点城市的重点商场，7月以来，TCL家电和农夫山泉联合举办的户外路演一浪高过一浪，参与人数直线递增。而针对奥运主题，双方合作的“奥运竞猜卡”在各自的销售点和路演现场发放，以消费者的参与来带动双方奥运概念的营销主题。

思考与讨论：

1. 处于不同行业的两个品牌农夫山泉和TCL为何能走到一起？它们合作的基石是什么？

2. 农夫山泉和TCL在这次联合促销中各自得到什么收益？

3. 本案例给你什么启迪？

一、专业知识

（一）促销工具的选择与组合

在现代市场，企业仅仅拥有一流的产品、合理的价格、畅通的销售渠道是远远不够的，还需要一流的促销活动以将企业的产品信息正确、及时地传递给消费者，并采取恰当的促销手段激发消费者的购买欲望，促成其购买行为。促销策划就是创造性地谋划并设计促销组合，使公关促销、广告促销、销售促进和人员促销达到最佳配合。这主要有：主次配合、进程配合、手段配合、内容（信息）配合、策略（创意）配合目标配合等。总之，在各自战略、策略的诸多方面都要有机结合，相互推动，形成整体促销合力。切忌各自为政，相互割裂，甚至相互对立。

1. 促销基本策略

促销基本策略可分为两种：推式策略（push strategy）、拉式策略（pull strategy）。

推式策略是指企业以中间商为主要促销对象，通过使用销售队伍和渠道促销，劝诱中间商订货，传送产品，最后到最终用户的一种促销策略（如图6-1所示）。

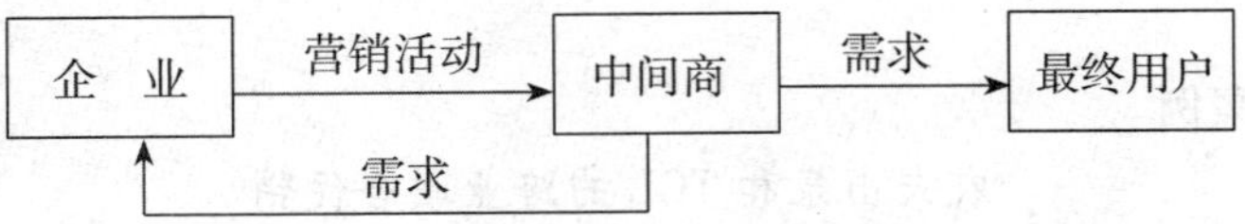

图6-1　推式策略

拉式策略是以客户为主要促销对象，通过运用广告、销售促进、公共关系等促销手段，向用户展开强大的促销攻势，促使最终用户向中间商购买产品，从而拉动中间商向企业订货，如图6-2所示。

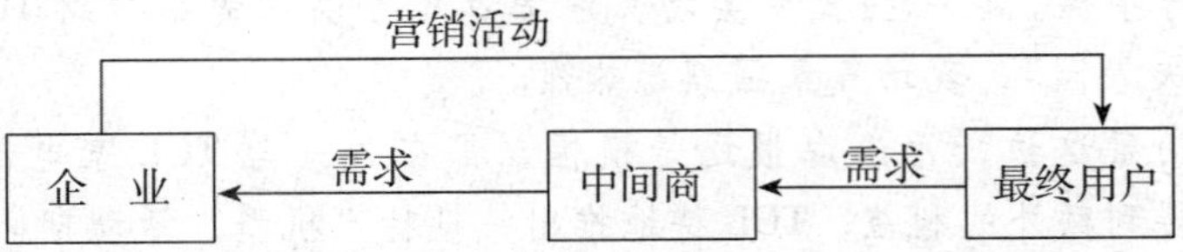

图6-2　拉式策略

推式策略和拉式策略都包含了企业与消费者双方的能动作用。推式策略强调了企业的能动性，而拉式策略则强调了消费者的能动性。

在实际促销过程中，企业要根据不同时期、不同环境等客观条件，综合运用这两种促销策略。一般来讲，在下列情况下应用推式组合：企业规模小或无足够的资金推行完善的广告促销；市场比较集中，渠道短，销售力强；产品单位价值高；企业与中间商、消费者关系亟待改善；产品性能及使用方法需作示范；需要经常维修等。在下列情况下，应用拉式策略：市场有大量的便利品；产品具有差异化；企业拥有充分的资金，能够支持广告促销等。

2. 常用促销工具

促销工具有人员推销、广告、销售促进和公共关系等四种基本方式，每种方式下又有很多的策略，如表6-1所示。

3. 促销组合策略

促销方法有人员推销、广告、销售促进、公共关系。它们具有各自的沟通特征，一般而言，以上四种方法都不是单独运用，而是有机组合、巧妙配合、整体互补，以达到相得益彰的效果。此种组合方式即称为促销组合（promotion mix）。

（1）促销组合需要考虑的因素。

促销组合往往受多种因素的影响，直接关系到促销的效果。在进行促销组合时，往往需要考虑如下一些因素：

①目标因素。企业的整体目标具有阶段性的侧重点，由于目标侧重点不同，

促销组合策略也不同。以提高知名度和塑造良好形象为主要目标时，应以公关和广告为主；而以销售商品为主要目标时，公关是基础，广告是重点，人员推销是前提，销售促进是关键。

②策略因素。企业采取“推”的策略，以人员推销和中间商促进为主；采用“拉”的策略，则以公关、广告和消费者促进为主。

③产品因素。首先是产品类型。生产资料商品具有技术性较强、价高、批量大等特性，购买时一般要经过研究、审批等手续，因此，应以人员推销为主，配合公共关系和销售促进，而广告相对少一些；消费品主要供个人和家庭生活之用，面广量小，常以广告为主，辅之以公关和销售促进，人员推销相对少一些。其次是产品生命周期阶段。投入期应以广告和公关为主，人员推销和销售促进为辅；在成长期，虽仍以广告和公关为主，但所有促销策略的成本效应都降低了；在成熟期，以销售促进为主，辅之以广告、公关和人员推销；在衰退期，仍以销售促进为主，但广告、公关和人员推销的成本效应则降低了，其中以人员推销为最低。

④市场因素。在诸多因素中，主要是市场规模与集中性、购买者类型、消费者心理与行为和竞争对手的促销攻势对促销组合影响较大。第一，市场规模与集中性。规模小且相对集中的市场，人员推销是重点；规模大、范围广且分散的市场，则多采用广告、公关和销售促进。第二，购买者类型。对个人家庭消费者应以广告、公关为主，辅之以销售促进；对组织用户、集团消费应以人员推销为主，辅之以公关和广告；对中间商则宜以人员推销为主，并配合销售促进。第三，消费者心理和行为。主要是分析消费者处于购买决策的哪一阶段。在认知阶段，广告与公关比销售促进和人员推销的作用大得多，应当作为促销组合的选择重点；理解阶段主要选择广告、公关和人员推销；信服阶段，人员推销是重点；成交阶段应主要选择人员推销和销售促进；再次购买应以销售促进和人员推销为主，配合广告与公关。第四，竞争对手的促销攻势。根据自身与对手的实力分析和比较，选择针锋相对的促销方式或避其锋芒的促销组合。

⑤投资因素。不同的促销方式、促销组合，需要投入的资金总量不同，因此，企业的财力及其促销预算影响和制约着对促销组合的选择。既要量力而行，又要用最少的费用实现最佳的促销组合，使其促销费用发挥出最大的效用。

⑥管理因素。不同的促销方式、手段，其管理复杂的程度有所不同。一般来说，公关和销售促进的管理相对复杂，如果企业管理水平不高，一般不愿意选择；而广告和人员推销相对来说管理简单些，容易被企业选择使用。应当说，这种促销组合的选择是不科学的，但符合企业的实际情况，是一种实事求是的组合选择。

⑦时机因素。任何商品都会面临销售时机和非销售时机。显然，在销售时机（如销售旺季、流行期、特别活动和节日期等）应当掀起促销高潮，一般要以广告、销售促进为重点；而在平时，则应以公关和人员推销为主。

⑧渠道因素。如果企业以中间商为主来分销商品，则应以广告、公关为主，为中间商创造有利的销售环境，充分调动其积极性。

影响促销组合的因素有很多，组合策略也千差万别。只要灵活机动，随机应变，精心策划，就一定能做出促销组合的最佳决策。

（2）几种重要的促销组合模式。

①广告-人员推销组合模式。

广告-人员推销组合是以大众传媒为载体的广告和以推销员为主体的推销行为组合而成的一种促销策略。广告的作用在于在一定时期内广而告之，让众多的社会公众知晓产品，了解有关企业及其产品的信息；而人员推销的作用在于通过人际传播形式，借助双向沟通找到社会公众中的真正用户并使其产生购买欲望，进而产生购买行为。目前，世界营销界公认的两条重要原理是：消费品组合促销的主要手段是广告，产业用品组合促销的主要手段是人员推销。

②销售促进-广告组合模式。

这是以销售促进为主，广告为辅的组合促销策略，其目的是以广告配合销售促进活动。销售促进运用多种激励工具刺激消费需求，能够迅速激发消费者的购买行为；而这些促销信息的发布往往是依靠广告来进行的。在销售促进实施的同时，集中的、大面积的广告在一个统一的市场上产生协调一致的促销行为，可以大大提高促销的效果。

③广告-销售促进-人员推销组合。

这种组合将广告、销售促进和人员推销结合起来运用。没有切实可行的销售促进策略设计，在人员推销过程中往往就会遇到种种障碍，得不到消费者的了解和认同，没有广告，再好的销售促进策略、再强的人员推销阵容也同样不能充分发挥作用。

④广告-销售促进-人员推销-公关宣传组合模式。

如果说采用广告-销售促进-人员推销组合模式能实现促销目标，达到促销效果的话，那可能只是短期效应，不利于企业长期的稳定发展，因为它难以树立企业形象。但是，如果加入公关宣传的作用，就可以产生全方位的促销效果。

科特勒认为，对于消费品和产业用品，各种促销方式的重要性是不同的，因而就会产生不同的组合促销策略。在消费品组合促销中，各种促销方式的排序是广告-销售促进-人员推销-公关宣传；在产业用品组合促销中，其顺序为人员推销-销售促进-广告-公关宣传。

⑤拉式组合和推式组合。

推式组合以人员推销为主，配合其他促销方式；而拉式组合则以广告促销方式为主，其他促销方式为辅。

（二）广告策划

不管是企业自身承担广告活动的全部相关工作、部分工作还是由外部广告公司来提供整体广告服务，对广告策划方案的审查与决策永远是不可逾越的一步。一个广告策划方案主要包括：

1. 市场分析

市场分析主要判别分析目标受众、竞争者及有关情况、现有的市场地位等，其中最关键的是目标受众的媒体接触习惯，以及竞争对手的媒体使用情况。综合分析寻找广告可能获得的机会。

2. 广告目标的确定

决定广告策略，首先要考虑的因素是广告欲达成的目标，整体而言营销人员可以利用广告达到三个目的：告知、劝说和提醒。需要注意的是，广告的目的要与那些由整合营销计划共同决定的目标协调发展。比如，广告需要协助诸如市场定位这类目标的达成。为了形成策略性广告运动，完整而不是分离的广告目标是必需的，并且广告目标要实现以下目标：

（1）信息显露。提高产品或企业的知名度，或发布促销活动的基本信息，如时间、地点、活动内容等。

（2）加深认知。使受众全面深入了解产品或服务，配合产品的招商和销售工作。

（3）态度转变。增进顾客对活动的关注，增加对本产品的喜爱程度。

（4）一切广告的最终目标都在于增加销售，但广告本身很可能不会达成某一交易。以销售为目标的广告，重点宣传现在就购买的理由。

3. 广告策略

这是广告方案的核心内容，其最主要的四点是：

（1）广告战略：与其他传播方式一致的战略方向和重点。

（2）确定目标受众：往往是营销的对象和整合传播的对象。

（3）广告内容和诉求重点。

（4）媒介策略：媒介的类型、数量、时间和承担的任务。

4. 广告设计与制作

广告设计与制作就是对广告方案内容的物化和具体化，把广告的思想通过声音、文字、视频和符号等表现出来，最后形成广告作品。广告作品的产生首先开始于一个创意大纲的准备，这个大纲往往包括：目标、特定的目标市场、信息和主题、信息的证明材料（如研究报告、证明书以及其他任何权威的佐证材料）。广告设计与制作的工作往往需要由专业的设计公司或设计人员来进行。

5. 广告预算的安排

可能有人认为预算的设定应该在决定传播计划之前，因为预算是在确定目标、定位、方法和媒体时需要考虑的限制因素。需要注意的是，所需的预算应该在计划所要达成的目标的基础上制定，或至少在该基础上是可以协商的。

决定广告所需的适当花费有许多种方法，包括：

（1）习惯法。这主要是基于上年度的广告预算，这在市场稳定、目标近似上年度的情况下是适用的。

（2）销售百分比法，即根据销售额来确定本次广告的预算。其中销售额可以选择上年的销售额、本年预计销售额，以及前几年平均的销售额。这个方法纯粹将广告当作一项花费而不考虑其投资回报。

（3）竞争对等法，是以竞争对手的广告支出作为参考来确定广告预算。其基本假设是竞争对手的广告支出行为在行业中具有代表性，同时企业有超过竞争对手的能力。需要注意的是，仅仅是对比或改善预算并不一定能达到相同的结果，因为每个企业面临的环境是不同的，并且竞争对手的预算与分配信息很难获得。

(4) 目标任务法，主要是根据为达成广告目标所做的各项工作的总费用来确定预算。这个预算方法是最符合逻辑的。尽管目标任务法是比较理想的，但许多组织内部预算是从“高层”传达下来的，因此设定的任务很难达到最理想的效果。

不管是用何种方法，在设定完预算后都很有必要再检查目标以确保它在现有的财力下能够达成，否则，计划需要修改，预算需要重新分配。

6. 广告的实施与控制计划

广告策划方案的实施需要有一份具体的执行计划来保证，这个阶段的主要工作内容是执行的组织活动架构与工作分工，实施进度表，对广告活动的监控、调整，广告活动结束后的评估和反馈。

（三）营业推广策划

1. 营业推广的作用

营业推广又称销售促进（sales promotion)，是指那些不同于人员推销、广告和公共关系的销售活动，它旨在激发顾客购买和促进代理商的效率，诸如陈列、销售竞赛和许多非常规的、非经常性的销售尝试。具体而言，营业推广的主要作用在于：

(1) 吸引新顾客和新用户。营业推广对顾客的刺激比较强烈，很有可能吸引一部分新顾客的注意，使他们因追求某些利益方面的优惠而采取购买行为。

(2) 回报忠诚顾客。节事活动组织者可以通过诸如“赠品”、“奖售”等体现利益让渡的手段让企业的忠诚顾客受惠，这就有利于增加这部分顾客的“回头率”，确保活动的基本收入来源。

(3) 与其他促销策略一起，形成整合营销策略，实现企业的营销目标。营业推广同其他促销策略的显著区别在于：它以强烈的呈现和特殊的优惠为特征，给顾客以不同寻常的刺激，从而激发起他们的购买欲望。营业推广不能作为一种经常的促销手段来加以使用，但在某一个特定时期内，对于促进销售量的迅速增长则是十分有效的。

2. 常用营业推广工具

(1) 针对终端顾客的营业推广方法。

①折扣类促销。折扣是最常用的促销方式，虽然它可能对产品的价值和利润带来一些负面的影响，但其对销售数量的增加是一个较好的方法。如为了鼓励顾客大量购买可以用数量折扣；为了鼓励顾客提前购买或利用一些特殊的时间来消费可以采取时间折扣。

②有奖类促销。使用这种方式的情形是产品以原价出售，但会采取其他一些方式让顾客感觉物有所值。经常采取的方式有：附赠促销，比如个人专场演唱会的门票或许不够畅销，则可以搭售别的更受欢迎的商品，打折后捆绑着卖。抽

奖。可以考虑为每一发票分配唯一的号码，活动期间或结束后根据号码进行抽奖。竞赛。不以购买为条件，让顾客应募参加竞赛或比赛。竞赛可以是体育类，也可以是娱乐或技能类，如绘画、摄影、书法、唱歌、跳舞、产品命名比赛等。

③免费类促销。这是一类商品纪念品或免费服务，常以“买一赠一”的方式出现。

（2）针对中间商的营业推广方法。

为了保证渠道通畅和高效运行，促进中间商完成分销目标，活动组织者必须制定各种形式的激励措施和支持政策，充分调动其积极性。常用的激励措施主要有：

①提供优惠的销售条件。在付款条件和企业的担保等销售条件方面给予渠道成员优惠，能够有效地减少商家的经营风险，更加激励商家与其合作。如对信用等级高的客户允许售后付款；对付款较早的中间商给予现金折扣等。

②销售折扣。向商家提供多种形式的销售折扣，如促销性折扣、信息反馈折扣、阶段返利等。

③广告/促销支持。广告/促销支持是最为有效的激励手段之一，一方面可以刺激终端消费，直接提升销量；另一方面中间商可以借助广告提升自身的知名度。常见的支持手段有：

◇支援中间商的企划宣传、促销等活动；

◇在电视、报纸、网络、杂志等媒体上宣传时给中间商列名；

◇向中间商配发 POP、条幅、促销品等宣传促销物料，或提供制作支持；

◇联合广告，分摊中间商广告费；

◇支援、协助客户所举办的其他活动，如召开推介会。

④售卖网点建设支持。企业可以为中间商提供售卖点方面的支持，如提供或协助制作展示台、陈列架、店面的 X 展架等。

⑤销售活动支持。对分销商的销售活动的开展给予支持，如协助中间商进行市场开拓；为分销商在营销技巧、顾客服务等方面提供培训与支持。

⑥提供信息。通过说明书、指导书等方式提供有关信息也许是必要的，这对于中间商而言是很重要的。

⑦联合促销。企业可以与分销商进行联合促销或做广告。

⑧对终端顾客的促销。上述针对最终顾客的促销本身对中间商而言也是一种吸引，对于分销商而言，任何有助于其进行销售的方式都是受欢迎的。

（3）对内部销售人员的营业推广方法。

对内部的销售人员常用的营业推广方法主要有：①推销培训，就是培训销售人员的销售技巧、产品的有关知识等；②深造学习；③推销手册；④度假旅游。对销售表现优秀的个人或团队给予奖励旅游；⑤推销竞赛，可以通过举办销售竞赛，在员工中营造一个直面奖励的竞争环境，激发员工斗志；⑥奖金或佣金，提供设计合适的奖金或佣金，通过物质的诱惑，引导销售人员努力。

（四）公关策划

1. 公关策划

公共关系（pubic relation，PR），简称“公关”，是指用来影响公众和特定利益相关者观点的活动，其目的是建立良好的信誉，达成组织与公众之间的深层理解，构建一种积极的友好关系。对一个企业而言，利益相关者甚多，而他们的观点也许各不相同，公共关系的目标在于通过公共关系的积极作用促进相互理解和认识。

公关策划是指根据组织形象的现状和目标要求，分析现有条件，设计公关战略、专题活动和具体公关活动方案的过程。

2. 公关的功能

（1）促进公众观点形成。

每个人对企业都有自己独特的观点和态度，研究证明，每个人的观点是受营销传播包括公共关系的影响的。

（2）与利益相关者建立和维持良好关系。

公关可以用于与内部员工、顾客、政府、社区、媒体、股东等利益相关者建立和保持良好的关系。

（3）进行营销公关。

营销公共关系（marketing public relations，MPR），也称为营销公关，是指公共关系作为促销组合中的一个元素，直接支援企业营销的活动，而不同于与大众有所联系的“企业公共关系（corporate public relation，CPR）”。

（4）危机管理。

公关活动可以避免或者减轻危机所带来的严重损害和威胁。

3. 公关工具与方法

（1）媒体公关。

公共关系所使用的工具非常丰富，包括新闻发布、出版物、年度报告、活动评论或倡导式广告、影像、展示、记者参考资料、记者招待会、媒体事件、公共发言、会议、网站和电子邮件等。

①新闻报道。新闻报道是最常用的理想公关工具。企业可以有选择地与一些当地媒体、重要电视台、知名财经媒体、网络媒体、海外媒体等进行紧密合作。

②特别报道。特别报道是对企业或产品本身进行详细总结陈述的署名稿件或定期专栏。特别报道的篇幅可以很长，内容也常常很有深度，包含很有质量的信息。

③新闻发布会。新闻发布会是以记者为主要受众所进行的提前报道，它能提供简短的信息。

④社论式广告。社论式广告是指杂志或报刊中的有偿式广告，被设计成读起来像评论一样，以正常报纸专题报道形式出现，与报刊或杂志的内容掺杂在一起。

⑤制造新闻。所谓制造新闻，就是公关人员在不损害公众利益的前提下，有

计划地策划举办具有新闻价值的活动和事件，吸引新闻界和公众注意和兴趣，争取被报道的机会，并使本组织成为新闻报道中的主角，以达到提高组织知名度的目的，也就是俗称的“炒作”。

（2）事件。

事件本身也是一种公共关系工具，一种常见的沟通形式。通过策划具有新闻价值的事件，吸引媒体、社会团体和顾客的兴趣与关注。展览、会议、研讨会、招待会都是能够有效地与目标公众沟通的事件。事件在时间和成本上可能都是非常昂贵的，但策划得好也是非常有效的。

（3）赞助。

企业作为赞助商，赞助一些与本企业相关的社会活动，通过赞助，获得良好的知名度和美誉度，树立其在当地社区、政府中的良好形象。当赞助商是活动资金的一个主要提供者时，赞助可被用做事件公关工具。一般来说，当赞助商产生荣誉时，这也可以成为公关的因素。另外，通过赞助活动，可以接触到大量当地的利益相关者，这些利益相关者都有可能成为你的顾客。

（4）网站。

企业通过网站提供信息给感兴趣的公众，同时，这些网站也提供其他信息资源的链接。它们被当做营销的沟通工具来使用，来传播产品信息和直接订购信息。

（5）私人关系。

私人关系是指人与人之间的关系。从内容上看公共关系包含了部分私人关系；组织的公关活动包括了组织中的个人与公众对象之间的关系，公众对象中也存在着许多个体的对象。因此组织与公众的关系也经常表现为个人与个人的关系，即代表组织的个人与公众群体中的个人之间的相互交往。

（五）网络营销策划

21 世纪是信息化的时代，网络的出现为信息的传播途径开辟了新的天地。随着移动 3G 网络的发展，网络对于信息传播的意义就更重要了，全球网络化趋势的不断深入使网上营销成为企业推广的重要途径。

网络营销是以互联网为媒介，以现代信息技术为手段进行的一种新型营销活动。网络营销具有信息发布迅速、方便快捷、跨时空、低成本、即时互动、内容的多角度呈现等优点。

网络营销主要围绕两个方面来进行：一是对企业网站规划、建设、推广和维护；二是在网站上开展营销活动，如网上信息的收集、传播、产品销售和客户服务等。

1. 企业网站的规划、建设、推广和维护

网站是网络营销的基础，营销活动离不开网站功能的支持，网站的专业水平和运行状况直接影响着网络营销的效果。

（1）网站的规划。

①明确建立网站的目的。为了提供信息，还是为了在线销售？还是与潜在客户进行在线沟通？这会涉及后面的网站功能定位。对网站而言，目前主要是信息型和在线销售型两类网站居多。

信息型网站的定位是通过网络引起公众对企业的注意，从而增加现实中的交易机会。

在线销售型网站，是用生动的图片、文字、动画、视频等来描述企业项目及其服务。目前能实现网上直接付款交易的还不多见，基本都要通过线下交费，或通过第三方支付费用。

②确定网站的具体功能和内容。精心规划、及时更新网络站点能让访问者不断回访，提高站点知名度，使网站在营销体系中真正发挥作用。一般来说，除具备一般站点应具有的站点结构位图、站点导航、联系方式等基本功能外，还应具备利用网络技术为顾客提供全方位服务的功能。

此外要营造良好的网站环境：包括提高网站的浏览速度；网站设计要有视觉美感；网站的内容具有简洁性、易读性，特别是要考虑企业国际化的需要增设更多的语言选项。

最后要注意企业网站版块之间链接的有效性。

③树立网站特色，有针对性地提供信息和服务。对诸多相似网站进行分析，了解这些网站的优点和不足，在此基础上扬长避短，从竞争角度确立自身网站的特色。

（2）网站的建设。

网站建设是对网站的技术实施，包括主页设计与制作、栏目频道的设置、后台程序的开发、网站运行与数据管理、服务器的系统建设、安全管理等。

（3）网站的推广。

网站建成后，还必须利用各种手段把网站推广出去，使客户了解。网站的推广对网络营销效果影响很大，可以看做是网站自身的营销。网站的推广主要有网络推广和利用传统媒体推广。常用的网络推广方法有：搜索引擎；付费广告；新闻邮件；免费广告；免费咨询服务；论坛、友情链接等。此外还可以利用网络外的任何一种传统媒体，如电视、广播、报纸杂志、户外广告、会议等方式来宣传网站。

（4）网站的维护。

网站的维护是指经常性地对网站进行内容更新和硬件维护。企业的信息变化速度是非常快的。企业网站只有不断更新站点的内容，才能保持企业网站信息的实效性及网站使用价值的持久性，才能与站点受众建立长期的信息交互关系。

2. 企业网上营销模式

（1）搜索引擎营销。

搜索引擎营销（search engine marketing，SEM）是基于搜索引擎平台的网络营销方式，其利用人们对搜索引擎的依赖和使用偏好，在人们检索信息的时候将营销信息传递给目标顾客。

据中国互联网信息中心统计，截至 2013 年 6 月底，中国搜索引擎网民规模为 4.70 亿；中国手机搜索网民数达 3.24 亿，同比增长 25.1%。

手机搜索网民中，有 87.0% 的人知道二维码扫描服务，并且有 55.7% 的人使用过，整体知名度和渗透率都已经处于较高水平，如果能成功使二维码扫描与电子商务结合，企业和网民都将受益。

搜索引擎营销的实现方式包括：竞价排名（如百度竞价）、分类目录登录、付费搜索引擎广告、搜索引擎优化等。

（2）电子邮件营销。

电子邮件营销，它是在用户事先许可的前提下，通过电子邮件的方式向目标用户传递有价值信息的一种网络营销手段。目前，利用电子邮件来与潜在和现有顾客进行相互交流的营销传播的组织越来越多。如今，大部分企业都采用电子邮件这一方式，并且世界范围内大多数国家的大部分人都可以通过他们的工作电子邮箱和个人电子邮箱地址联络到。

（3）博客营销和微博营销。

博客营销和微博营销是基于 Web2.0 的最常用的营销方式。Web2.0 的意义在于其与用户的交互作用，让用户既是网站的浏览者，也是网站内容的建设者。Web2.0 提供了应用技术工具，如博客、维基等，使用户能够便捷地进行信息沟通。由于 Web2.0 具备了开展营销活动的价值而深受企业的重视。

①博客营销

博客营销就是营销者通过博客网站或博客论坛接触潜在顾客（浏览者），将品牌、产品等信息向潜在顾客传播。博客营销具有如下优点：

信息传播便捷，目标市场选择明确，可以直接到达潜在客户；可以有效降低网站的推广费用；互动性强、信任度高、口碑效应好；博客让营销从被动地依赖媒体转向自营媒体。

②微博营销

微博是一种通过关注机制分享简短信息的公开社交网络平台，具有以下内涵：关注机制可单向可双向；需要实名认证，内容 140 字以内；公开的社交网络信息平台。随着微博的火爆，企业可以借助微博平台开展营销活动。经过注册后，可发布企业的信息、开展互动交流和促销等。微博已成为越来越多的组织树立形象、开展产品和服务营销的新兴平台。

微博营销的特点主要有：第一，信息发布简单快捷。一条微博 140 个字，只需简单构思，就可完成信息发布。第二，互动性强。能与粉丝沟通交流，及时获得用户反馈。第三，成本低。微博营销的成本比博客营销的成本更低。第四，针对性强。关注企业的受众基本都是顾客或潜在顾客。当然，微博营销也存在一些局限：第一，受众关注度不确定性大，这直接影响传播效果。第二，由于微博里新内容产生速度快，因此如果受众未及时跟进关注，就很可能被埋没于海量信息中。第三，微博信息量小，传播力一般较为有限，除非影响力大的名博，否则，很难大范围传播。

（4）通过社交网站营销。

社交网站的不断开发，也为企业的网络营销方式带来思路。企业网站可以通过与社交网站的双向链接，或以入驻社交网站的方式，引起受众对企业的注意，然后通过投票、举办社交网站活动等互动方式，提高与社交网站受众接触的几率。此外，企业的营销人员还可以通过对网络用户在社交网站中的朋友圈的分析，加大对企业感兴趣的人群的信息推广，吸引他们进入企业的网站，获得更多的资讯。同时，社交网站还为对同一企业感兴趣的受众提供了沟通交流的平台。

（5）可考虑通过网上第三方支付与商家合作。

随着中国网络支付与线下支付、手机支付的合作加深，预计在未来几年之内，中国网上支付的市场前景将持续看好。

在顾客购买过程中，顾客会遇到很多支付环节，譬如航空、酒店和活动门票等的预定或购买等。倘若企业能够利用网站和第三方支付平台系统，为消费者提供方便、专业及安全的网上支付功能，便可提升消费者购买的灵活性和简便性。

（6）与移动网络合作进行营销。

3G网络在中国的全面部署为国内移动互联网的发展起到了推波助澜的作用。目前，中国移动通信和互联网正处在产业链的整合期，随着技术的深入及网络、业务和终端三者的融合，广大国内手机用户将迎来高效、稳定和专业的移动网络服务平台。

二、操作流程

促销策划同其他策划一样，基本步骤都是大同小异的。步骤如下：

1. 市场情况分析和预测

市场情况分析和预测是促销策划的前提，通过对企业外部环境和内部销售的分析，及时发现市场变化及其原因，为促销策略的制定提供依据。

2. 设定促销目标

市场分析为确定促销目标提供了依据。销售促进目标应与企业在该时期的市场营销总目标及促销目标相配合，同时，根据促销对象的不同，促销特定的目标也不同。以下是针对不同的目标对象所要达到的不同目标：

（1）针对消费者的促销目标。

美国广告运动专家舒尔茨等对消费者的促销目标进行了开拓性的分析：

第一种目标：吸引现在没有使用的顾客。

第二种目标：保持现有顾客。

第三种目标：促使目前使用者大量购买。当通过促销有效地促使消费者大量购买以后，可以瓦解其他竞争者事后的销售促进。

第四种目标：增加新产品的使用。

第五种目标：对消费者实施产品高级化，以达到更高品质或更高价位。

第六种目标：加强品牌广告。这是通过促销增加对广告的理解和认同，从而提高产品的知名度，所以这是一种促进其他促销策略效果的目标。

（2）针对中间商的促销目标。

A. 增加销售渠道，包括：维持或提高现有的经销渠道、货架陈列；劝说中间商存放额外的开架样品和不定期的促销样品；鼓励中间商进行完整的系列产品的销售。

B. 增加存货，包括：提高平均交易量；诱导其储存更多的本品牌产品；鼓励在淡季购买；鼓励中间商储存新项目产品和相关产品。

C. 排除竞争，包括：建立中间商的品牌忠诚性；排除竞争者的促销。

D. 提供支持，包括：劝说现有的批发商提供不定期的削价以及特别的陈列；鼓励零售店在店内开展本品牌的促销活动。

（3）针对推销员的促销目标。

鼓励推销员寻找更多的潜在顾客，刺激推销员在淡季销售产品。

以上列举了企业销售促进最基本的目标，但对企业来说，不可能也没有必要去同时完成这些目标。由于销售目标要服从营销目标，同时还要解决公司眼前面临的问题或抓住眼前有利的机会。因此，企业必须在这些基本目标中作出选择，在不同的时期确立不同的目标，每个时期有所侧重，以确保企业总体营销组合策略得以顺利实施。

3. 选择促销工具

在实际的促销活动中有多种方式可以达到同一目标，这就需要选择，因为各种销售促进方式适应不同的环境、条件和预算。选取的依据通常有：

①产品的性质；

②市场的特征以及消费者、购买者和促进对象的情况；

③销售促进的主要目标；

④竞争者行为和动向；

⑤企业销售促进预算等。

销售促进方式选取的主要原则是：综合考虑，并以消费者、购买者的感受来取舍，而不是凭企业的好恶、习惯和为了节省费用，并在运用中根据市场的变动来调整销售促进方式。

4. 制订促销方案

在确定了促销的目标和选择好促销工具后，接下来就是要制订具体的促销方案。在促销方案文案化之前，企业首先要对以下内容进行决策：

（1）向谁促销，也就是要确定促销的对象。

首先要确认促销活动的对象，并描述特征（为扩大效果，实施对象可同时设定为消费者和经销商）：

①市场的幅度。

②购买者的地域性描述。

③购买者的地理位置。

④社会心理特征。

⑤产品被购买的理由。

⑥谁是现场购买者？谁是使用者？谁影响购买者？

⑦何时购买。

⑧如何购买。

（2）确定促销的范围。

①产品范围。进行促销策划时，首先要确定促销产品的范围，促销活动是针对整个产品系列，还是仅针对某一项产品促销？针对目前市场上正在销售的产品进行促销，还是针对特别设计包装的产品促销？

②市场范围。在所有的销售地区同时展开促销活动，还是只就某一特定市场区域展开促销活动？

针对以上两个问题，企业应认真考虑，科学决策。

决策时主要应考虑以下两个因素：第一，企业财务的支付能力。第二，企业推销状况。一般来讲，企业的促销目标和促销工具是根据不同地区的市场状况来确定的，所以，前两者一旦确定之后，市场范围也应限于相同的市场，而不应盲目扩大。

（3）诱因的大小。

所谓诱因，是指诱惑消费者购买的因素或原因。一般情况下，商品价格的折扣率会构成刺激消费者购买的诱因。

一般而言，促销效果随着诱因大小而增减，诱因增大时，消费者反应也随之增强。但促销效果和诱因大小的函数关系并不是直线形。事实上，促销效果函数一般呈S形。当诱因很小时，消费者反应也很小；只有达到一定的诱因量时，才会使消费者注意这项促销活动；在诱因量超过一定点时，促销反应又呈递减趋势。

策划者可通过监测销售量和促销成本费用的比率关系，来确定最佳诱因量。当然这必须依赖多次促销活动经验的积累，并非一两次促销就可以具备的。

（4）传播媒体。

策划者必须决定通过何种媒介将销售促进的信息传递给消费者。因为每一种媒体有不同的传达率和成本，促销效果也不一样。同时，由于大量的广告多半与促销活动同时进行，为加强执行效果，应让广告范围与促销活动实施地区相一致。所以在选择媒体时，必须考虑各媒体的覆盖面，让媒体既能覆盖促销区域范围，又不造成浪费。

（5）参与条件。

促销活动参与条件的确定要根据具体促销目标而定。若是为了吸引新的消费者加入购买行列，则参加促销活动的消费者范围要大一些，参与条件相对要低；如果促销目标仅仅是为了维持品牌忠诚度，则范围要小一些。除此之外，参与条件还要根据企业促销费用的预算、促销工具的选择来确定。

（6）促销时间。

促销时间的策划具体包括以下内容：

①促销时机。促销时机对促销效果影响颇大，选择促销时机，可以通过以下三条途径进行：第一，企业营销状况。当企业营销出现以下情况时，是举办销售促进的良好时机：购买商品的新顾客人数不多时；新产品导入市场的速度必须加

快时；消费者对本产品的购买频率或购买量较低时；想使推销员访问零售店活动更为有效时等。第二，消费者需求的特点。一方面可以利用消费的季节性：对应季或过季商品举行销售促进活动，既可增加顾客的购买兴趣，又不会降低产品的身价；另一方面可以利用消费者决策时机，如家庭耐用品大都在节假日（如元旦、国庆、儿童节、劳动节、春节、中秋节、端午节）、周末时间宽裕的情况下去选购。此乃促销的好时机。第三，社会活动的影响。对全社会影响颇大的重要活动和重要节日，都是企业开展销售促进活动的绝好时机。第四，企业自身的活动。如企业开业酬宾活动、周年庆典活动等。第五，公司策略性决定。

②活动持续时间。促销活动最佳的持续时间是平均购买周期。如果顾客平均每两周购买一次，则促销时间应定为两周，使更多使用者能在这段时间内购买。一般而言，购买的次数越少，促销的时间应越长，而可能花费的成本也越多。

③举办促销活动的频率。确定促销活动的频率时，一般要考虑以下因素：促销目标；竞争者的促销表现；消费者的购买习惯和反应；活动本身持续的时间和效果；全时期的促销计划等。

（7）促销地点。

有的促销活动不需要确定具体地点，如打折促销，只需在原来的销售终端改变其价格即可；但有的促销活动，是需要场地的，如产品演示、免费品尝、现场抽奖等，像这一类促销活动，应事先筹划场地、妥善安排。

（8）促销费用预算。

关于促销费用预算的策划，包括两项具体内容：

①单项销售促进活动的费用成本。一项具体的促销活动预算共包括三项：管理费用、销售费用（印刷费、邮寄费、给中间商支付的费用）、诱因费用（赠品费、减价费、兑奖费等）。

②整体销售促进预算。对策划者来说，有时不仅需要对一两次具体活动的促销预算进行策划，还有必要对企业全期（如三年）的所有促销费用进行预算。这类预算的方法有两种：第一种，由企业主管部门明确全年所要举办的销售促进活动，再由策划者具体估计每项活动的成本，最后予以加总，即得出全期的销售促进总费用。第二种，企业主管部门先确定全年所有的促销预算为多少，然后再按比例分摊给不同的促销工具，从中便可得到具体销售促进工具的全年总预算。

（9）其他条款。

除了以上内容之外，为保证销售促进活动顺利开展，还必须制定其他一些条款，如对消费者的促销，要确定奖品兑换的具体时间、优惠券的有效期限、竞赛活动的游戏规则等。事先备妥年度促销活动计划进度表，检查其方法、经费、目的等。

（10）促销的日程行动控制。

在做促销策划时，应事先考虑时间因素，列出所有促销工作细项，包括设计、初期规划、批准、邮寄、分发、招募现场销售人员、赠品印刷、存货配置等，并着手进行促销工作时间进度表的制定，确保促销活动的顺利进行。

(11) 检验、实施销售促进策划案。

促销一般都有较高的期望值，并且影响较大，一旦失误，调整和挽救都十分困难。因此，在销售促进方案实施前，还须通过一定的方法（最好是实验方法）对一些关键问题进行测定，检验的主要内容有：

①促销方式是否是最佳的？

②诱因的大小是否合适？

③信息传递方式是否有效？

④创意能否为对象所理解？

⑤整体促销内容和形式有无违反政策和法律规定？

对消费者促销主要有征询意见法和对比试验法。对中间商促销的检测方法主要有征询意见法和深入访问法。

对促销方案进行检验和修订之后，就可以按照方案开展促销活动了。活动必须严格按照具体操作计划来实施，而且企业必须配有相应的组织与控制小组，负责组织实施方案。对于方案执行中的各种问题应注意收集、分析和向上报告，以便控制。

5. 评估销售促进效果

促销活动效果的事后评估，是促销策划工作的一项重要内容。因为促销工作要长期不断地开展下去，所以对每一次促销活动总结经验，寻找不足，将能为今后的促销工作提供宝贵经验。

对制造商而言，评估对零售店的促销效果，主要是根据获得协作的零售店的数量、零售店对制造商品牌的促销支持，后者包括商店货架空间的分配和对合作广告的投入等。

而制造商评估对消费者促销的效果，主要方法有以下三种：

①比较促销前后销售量的变化幅度，即促销前、促销期间和促销后商品的销售量变化。这是最常用的消费者促销评估方法。

②可直接观察消费者对促销活动的反应，主要是对消费者参加竞赛和抽奖人数、活动参与人数等加以测量。这种方法在促销前后销量不易测量时使用，或配合第一种方法使用。

③对消费者实行抽样调查。这种方法尤其适合于评估促销活动的长期效果。

三、知识拓展

（一）通过展览会进行促销

日益成熟的展览业对现代市场营销的渗透效应力越来越强，众多企业视展会营销为拓展市场的一把利刃。通过展会，企业可以展示自己的品牌。通过训练有素的展台职员、积极的展前和展中的促销、引人入胜的展台设计以及严谨的展台跟进服务，参展公司可以变得光芒四射，容易引起展会的参观者的注意。同时展会营销的成本大大低于推销员推销、公关、广告等手段。

通过展会促销需要注意以下几点：

1. 明确参展目标

参展目标的制定要配合企业整体的市场策略，具有实际性和可衡量性。一般来说，企业参展主要有以下几个目标：

- 推介新产品；
- 融洽客户关系，维持与老客户的接触；
- 赢得更多的潜在客户和行业人士，认识实力强大的买家；
- 加强公司和产品品牌的形象宣传；
- 收集市场信息，进行实地调研。

明确的参展目标是展会营销成功的关键，后续的工作都是围绕着参展目标展开的。

2. 研究和选择展览会

每年，各地同一题材的主题展会都有不少，其内容、规模、功能会有所差别。到底选择参加哪些展会，要结合参展目标，根据公司的市场策略，具体分析、认真选择。

（1）研究参加展览会的客商。主要是了解专业观众（买家等）的人口统计特征，了解与本行业相关的公司、行业协会和行业杂志都参加了哪些重要的展会。

（2）比较各展会举办的时间、地点和展位费用。这些与企业的整体市场计划是紧密联系在一起的。展会举办的时间、地点不同，就会导致企业参加展会的侧重目标有所不同。例如，参加一个在企业业务尚未开拓的区域举办的展会，我们可以将重点放在产品宣传推广、市场调研等方面；而参加在一个本企业业务发展较成熟的区域举办的展会，我们则可以将重点放在企业形象宣传、品牌提升、融洽客户关系方面等。

另外“展位费用”也是整个参展计划中要重点考虑的一部分。企业实施整个参展计划，还要因此支付相关的差旅费、运输费、资料费和宣传费用等。对参展企业来讲，展位费用与参展效果，要统一考虑，不能顾此失彼。

3. 拟订好参展计划，做好参展准备工作

在企业确定好要参加的展会后，就进入了参展准备这个事务性的工作阶段。目前展会一般都会向参展企业提供一份详细的参展商手册，对其在该阶段应该完成的准备工作和时间期限都会提出要求。

企业参展负责人应保持与展会经理的联系，充分做好以下几个方面的工作：

（1）展位的选择与确认；

（2）展位的设计与搭建；

（3）展品运输；

（4）各种宣传资料、赠品或礼品等的准备；

（5）工作人员和展位人员的选择与培训；

（6）展会期间的食宿安排。

4. 做好促销策划工作

把客户招揽到本企业的展位前是参展的主要目的，市场竞争的日益激烈使得展前、展中促销在整个展会营销计划中变得越来越重要，其效果也更突出。一般的展会促销方法有：

（1）直接邮寄：在展会前，通过电子邀请、邮寄宣传材料，或者与主办机构合作在其对外的邮寄资料中宣传，让你的合作和潜在的客户知道你将参加的一些行业展会和具体摊位号。

（2）媒体宣传：选择恰当的时间通过报纸、行业刊物传递企业的参展信息和参展动态。

（3）派发赠品：恰当的派发赠品会给企业的展位带来活力，有助于品牌认知度的建立和招徕更多的潜在目标客户。高质量的赠品会给与会者留下深刻的印象，数量上则要根据观众类别数据作充足的准备。

同时，还应该特别注意赠品的派送方式。营造赠品稀缺的氛围以激活赠品的生命力，提高客户对它的价值感。不要让参观者随意拿取赠品，而应该把它作为一种“酬谢”赠送给那些和公司代表交谈或留下名片、填写客户信息、观看产品演示的专业观众。

（4）现场演出：在展位前进行一些文艺演出，往往会吸引更多的客商驻足。

（5）赞助活动：参展企业可以根据需求与展会主办机构事先共同设计一些个性化的赞助活动，增加公司对行业人士的曝光机会，提升形象。

（6）商业广告。在展馆现场、展会会刊等刊出商业广告。

（7）产品演示。在展会现场直接演示产品的功能、使用方法等，吸引客商的注意。

5. 做好展后工作

展会的效果要反映到最后的商业交易中，离不开扎扎实实的、快速有效的展后工作。展后工作一般包括即时跟踪、后续跟进和展后评估。对在展会上所收集到的信息进行快速而有效的分类处理，并尽可能快速地与潜在目标客户建立进一步的联系。对那些很关注公司产品，或实力较大的买家，要及时派出业务负责人与之接触，安排更深入的商业交谈，使商业合作落到实处。

（二）移动网络营销策略

1. 微信及其功能

微信，是深圳腾讯公司旗下的一款语音产品，是当前非常流行的手机通信软件，支持发送语音短信、视频、图片和文字，可以群聊。微信拥有庞大的用户群，2014 年夏季微信用户已经突破 6 亿。借助移动终端、天然的社交和位置定位等优势，能够让每个个体都有机会接收到这个信息，继而帮助商家实现点对点精准化营销。

微信营销就是借助微信平台，伴随着微信产生和流行而出现的一种线上线下微信互动的网络营销方式，商家通过微信公众平台提供用户需要的信息，推广自己的产品和服务的点对点的营销方式。

在企业员工的名片、画册、海报、报纸、网络等所有形式的广告中均可印上企业的二维码，用户可以通过手机微信扫一扫功能直达企业网站或微信网站，让企业的产品、服务等有关信息随时出现在客户手机里。用户可以通过扫描识别二维码身份来添加朋友、关注企业活动的账号；企业可以设定自己的二维码，用折扣和优惠来吸引客户关注，开拓 O2O① 的营销模式。

2. 主要的微信营销策略

企业可以采取以下的微信营销方式：

（1）“病毒式”营销策略。

微信即时性和互动性强，可见度、影响力以及无边界传播等特质特别适合病毒式营销策略的应用。微信平台的群发功能可以有效地将企业的视频、制作的图片或是宣传的文字群发给微信好友，使顾客主动为企业及其产品做宣传，激发口碑效应。此外还可以利用二维码的形式发送优惠信息，这是一种低成本、高效率的促销模式。

（2）互动式营销策略。

微信公众平台上，企业可以向腾讯申请自己的微信公众账号，审核通过后就可以在微信平台上实现和特定群体进行文字、图片、语音等全方位沟通和互动。微信公众账号被分成订阅号和服务号，运营主体是组织（比如企业、媒体、公益组织）的，可以申请服务号；运营主体是组织和个人的，可以申请订阅号，但是个人不能申请服务号。

（三）联合促销策划

所谓联合促销，是指两个或两个以上的企业实体，在资源共享、互惠互利的基础上，开放各自的营销资源，共同进行促销，通过优势互补、各取所需、各得其所的促销方式。在竞争激烈的市场环境中，采用联合促销策略往往能起到单一促销无法达到的效果。联合促销是双赢思维的产物，它的本质是借助外力资源达到自身促销效益的最大化。

1. 联合促销的常见方式

一是与同行业联合促销。如今的市场上同类产品众多，同行间的竞争十分激烈。然而，由于处于同一行业，无论是原材料的采购，还是产品的设计与生产、面向的客户群，都是相同的。如果与同行业联合起来，可以大大地减少促销成本，扩大促销影响力。

同样，如果由一家企业单独举办产品订货会，很难吸引较多客商；而多家同行企业联合起来，共同展示各自的产品，就可能吸引较多客商前来看样订货。在目前同行企业众多的情况下，同行企业互相利用，借助对方，这不仅可以达到双赢的目的，而且也是一条提高本企业竞争力的重要途径。

二是与经销商联合促销。与经销商联合促销的方式称为垂直的联合促销，此种促销方式最大的优点是二者目标市场一致，同一种产品销量的增加对双方都有

---

① O2O 英文全称为 Online To Offline（在线离线/线上到线下），其含义是指将线下的商务机会与互联网结合，让互联网成为线下交易的前台。基于 O2O 模式的营销大多采用“电子市场+到店消费”模式，消费者在网上下单并完成支付，获得极为优惠的订单消费凭证，然后到实体店消费。它使消费者兼得线上订购的便捷实惠和线下消费的完美体验，特别适合必须到现场消费的商品和服务，比如餐饮、健身、看电影和演出、美容美发等。

利，因而较易找到合作伙伴。例如，某厂家与一家百货商场联合促销，为庆祝该商场成立××周年，以该厂家的产品进行优惠酬宾活动。厂家对商场进行让利，商场又对零售价进行让利，使价格下降的幅度较大，以吸引消费者。在该产品销量增加的同时，商场的其他商品的销量亦会受到联动影响，最终增加了商场总的销售额，同时也达到了互惠的目的。

三是跨行业横向联合促销。与其他行业联合促销是最常见的联合促销手段。因为不同行业间不存在直接竞争的问题，而且还可以优势互补。这种联合是目前联合促销的主流。

2. 联合促销的原则

无论选择哪一种类型的合作伙伴，采用联合促销策略的企业都应遵循以下几个原则：

一是目标市场相同或相近原则。联合促销的各方要有相同或相近的目标市场，才能用较少的成本取得较大的效果。进行联合促销为的是共同发挥增加销售的互补效应。若选择的合作伙伴是经销商或同行，其目标市场一致性的程度则更高。所以说，目标市场相近原则是选择合作伙伴的基本原则。

二是形象一致原则。选择联合促销的合作者一定要考虑市场形象一致性的问题。企业树立一个受目标市场欢迎的形象并不容易，一旦合作伙伴选择不当，很有可能破坏自身原有的市场形象，且达不到预想的促销效果。选择一个拥有强有力的市场形象的合作伙伴，可起到对自身市场形象的推动作用。比如，创维健康电视和某保险公司曾有过合作不成功的事例。虽然二者有共有的“健康”概念，有共有的消费人群，但当两个不同行业的产品组合在一起时，却产生了与预期截然相反的市场效果。消费者很容易产生不好的遐想，他们会认为是不是创维健康电视的质量不好，才与保险捆绑。创维的这次异业整合计划最终因实施效果不明显而搁浅。

三是互惠原则。联合促销是基于对促销各方都有利的基础上进行的。企业之所以要进行联合促销，就是为了获得单独促销无法获得的效果。

（四）借势营销

借势，简而言之，就是企业要分析自己目前面临的营销环境和已经具有的营销资源，借助一些营销大环境里的资源来进行营销。

“势”是指事物力量表现出来的趋向。有势就有能，即势能。孙子曰：“任势者，其战人也，如转木石。木石之性，安则静，危则动，方则止，圆则行。故善战人之势，如转圆石于千仞之山者，势也。”意思是说：善于运势的人，他指挥将士作战，好像转动木头和石头一样。木头、石头的特性是，放在平坦的地方就静止，放在陡险的地方就滚动；方的容易静止，圆的容易滚动。所以高明的将帅指挥军队打仗时所造成的有利态势，就好像圆石从万丈高山上往下飞滚那样，不可阻挡，这就是军事上所谓的“势”。策划也有“势”，策划的“势”小和“势”大，就像平地推石头和高山推石头一样，前者用倍力而收微功，后者用微力而可收倍功。因此策划一定要追求更高的“势”，这是策划成功的一大秘诀。

我们可以思考一下企业经常面临的困境，没有品牌，没有资金，没有渠道……但是很多企业面临同样的窘况却成功了。深入研究不难发现，那些企业之所以能够获得成功，是因为它们最大限度和巧妙地利用了社会资源，通过社会资源的不断增值从而使其长盛不衰。换言之，它们是通过顺势、造势、借势等方式，提高企业或产品的知名度、美誉度，树立良好的品牌形象，并最终促成产品或服务销售。

在整个经济大环境中，企业个体的力量非常弱小，这往往需要企业随时关注那些可以借用的资源，大到国家的政策法规，小到流行时尚，甚至包括竞争对手、合作伙伴、消费者，只要借得巧妙，是可以产生很强的效应的。常见的借势营销的方法有：

1. 借重大事件、政府的政策和法规

在政府或者各个领域，都会有一些重大的盛事，及时把握好这些盛事的机会也是企业和产品拓展市场的绝佳机会。比如 2002 年的世界杯，健力宝成功塑造了“第五季”的品牌，TCL、波导等手机厂商都举行了大量的促销活动，品牌知名度和销售量有了很大的提高；北京《科技智囊》杂志借助“两会”之机，与北京现代汽车一起将杂志赠送到了两会代表的手中，成为唯一一本进入两会的财经类杂志，既为现代汽车做了广告，也为《科技智囊》开拓潜在读者市场和提高知名度起了很大的作用。在全民抗击“非典”的时刻，厂家借助公益广告提升品牌形象也是一种很好的借势策略。此外，一些国内的大型专业的展览会、重大的文艺活动等，都是企业和产品借势进行营销的突破口。

2. 借名

在这个讲究品牌的时代，企业或者产品如果不能够被广泛地认知，那么其市场就相当有限，因此“借名”不失为一种宣传自己的好方法。比如，一个不知名的展览公司，如果第一次举办展览会，可以与政府机构、媒体进行合作，借助政府和媒体的声誉，可以保证招商万无一失，同时举办完一次之后得到参展商的认可，下一次要举办就不难了；再如，一些企业请名人做广告，即便广告没有创意，但是只要名人往那里一站，就会有消费者买账，一夜就可以成为家喻户晓的品牌，由 TCL 首先聘请金喜善掀起的国内手机厂商的“名女”广告都获利不小。

3. 比附

比附是通过与竞争品牌的比较来确定自身市场地位的一种定位策略。其实质是一种借势方式，借竞争者之势，衬托自身的品牌形象。在比附定位中，参照对象的选择是一个重要问题。一般来说，只有与知名度、美誉度高的品牌作比较，才能借势抬高自己的身价。

（1）甘居第二。就是明确承认同类产品中另有最负盛名的品牌，自己只不过是第二而已。其实，第一、第二在人们的心里相差不大，这就把第一的知名度和美誉度嫁接过来了。

（2）攀龙附凤。具体来说，就是首先承认同类产品中已卓有成就的品牌，本品牌虽自愧不如，但在某一地区或在某一方面还可以与这些最受消费者欢迎和信赖的品牌并驾齐驱、平分秋色。内蒙古宁城老窖打出广告语：“宁城老窖——

塞外茅台”，海南三亚自称为“东方夏威夷”，重庆缙云山自称为“川东小峨眉”等，都属于这一策略。

（3）高级俱乐部策略。公司如果不能攀附第二名，也可以利用模糊数学的手法，借助群体的声望，把自己归入高级俱乐部式的品牌群体中，强调自己是这一群体的一员，从而提高自己的形象和地位。美国克莱斯勒汽车公司宣布自己是美国三大汽车公司之一，使消费者感到克莱斯勒是知名轿车，同样收到了良好的宣传效果。

4. 借竞争对手

深入研究竞争对手，考虑是否可以借助某些资源为自己的营销服务。舒蕾洗发水上市时，在商场设置专柜时，就有这一条原则：专柜应设在综合柜或洗涤柜处，专柜位置尽量靠近宝洁和诗芬专柜。这一策略的目的明显就是要借行业的龙头品牌的声誉来彰显其品质。

5. 借助历史地位

深入了解企业或产品的历史，寻找是否有可以利用的历史故事。

四、综合案例

小米手机传播营销成功“启示”

2014 年前三季度，小米智能手机出货量超过 4 000 万部，仅次于三星公司和苹果公司，一跃成为全球第三大智能手机制造商，其年 6 000 万部产品出货目标实现在即。

始于 2011 年 10 月的小米智能手机，2011—2013 年手机出货量分别为 30 万台、719 万台、1 870 万台，营业收入分别为 5.5 亿元、126.5 亿元、270 亿元。2012 年、2013 年的净利润分别为 18.8 亿元、34.6 亿元。

小米智能手机在短短几年创造了中国本土手机营销策略的神话。雷军说：小米的成功之道是：合伙人制，去 KPI，用环境塑造人。这里我们从其“资源整合、OEM、定制网销、粉丝经济、社交论坛、低价微利”等七个方面去总结分析小米成功的“启示”：

（1）小米手机消费群：18～30 岁的网民，手机发烧友（泡在小米手机社区官方论坛 MIUI 的发烧友，粉丝经济明显），网络购物每月 2 000 元以上，乐于接受新事物且追求性价比。

（2）资源整合：商业模式的创新，小米手机在品牌建设的基础上（品牌效应），实行软硬件一体化，手机与移动互联网混合的模式使得小米的竞争对手非常少，小米与关联公司（金山软件、优视科技、多玩、拉卡拉、凡客诚品、乐淘等）的资源整合，形成“快速、低成本、高效率”的差异化竞争优势。

（3）手机 OEM：轻资产的 OEM 模式，小米手机主要通过南京英华达工厂、廊坊富士康科技工厂代工组装生产。这样，小米可以节约成本，并通过 OEM 减少生产环节及库存资金。

（4）营销模式：运营商的定制（移动、电信、联通合约机）、网络直销（电子渠道+物流合作分销），最大限度地省去中间环节。通过互联网直销，市场营销采取按效果付费模式，这样的运营成本相比传统手机能大大降低，从而最终降低终端的销售价格。如此，小米手机虽然营销“微利”，但没有应收账款等市场风险。

目前，小米商城“xiaomi. com”正在成为一个开放的电商平台：除了销售小米自有品牌产品外，还销售小米品牌之外的产品。

（5）低价取胜：小米手机大部分价格区间是 1 001 ~ 2 000 元。小米最便宜的智能手机红米 1S 起售价为人民币 699 元（约合 114 美元），最新款旗舰智能手机小米 4 起售价为人民币 1 999 元（约合 327 美元）。与苹果 iPhone 手机均价 600 美元相比，小米手机便宜 50% 以上，是追求性价比“屌丝”的最爱。

（6）社交论坛：雷军的“小米”盛宴，就是小米的营销传播的成功，主要以社交媒体和互联网论坛为中心，许多用户可以在这些地方发表评论、抱怨和提出要求。在这里，小米 100 多人的“新媒体团队”不断制造各种话题，病毒式传播，使得“小米”名声远扬。网络上，“米粉”与“魅族”支持者的口水战，是一个典型的社交论坛范例。小米在线传播营销（使用社交媒体作为与消费者互动的方式）的成功，成为其他智能手机学习与借鉴的标杆。

（7）粉丝经济：雷军是把“粉丝经济”引入商界的第一人。雷军的新浪微博粉丝高达 1 100 多万名，加上小米手机、小米公司等产品的微博粉丝 1 000 多万名，小米合伙人加员工的微博粉丝有接近 1 000 万人，微信也有超过 100 万名粉丝。这些“粉丝”与 MIUI 论坛发烧友的完美结合，成为小米手机传播、购买的核心力量，支撑了小米的营销神话。

资料来源　佚名 . 小米手机传播营销成功“启示”［EB/OL］. http：//www. hztbc. com/news/news_ 40197. html.

五、思考练习

1. 新产品上市策划要考虑哪些内容？
2. 如何进行营业推广策划？
3. 如何进行广告策划？
4. 如何进行一场公关活动策划？
5. 常见的促销工具有哪些？
6. 如何进行网络营销策划？
7. 简述促销策划的步骤。

六、实战训练

1. 实训项目

某公司的促销活动策划。

2. 实训目的

通过实训，让学生掌握促销策划的方法，掌握常用的促销工具。

3. 实训内容

（1）选择本地一家中小企业，作为策划的对象；（2）调查了解企业资源等内部情况、所处行业情况和外部环境情况；（3）根据所面临的环境情况（如竞争、产品积压、节日庆典等），为其策划一次促销活动。

4. 实训组织

（1）以小组为单位，每小组 5 ~ 6 人，选出小组长一名负责小组的统筹工作；（2）收集促销活动各方的有关资料，进行必要的实地调查；（3）组织小组成员进行头脑风暴，构思策划方案；（4）方案撰写，并制作 PPT 提案；（6）各小组派一名代表上台提案，接受老师和其他同学的提问；（7）根据老师的意见修改完善方案并上交。

5. 实训考核

主要考核项目：联合促销策划方案、PPT 制作以及现场提案表现。教师根据综合情况给每个小组打分，并给出评语。

项目七　营销策划书的撰写

学习目标

基本知识目标：掌握营销策划书的格式规范及表现技法。

岗位能力目标：具备各种营销策划书的写作能力。

综合素养目标：掌握常见的营销策划书的格式规范，具有良好的文字表达功底。

导入案例

某连锁书店营销个案报告大纲

一、前言

二、环境分析

1. 经济面

2. 科技面

三、产业分析

1. 图书出版产业概述

2. 目前展店概述

3. 图书渠道概述

四、诚品书店简介

1. 诚品背景

2. 诚品大事记

3. 诚品事业部门简介

4. 诚品门市分布情况

5. 诚品销售情况

五、诚品营销 8P/1S/1C 说明

1. 产品力

2. 广告与促销力：(1) 事件营销与活动营销；(2) 主题营销；(3) 网络营销；(4) 公益营销；(5) 全店营销；(6) 体验营销；(7) VIP 与尊荣营销；(8) 代言人营销；(9) 异业结盟营销；(10) 旗舰店营销；(11) 价值营销；(12) 感动营销。

3. 渠道力：(1) 全地区布局状况；(2) 诚品物流公司简介。

4. 价格力：(1) 实体书店定价；(2) 网络书店定价。

5. 现场实体环境力

6. 人员销售力

7. 公关力

8. 流程作业力

9. 总体服务力

10. 顾客关系管理力

11. 品牌力

资料来源　戴国良．图解营销策划案［M］．北京：电子工业出版社，2011.

思考与讨论：如何撰写一份规范的营销策划书？从大纲上你能看出来该策划书属于什么类型的营销策划书？

一、专业知识

（一）营销策划书的格式规范

当营销策划的创意、构想过程基本完成后，接下来的工作就是将这些创意、构想用书面形式正式表现出来，这个过程就是撰写营销策划书。营销策划书是创意和策划的物质载体，是策划的文字或图表的表现形式，它使得策划人的策划方案能够被他人所知道和接受。

策划书没有固定的内容与标准的格式，根据策划对象和策划要求的不同，营销策划书的内容和格式是不一样的。但是，从营销策划的一般规律来看，其中有些因素是共同的，这里给出的是企业营销策划书的基本内容和一般格式，旨在为营销策划的初学者撰写一份规范的营销策划书提供参考。同时，一份规范的营销策划书结构也能极大地提高营销策划人员制作营销策划书的效率。

一般而言，一份规范的营销策划书的基本结构应包括封面、主体、封底、附录等几部分内容，如表 7-1 所示。

表 7-1　　营销策划书的基本结构

结构		基本内容
封面		策划书名称、策划机构及策划人员姓名、委托机构、策划的完稿日期、策划执行时间段、策划人联系方式、保密级别及编号
主体	摘要	策划书的主要内容概括
	目录	策划内容标题及页码
	前言	策划的背景、策划的目的及意义、策划的宗旨
	策划目标	营销职能目标、财务目标
	环境分析	企业内外部环境分析：宏观环境分析、微观环境分析、内部环境分析
	营销战略	市场细分、目标市场、市场定位
	营销组合策略	4P 策略（产品策略、定价策略、分销策略、促销策略）
	行动方案	活动项目、活动方式、人员分工、时间、地点等的具体安排
	费用预算	营销过程中的总费用、阶段费用、项目费用等
	实施进度计划	策划活动项目及其实施的起止时间
	策划方案控制	实施方案、控制方法、风险预测、应急方案
	结束语	重复主要观点、突出策划内容要点，同时表示感谢
封底		与封面相对应，起美化装饰、保护策划书主体的作用
附录		备用方案、市场调查问卷、市场调查报告、参考文献等数据资料

1. 封面

封面是策划书的脸面，会给读者留下第一印象，不能草率从事，更是不能缺少的。策划书的封面要与策划书的内容相适应，既不要过于奢华，给人一种华而不实的感觉，也不要粗制滥造，让人觉得策划书的内容缺乏专业水平。策划书的封面一般要注明下列几点内容：

（1）策划书的名称（如果名称太长，可以加上副标题）；

（2）策划委托机构；

（3）策划机构；

（4）策划人姓名；

（5）策划完稿日期；

（6）策划执行时间段。

此外，根据需要，有的策划书还需要注明策划书的保密级别及编号。同时，策划书的封面还要注明策划负责人的联系方式，因为阅读和审核策划书的人不一定是直接与策划人联系的人，如果在阅读过程中有什么问题，则可以马上联系相关策划人。

2. 摘要

摘要是对营销策划项目内容所做的概要说明，勾勒出策划方案的各个章节重点与结论，使读者能够通过概要提示大致了解策划书的主要内容，这便于经常忙碌的企业领导在最短的时间内了解营销策划的精要所在。如果策划书的内容简短，篇幅不长，这部分内容则是可以省略的。

摘要的写作要简明扼要，篇幅不宜过长，一般控制在一页纸内，字数在三四百字为宜。

3. 目录

策划书的目录与一般书籍的目录起相同作用，它涵盖全书的主体内容，读过后应能使人对策划的全貌、策划人的思路、策划书的整体结构有一个大体的了解，并且为使用者查找相关内容提供方便。目录实际上就是策划书的简要提纲，具有与标题相同的作用，策划人应认真编写。

4. 前言

前言是策划书正式内容前的情况说明部分，交代策划的来龙去脉，主要内容包括：①策划的背景，即社会大环境发展趋势；②委托单位的情况；③接受委托的情况；④策划的重要性和必要性；⑤本次策划与要达到的目的及策划的主要过程。

前言的内容应简明扼要，文字不宜过长，一般不要超过一页，字数要控制在1 000字以内。

5. 策划目标

在这一部分中，需要明示通过本策划所要实现的目标或要解决的问题，如提高市场占有率、销售增长率、分销网点、营业额及利润目标等（详见第3章）。这一部分是不可或缺的。策划目标具有导向作用，有什么样的目标就有什么样的方案，如果目标错误，则企业资源配置肯定会出现偏差，最终必定因偏离企业所希望达到的目标而导致失败，因此，策划的目标的确定在策划中是相当重要的。在确定目标之前必须进行问题界定，通过各种界定问题的方法发掘企业存在的问题及原因，在此基础上确定企业的营销目标。

6. 环境分析

环境分析是营销策划的依据与基础，所以营销策划都是以环境分析为出发点的。环境包括企业营销的外部环境与内部环境。外部环境分析，主要包括企业的宏观环境分析与微观环境分析；内部环境分析，主要包括企业资源和能力的分析。

在环境分析中，要注意充分利用分析工具，营销策划中常见的分析工具有：PEST 分析、3C 分析、SWOT 分析、波特五力分析和对消费者行为的 5W2H 分析等。

同时还需要注意的是，环境分析要求具有简洁性和准确性。所谓简洁性是指所列举的数据和事实简洁、有条理，使人能抓住重点。在具体做环境分析时，往往要搜集大量的资料，但所搜集的资料并不都需要放到策划书的环境分析中去。过于繁杂的资料往往会使阅读者抓不住重点，这些资料可以置于策划书的“附录”中。所谓的准确性是指分析要符合客观实际，不能有太多的主观臆断，任何一个带有结论性的说明或观点都必须建立在客观事实的基础上，并且论证要具有逻辑性（详见第 3 章中的有关问题界定与市场分析的内容）。

7. 营销战略

在营销策划书中的“营销战略”部分，要清楚地表述企业所要实行的具体战略，包括市场细分（segment）、目标市场（target）和市场定位（position）三方面的内容，也称为 STP 策略。

（1）市场细分。其目的在于帮助企业发现市场机会，以正确选择目标市场。

（2）目标市场。根据企业资源状况和实力，找准目标市场。

（3）市场定位。它是指企业为在目标顾客心目中寻求和确定最佳位置而设计产品和经营特色的活动。

8. 营销组合策略

确定营销目标、目标市场和市场定位之后，就必须确定在各个细分市场的营销组合策略。营销组合策略就目前而言还是以 4P 策略为基本框架，即产品策略、定价策略、分销策略和促销策略。其中促销又包括广告、人员销售、销售促进和公共关系。

（1）产品策略，阐述产品体系、品牌体系、品牌、包装体系、包装形式、包装设计等内容。

（2）定价策略，阐述定价原则、定价方法、价格体系、调价体系等内容。

（3）分销策略，阐述渠道建设指导方针、渠道开发步骤、渠道网络架构、渠道激励措施等内容。

（4）促销策略，阐述人员推销、广告、销售促进、公共关系的方式方法。

需要注意的是，虽然目前还是以 4P 策略为基本策略框架，但在营销策划中还应该吸收 6P 理论、4C 理论和 4R 理论的合理精神。

9. 行动方案

要实施营销策划，还要将各项营销策略转化成具体的活动程序。为此，就必须设计详细的策略行动方案。在行动方案中，需要确定以下内容：

（1）要做什么活动？

（2）何时开始？何时完成？其中的各项活动分别需要多少天？各项活动的关联性怎样？

（3）在何地？需要何种方式协助？需要什么样的布置？

（4）要建立什么样的组织机构？由谁来负责？

（5）实施怎样的奖酬制度？

这些内容使策划活动由单纯的构想一步一步地付诸实施，这是营销策划进一步具体化的表现，也是营销策划活动得以实施的必要保证。

需要注意的是，在此要列明实施策划方案的组织机构及其相应的职责。对于专项的营销活动，企业一般要建立临时的专门机构来实施营销方案，临时机构的人员在企业中抽调相关人员组成。对于常规的营销活动，一般不建立临时的组织机构，而是指定组织的相关部门的人员负责专项活动。

10. 费用预算

营销策划是一项复杂的系统工程，它需要投入一定的人力、物力和财力。因此，必须进行周密的预算，包括营销过程中的总费用、阶段费用、项目费用，使各种花费控制在最小规模上，以获得理想的经济效益。

预算应尽可能详尽周密，各项费用应尽可能细化和准确，能真实反映该策划方案实施的投入大小。营销预算最常用的是“活动项目估计”，即按照策划所确定的活动项目列出细目，计算出所需经费。这种办法计划性强，开支项目清晰。营销费用预算表可采取表 7-2 的格式。

表 7-2 **营销费用预算表**

序号	项目	时间	单位	单价	数量	金额	备注
合计							

（二）营销策划书的撰写

策划书是策划人的策划成果，是提交给客户的“产品”，因此，要认真对待。在写作过程中要注意的是，营销策划书并非仅仅用文字的方式来表现其内容，一般情况下，为了更形象、更直观地表现策划内容，通常采用文字、框图、数据及视觉图片等方式来表现策划的内容。

1. 策划书的写作要求

（1）企划案表达要求简洁明了。

策划虽说要注意生动形象，但它不像散文或其他文学作品那样要求好的文笔，而只要简洁明了地将内容表达出来即可。策划书如果长篇大论，文辞优美，反而在阅读上造成困难，不易抓住策划书的主题。同时，在撰写策划书时，应避免使用令人难以理解的措辞，要使用通俗易懂的文字、词汇和语句。具体要求是：

①文体统一。在整个策划书中前后问题必须统一，避免使用口语化的文体及过于书面化的文体，同时要求策划用语统一、数字使用方法统一。

②文字简洁、准确。简洁在文字表现中是非常重要的，一段文字最好掌握在40～50字左右，另外最好能将文字内容分条列出，先阐述结论（或观点），后再简单论述。

③结论明确。营销策划书中应避免内容含糊、态度模糊的表现。例如，在文中出现“也许”、“大概”、“我想大概”等，容易给人不真实的感觉。

还需注意的是，策划书要重点突出，重点说明“如何做”，对于“为什么要这样做”，有的地方可稍加论述，但不宜过多、过长。

（2）要强调方案的可操作性。

策划方案不是论文，而是可以直接拿来实施的、可操作性极强的方案，因而在策划书写作中，能够具体的一定要具体，尽量少出现“可以”的字眼。

（3）加强方案的说服力。

首先，策划书的内容组织要具有逻辑性，符合人们的阅读习惯；其次，策划书还应在内容、结构和语言上增强说服力。

2. 策划书写作的技巧

（1）运用框图、表格、图片，使内容视觉化。

所谓视觉化，就是将策划书中的内容尽可能用各种图表、实物照片来表示，从而给读者以直观的印象。读者可能对整段整篇的文字没有什么记忆，却容易理解各种图案、流程图、箭头及图形边的简短说明，而且记忆深刻。

策划人员都必须知道，策划书的呈现方式有一个重大原则应牢记于心，即“文字表达不如表格，表格表达不如图形”。

在策划书的写作中，要优先使用图形、图表表达所要表达的内容，因为在策划书中运用框图、表格、图片不仅能够使策划书美观、大方，更重要的是它们有助于对数据的理解，使数据特征一目了然，吸引人的注意，也可以在最短时间内看出重点所在。特别是在做 PowerPoint 简报版时，务必多用图形。

（2）合理使用理论依据。

要提高策划内容的可信性并使读者接受，就必须为策划者的观点寻找理论依据。需要注意的是，理论和观点之间要有对应关系，要防止纯粹的理论堆砌。

（3）适当举例说明。

在营销策划书中加入适当的例子既可以充实内容，又能增强说服力。在具体使用时，举例以多举成功的例子为宜，选择一些国外先进的经验与做法以印证自己的观点。需要指出的是，策划书中的举例不宜过多，防止造成策划书的臃肿。

（4）利用数字说明问题。

营销策划书是为了指导企业营销实践，它对可信性及说服力的要求特别高。营销策划书的内容应有理有据，任何一个论点都要有依据，而数字就是最好的依据。在策划书中利用各种绝对数和相对数来进行比较是不可缺少的，而且各种数字均要注明其出处以证明其可靠性。

（5）注意细节，消灭差错。

细节往往决定成败，对于策划书来说，细节是十分重要的。策划书中的错字、漏字会影响阅读者对策划内容的信任度，特别是企业的名称、专业术语更不能出现错误。专业的英文单词也不能出错。另外，纸张的好坏、打印的质量都会对策划书本身产生影响，所以也绝不能掉以轻心。

（三）营销策划书的表现技法

策划书视觉效果的优劣在一定程度上取决于版面设计，有效利用版面安排能够增强策划书的感染力。这里的版面包括打印的字体、字号、字间距、行间距、插图和颜色等。优秀的版面设计能使策划书显得有生气、突出重点、层次分明、严谨又不失活泼。

（1）封面设计。阅读者首先看到的是封面，好的封面能给人以强烈的视觉效果，给一份策划书配上一个美观、精致的封面是至关重要的。封面涉及的基本原则是醒目、整洁，切忌花哨，字体、字号、颜色都要根据视觉效果具体制定。另外，封面纸张材质要根据内容而定，独特的颜色、雅致的材料，比一般的纸质封面更具有艺术性。

（2）目录设计。目录一般只涉及正文的二级标题即可。特殊情况下，如果内容不多，也可以深入到三级标题。目录的生成可以借助 Word 目录自动生成加以实现，也可以通过手工操作来实现。由于手工操作很难控制文本的一致性，因此在操作过程中，要注意文字大小、缩进和页码对齐。此外，目录页码一般是单独标示的，与正文页码不连续。

（3）正文编排。正文内容每一页都会设置页眉，其内容主要包括具体章节、委托单位的 LOGO 等，页眉的设置根据具体需要而定，精致一点的，一般奇偶页上会存在一定的差异。如有特殊需要，也可以使用页脚，以便添加文献的出处。

正文标题次序编号一般采用“1.1.1.1.1”的递进方式展开。这种序号设计可使阅读者对具体章节之间的关系一目了然，而相应图表编号，也按照其所在的章节来标示。值得一提的是，虽然目前的文字处理软件一般都具有自动编号、编排的功能，但是，从中文文字编排的习惯来看，目前文字编辑软件的编排格式既不美观，也不符合中国人的阅读习惯，因此，建议对正文标题次序编号的编排进行手工操作。

现在，有不少策划机构开始使用 PPT 来制作策划书。策划人应对此进行必要的研究，以符合时代的发展需要。

（4）格式要求。策划书正文的标题一般采用黑体标示，而正文文字部分一般采用宋体。字号一般视内容的多少来定，页眉、页脚一般采用小五号宋体。从正文编排习惯来看，段前要缩进两个字符，每行之间的行间距以及标题和段落之间的行间距设计，要以美观大方为依据。此外还要注意标点符号的准确使用。

限制同一版面出现字体的数目。绝大多数的策划文案只使用3种或更少的字体，因为过于纷繁的字体会使版面过于花哨、喧宾夺主，且影响阅读速度。通常中文文字使用宋体、黑体、楷体等字体，英文使用Times New Roman、Palatino、Elite等字体。字体使用五号、小四号、11号等。

大部分策划书都包含很多图表，它们在传递策划思想中发挥着重要的作用。图表的颜色、大小等设计要符合编排的需要。一般来说，图表要尽量放在同一页上。对于较长的表格，也一定要通过“续表”的标记来加以标示，以方便阅读者查阅与核对。

二、操作流程

策划书必须在有限的篇幅、有限的时间内展现诸多的重点，还要具有逻辑性和符合人们的阅读习惯，在撰写策划书时要遵照以下六个步骤来进行撰写。

1. 确定策划目标

在开始撰写策划书之前，必须先确定谁将会阅读这份策划书，以及他们的需求是什么。也就是他们想从策划书中了解到什么信息，解决他们的什么问题。

2. 拟定策划书的大纲

大纲对于写作来说是非常重要的，确定了策划书的目标后，就知道了策划书想强调的重点。根据这些重点就可以拟定策划书的大纲了。大纲可以很简单，也可以很详细，越详细的大纲对于策划书的写作来说越有帮助。

3. 重新检视策划大纲

根据策划书读者的需求与你希望策划书所达成的沟通目标，重新检视策划书的大纲，找出在策划书中你必须详细说明的重点。

4. 撰写策划书

策划书的具体内容及顺序根据不同的公司和不同的策划类型而不同，但语言都必须简洁明了，具有逻辑性。在这过程中需要应用到很多搜集来的数据资料，要尽量转化为图表等直观的表达方式。此外需要注意的是，在策划书中，需要可操作性，但过度的细节描述也是不必要的。

5. 重新检查策划书

当你写完策划书的初稿，并且经过自己重新检查校对之后，最好找几个业内的行家帮助你检查整份策划书，针对策划书的创意性、可行性、完整性、逻辑性、客观性等提出专业的建议。

6. 更新、修订策划书

根据业内行家的意见对策划书进行修改。

三、知识拓展

营销策划书按其策划的对象及应用的范围可以划分为如下三种类型。

（一）营销策划方案——目标导向型

这种类型的策划书是为公司尚未推出产品、服务或品牌实现一定的市场目标而作出的全盘营销计划。在项目启动之前，制定一份完整的新产品营销策划书是非常必要的，即使这个阶段的一些市场信息仍不是很明确。

一般来说，其营销策划书的架构往往包括：①纲要；②环境分析；③SWOT分析；④市场选择与定位；⑤营销战略与目标；⑥营销策略；⑦组织与实施计划；⑧费用预算；⑨控制应变措施等。

这种类型的策划书写作时要注意：

（1）结构完整，层次清晰。这种策划书相对于诊断书、年度计划而言，是综合性最强的一种策划文案。但其实，其逻辑脉络是非常清晰的，也就是环境分析、战略制定、策略组合。明确了这一点，既可以使我们的策划书结构完整，也可以使我们的思路清晰。

（2）主题明确。一般而言，营销策划书要有明确的主题，围绕这个主题展开。

（3）图表丰富，分析深入。策划文案不但要简明扼要，而且要分析透彻。图表有助于更直观地表达策划的思想，也便于阅读和理解。

（二）营销诊断书——原因导向型

在营销活动中不可避免地出现各种问题，有了问题就要找出原因所在，提出改进的对策和方法。这就是营销策划中营销诊断书所要解决的问题。营销诊断书所涉及的内容比较繁多，但无论其诊断的是哪种问题，诊断书的基本结构都包括以下三个部分，即所谓的三段论：

（1）营销现状与问题。首先要明确公司现在处在什么样的状况下，产生了哪些问题，给公司带来了哪些困扰。

（2）原因分析。明确了营销的症状，接下来就要对症状产生的原因进行分析。在这过程中可以利用鱼骨图来配合进行分析。

（3）完善措施。诊断书不但要发现存在的问题，分析问题，最主要的还要为存在的问题提供对策。

营销诊断书编写时要注意：

（1）要以问题为导向，问题的界定要有数据和事实依据。诊断书的最大特点是其针对性比较强，即为解决企业经营中出现的问题而提出解决方案。方案的编写始终要以问题为导向，同时要保证逻辑论证的一致性和严密性。

（2）对策能有效地解决问题。问题的解决方法也许不止一个，但能够让企业信服并愿意实施的诊断方案必定是那种实用性最强、能够使问题在最短的时间内得到解决的方案。因此在策划时最好在对企业内外部环境和资源分析的基础上，直接提出最优方案。

（3）一一对应，逻辑严密。写好一份诊断书的关键在于抓住重点，突出亮点。诊断书提出的解决办法应该与前面提出的诸多问题是一一对应的关系，所列的多个问题或对策可以按照重要程度排列，也可以根据相关关系放在一起。

（三）年度计划书

企业都必须制订年度的计划，营销也不例外。年度营销计划是企业制订最多、实用性最强的一种计划。营销年度计划书的结构主要包括：

（1）上年度营销工作总结。这包括销售业绩、费用投入和计划执行的情况与分析。

（2）本年度营销形势分析与预测。这包括宏观环境分析、竞争对手分析和SWOT分析。

（3）本年度的营销计划。这部分内容主要包括计划指标、时间进度表、保障措施、费用预算四个方面。

年度营销计划书在写作时要注意：

（1）要回顾对比，找出问题。通过对比分析过去执行的情况，总结成功的经验和失败的教训。

（2）主次分明，阶段实施。在计划中要将目标和任务层层分解，确定明确的责任部门和责任人，保证按时间、按质量完成所计划完成的工作。

（3）预算准确，细化指标。实施年度计划必然要耗费大量的人力、财力和物力资源，只有科学的预算才能有效地利用这些资源。

四、综合案例

雪莲红花补酒诞生实录

越来越多的人认为，4P已成“明日黄花”，新的营销已转向4C。过去企业的座右铭是：“消费者请注意”，现在已被“请注意消费者”所取代。下文讲述的是一个活用4C占领市场的营销实例。

（一）背景资料及市调报告

1997年5月，新疆颐养堂保健品公司老总诚邀策划部全方位介入开发、研制、生产、销售雪莲红花补酒。雪莲是天山神草，俗名雪莲花，生长在天山海拔2 600～4 000米的冰川缝隙中，耐奇寒，有很高的药用价值，哈萨克人称之为“百草之王”，草原上至今还流传着“家有百草王，岁岁保安康”的说法。雪莲主治风寒、风湿、妇科疾病等，还能滋阴、补肾、壮阳。

红花也是新疆一大特产药材，特殊的地理环境孕育了新疆红花的独特疗效。红花是活血通经、治疗跌打损伤和妇科疾病等的上乘好药。按正常推理，将雪莲红花等一些新疆地产珍贵药材合理组方配伍配制成药酒，应该很有市场。然而，审视策划者及合作伙伴21天对乌鲁木齐市200名目标消费者、30家商场药店营业员及6家批发商进行的调查结果，不由得让我们倒吸一口凉气。

调查显示，自20世纪90年代初以来，以各种名贵药材泡制的各类保健酒，每年均有十几个品牌为争夺新疆市场份额，在新疆天山南北进行广告狂轰滥炸，再加上相关品牌的保健品追求短期暴利的广告行为，使得67.5%的消费者对保健酒的真材实料缺乏可信度。有71%的消费者认为，现在的保健酒大都粗制滥造；77%的消费者认为，保健酒的治疗范围太广泛，让人不敢相信；69%的消费者认为，保健酒的价格大都在150元左右，买不起；37%的消费者反映，保健酒的质量不稳定，有较多负面效果；29%的消费者反映，70%的保健酒浑浊物多，口感变化大，饮用没有安全感。另外，新疆各大零售网店货架上，外来品牌的保健酒已有10多种，本地品牌也有数种，其中鹿龟酒、长寿长乐补酒、雪莲灵芝补酒三大品牌基本占领了新疆保健酒的市场。

透过调查报告反映出，消费者对保健酒的欲求是：质量稳定、安全，疗效显著，价格适中，包装高档，全方位进行售中、售后服务。颐养堂老总捧着调查报告，双眉紧锁，沉默不语。策划部劝他放弃这一项目，原因是，现在的保健酒太多了，大家都挤在一座独木桥上能有多大前途。但他的回答出乎大家的预料。他说别人能干的，我为什么不能干，我要想办法，要全力以赴，比别人干得更好。他的态度非常坚决，显得很有信心，看来策划部只有学飞利浦了——让我们做得更好。

（二）做好3C，彻底为消费者着想

首先，枪毙原先想从书店买几本书找出一个配方，自己依葫芦画瓢研制生产的计划，必须聘请新疆著名中医专家和知名酿酒专家亲自研制，实打实地让消费者对产品研制、发明制造工艺流程放心。这样做的好处是：①让消费者彻底放心，专家研制的酒一定没问题；②企业可以长远发展；③持久保持产品质量。

然后，兵分两路。企业老总抓产品质量、疗效，具体工作就是聘请专家，租赁厂房。我们的工作就是做好产品内外包装的样品设计，策划产品售中、售后服务，以及策划和消费者沟通策略。

几次头脑风暴会议下来，我们确定了内外包装的工作目标：①强调品牌个性。品牌个性是品牌的生命与灵魂，能让消费者轻易地与竞争品牌区别开来，它能给消费者一种既熟悉又亲切的感觉。②突出文化，名牌的背后是文化认知。

具体操作中，我们是这样做的：

（1）在瓶型选择上，坚决做到和现有面市的各类保健酒瓶型不一样，确定了类似国际著名品牌轩尼诗酒的瓶型。该瓶型比常用瓶型高5公分，又极具艺术感，显得高贵典雅，大方气派，视觉效果非常好。

（2）酒盒设计上，大胆采用金黄色，在一大堆枣红色、血红色的保健酒堆里金黄色格外抢眼，消费者一眼就可瞄上；同时，金黄色还赢合了消费者求富贵、求吉祥的心理。

（3）酒盒的正顶端最上方是酒的注册商标，紧挨商标下面是酒名，酒名下面是一行字："谨以此酒献给关心健康、充满爱意的人们"。这行字凹凸印制，让它跳出来。后来的市场调查表明，有一部分消费者就是冲着这句话才买雪莲红花补酒而放弃购买其他品牌的。

（4）我们还给雪莲红花补酒设计了一条红领带，外观像一个精致的书签，这条红领带是套在瓶颈上的。文字内容是详细介绍该酒的研制发明人，以及该酒适用人群，一物两用，企业既做了广告，消费者还可留作书签。

（5）我们还特意设计了一个非常精致的电话本，有四个并列的火柴盒大小。封二、封三介绍制酒的工艺，以及该企业的质量服务承诺。电话本特意放在酒盒内，送给消费者一个意外的惊喜。一般消费者都很珍惜电话本，一物两用，既做了广告，也方便了消费者。

（6）我们为500ml的单瓶酒配套设计了两瓶一装的手提袋，以及充满喜庆、大方得体的礼品盒酒包装。为了解决消费者提出的被打开的酒由于没有瓶塞容易散发掉的问题，酒瓶采用了加长型高档防伪瓶盖，不仅酒不会散发掉，而且还显得高雅、高档，解决了消费者的后顾之忧。

就在包装设计工作快要收尾的时候，企业老总喜滋滋地跑来告诉我们，他请来了3位新疆大腕级的专家。3位专家的加盟，迅速壮大了该公司的科研力量。他们分工明确，但又密切合作，从原材料的购进、设备选择、工艺流程设计到样品生产，样样做得科学、高效、精确。在酒的口感调试中，经数十位目标消费者进行口感感应，最终选定了该酒药香浓郁、先苦后绵柔香甜的口感风格。3位专家多次表示，酒的质量、疗效就是他们的心血，他们绝不会拿他们一辈子的英名开玩笑。

产品是没有什么问题了，一切都是按照消费者购买诱因去做的。

10月初，包装精美、极具个性色彩的500ml雪莲红花补酒面市了，每瓶酒零售价为92.5元。经销商见了产品后，纷纷称赞有特色、有风格。据商场营业员反映，上货当天，3位竞争品牌的老总看后，爱不释手，掏钱买走研究去了。

接着企业开展了两项特别服务：①针对产品功效原理、服后效果和消费者身体不适等症状，开展昼夜定时医疗咨询服务；②为了消费者购买方便，开展厂价不收服务费送货上门服务。

劳特朋的4C理论最难做的恐怕就是他的最后1C——沟通了。

（三）沟通的本质是服务

要做好沟通，首先就是要找到产品卖点，卖点找准了，沟通的方式也就好确定了。

卖点怎么找呢？那就是找出产品品牌的个性特点，找出消费者在其他品牌中想买却买不到的资讯。这样一分析，雪莲红花补酒的卖点就出来了。

（1）卖专家。雪莲红花补酒是由本地知名专家研制开发的，企业在本市，它的最大卖点就是3位找得着、看得见、摸得着的赫赫有名的专家。据调查，在众多地产保健酒企业中，还没有哪家具有这样的专家优势。内地涌来的品牌倒是有宣传宫廷秘方、产品发明人的，但是对消费者来说太遥远，没有亲切感，可信度低。这几位名副其实重量级的专家是雪莲红花补酒的灵魂，其他地产品牌只能望其项背，内地知名品牌也只能感到远水解不了近渴。

（2）卖工艺。雪莲红花补酒的生产工艺虽没有国有大企业气派，但也不失为科学、严谨、有序、整洁。从原材料的选配、下药、泡制、渍取、口感调试、静置到装瓶等整个制酒过程，让摄像机一拍，或让消费者代表一一参观，消费者不就彻底相信产品了吗？

（3）卖价格。劳特朋4C理论中的一大C就是规劝企业忘掉定价策略，赶快了解消费者要满足自己的需要与欲求所愿付出的成本。对保健酒而言，我们已经做了大量的市场调查，有69%的目标消费者希望保健酒的价格能在百元以下。这就告诉我们，消费者购买保健酒真心愿意付出的成本在百元以下。我们给雪莲红花补酒定的出厂价是每瓶75元，市场统一零售价为每瓶92.5元。这一价格比内地知名品牌长寿长乐补酒（每瓶169元）的市场零售价便宜76.5元，比神蜉酒（148元）便宜55.5元，比地产较有知名度的雪莲灵芝补酒（103元）便宜10.5元。雪莲红花补酒的出厂价、市场零售价非常符合消费者的购买心理，极具竞争力。

（4）卖服务。据调查，不管是内地知名品牌，还是地产品牌，基本上还没有开展昼夜医疗咨询、厂家送货上门服务的业务。劳特朋大师传授的4C理论之三就是规划企业应当思考购买的"方便性"。

（5）卖产品本身的特色。该酒从研制到成品，全是按照消费者购买的诱因去做的。与众不同的瓶型，金黄色的酒盒，情深意浓的一句话，一物两用的书签、电话本，既可当瓶塞又可当酒杯的加长高档防伪瓶盖，这一切都是在其他品牌中找不到的。

（6）卖功效诉求简单。众多补酒在宣传功效范围上似乎什么病都能治，消费者看后不相信。雪莲红花补酒虽说富含36味中药，对很多病症都有比较好的效果，但不能人云亦云，宣传上得突出重点，简单明了。新疆是个高风寒地区，风湿是一大常见病。几经讨论，我们决定将卖点定为6个，功效宣传主要定位在两点上：一是补肾；二是治风湿。这样就通俗易记。至于该酒的其他功效，可以印在产品的说明书上。

卖点有了，接下来就是怎样将以上卖点巧妙地宣传到消费者心里去。

在询问企业老总能拿出多少资金用在同消费者的沟通上的时候，老总面露难色：账上只有近10万元钱。

10万元，在媒体传播费年年涨价的今天，实在太少了。

冥想苦思，没有好结果，我索性逛商场去。来到商场保健酒柜台，恰巧有一保健酒厂家业务员抱了一大摞子企业印刷的小报来到柜台，要求营业员替他发放。营业员随口对业务员说的几句话给了我启发。她说："我给你说了多少次，你们的小报千篇一律，没有新意，全是老一套，自吹自擂，消费者一点也不相信。我发了，也是白发。你还是抱回去吧。"营业员快人快语，一点也不给他面子。业务员满脸涨得通红，只是说："求你了，我们企业实在没钱做广告，只有出这种最省钱最省事的小报。"我转身找到几位买保健酒的顾客，询问他们对小报的态度。有的说，小报宣传方式还可以，关键是形式和内容不够吸引人。还有的说，小报不能在商场发，顾客是到商场来买东西的，好不容易挤了点时间逛商场，哪有时间看小报，左手接右手不扔才怪呢。要发小报，最好到家属区去发，老年人最爱看。听完这些话，我就像大热天喝了一罐冰镇饮料——好爽。看来"消费者请注意"和"请注意消费者"真是两个本质不一样的营销观。

沟通策略之一：小报搭桥引路

小报文案之一：

（1）正面1/4版面的报头是一句套红的粗黑体字“先不要扔，其实你扔的是888元”。报纸刊头的标题是吸引消费者的眼睛，通常情况下消费者决定看与不看这张宣传小报只在于他们接触主标题的那一瞬间。很多企业产品的宣传小报刊头全是产品名，消费者瞅一眼，就知道这是宣传某一产品的广告，故没有兴趣再读下去，不管内容好与不好，他就一个态度——扔。正是了解到这一点，我们才一反常规，以此标题为由头。

（2）头版头条这样写道：尊敬的读者朋友，您好！我们知道，您见到收到这种宣传形式的小报太多了，请您别急着扔，用10分钟的时间，耐心读完这张小报，我们相信您会有所收获的。我们是颐养堂保健品公司，为了宣传我公司的雪莲红花补酒，为了尽快让更多的消费者了解和喜爱雪莲红花补酒，公司开展了以下活动：

①凡是姓名中带有雪莲红花4个字中任一字者，只要是成年人，有工作证或有离退休证、军人证、伤残证的，而且还必须有身份证，凭两证及携带这份报纸，可到我处领取精美影集一份（价值25元），限额1 500名，早到早领，领完为止。

②凡是能在此小报中找出6处印错或者6个错别字句，或者能给雪莲红花补酒编出和同类产品不一样的6条广告语，或者能回答6个雪莲红花补酒问题者（问题在背面右下角），赠送精美影集一份。本款内容参与者必须采用书面形式，每人只能享受本款内容中的一项赠送服务，限额3 500名。答案自送我公司或邮寄均可。早到早领，领完为止。没有享受到赠送影集的参与者可参与抽奖活动。

③本次活动，由四维律师事务所提供法律监督。

④此次赠送活动，企业一一登记编号，定时进行公开摇奖。一等奖1名，奖金888元；二等奖3名，奖金300元；三等奖100名，奖雪莲红花补酒1瓶。

⑤本次组委会名单以及注意事项等。

说明：这篇文章的目的之一是增强这张宣传小报的可读性、趣味性，之二是针对该酒目标消费者进行知名度广告宣传。

（3）正面版的余下版面内容是以轻松活泼的语言，讲清、讲透雪莲红花补酒的6大卖点。在这部分内容里将3位专家的个人照片、获奖证书照片一一登出，借专家之名宣传酒的品牌。

（4）本张小报背面的主要内容：

①雪莲花及红花的传说、产地、功效，并配上两花的照片。

②从故事中精选出的3个笑话。

③关于风湿、肾虚的科普文章。

④承诺离退休人员、残疾人、教师、军人、下岗职工凭有效证件到本公司购酒，每瓶享受优惠30元。

⑤公司地址的详细路线图等。

顺便还说两句，影集5 000本到厂家订购，每本只需7.2元，我们要求厂家在影集的封二、封三印上雪莲红花补酒的产品原理、适用症、服务质量承诺。此外，还在影集的封二正上方印上取悦消费者的一句话：尊敬的朋友您好，我们非常有缘，雪莲红花补酒将我们紧紧相连。红花还需绿叶扶，希望您能常常关注雪莲红花。衷心祝愿您好运常在，健康幸福，心想事成！人们都有一个共同的特点，得了奖、得了便宜爱显示，我们追求的就是这种效果。5 000 本影集，5 000 个家庭，还有他们的亲朋好友，宣传效果、宣传力度就出来了。我建议企业采用比街上发的小报好一些的纸张，双面套红印刷小报 20 万份，每家每户投递，不能沿街散发，不能到商场、药店散发，不能多发、少发，必须监督到位。乌鲁木齐约有 30 万户人家，小报不会发重。

从发小报的第二天起，公司热线电话便非常多，来领影集、送回答问题答卷的人络绎不绝，参与的老年人非常多，要求优惠购酒的人也非常多。不到一个月，公司就收到回馈信件 3 大酒箱，售酒 12 007 瓶，销售额 80 多万元，彻底解决了企业后续资金严重短缺的大问题，而该项费用支出才不到 75 000 元。

小报文案之二：

开张大吉，趁热打铁。我又给企业设计了一份小报，大八开，双面套红，报头标题是“虽然我不熟悉您，但是让我谢谢您”。主要内容如下：

（1）答谢活动参与者、购酒者。

（2）企业郑重推出 6 项承诺：①坚持精益求精，绝不以次充好，保证做到成分、口感、功效始终不变；②4 小时内保证厂价送货上门，不收任何服务费用；③一代名医、雪莲红花补酒发明人、著名中医专家王多让教授，每星期一、星期五进行义诊服务；④凭防伪瓶盖购酒每瓶优惠 30 元（必须饮用过）；⑤发现有假冒雪莲红花补酒者，将给予重奖；⑥离退休人员、下岗职工、教师、残疾人长期享受优惠 30 元服务。

这两份小报的推出，在乌市居民区引起了轰动。据说，有的小区以前从来不让派送小报，可是，只要听说是发雪莲红花补酒的小报，小区的门卫非要替发不可，原因是雪莲红花的小报实在、有活动、有意思。

沟通策略之二：电视专题提高品位

在老百姓眼里小报不值钱，电视才够派。产品上了电视，那才叫有档次，企业才有实力。我们一反传统，选择了 2 个表达能力比较强的目标消费者当电视专题片主持人，还找了 2 位目标消费者当见证人，重点拍摄 3 位专家，并找了 2 位消费者介绍专家的各种荣誉、科研成果以及对雪莲红花补酒倾注的心血。此外，还把酒的 6 大卖点通过摄像机镜头一一展示清楚。最后，又向消费者提了 5 个有奖问答：

（1）酒是哪 3 位专家辛勤劳作的结晶？

（2）酒有哪些特色？

（3）酒有哪两大功效？

（4）酒的注册商标是什么？

（5）酒适合哪些人饮用？

为了节约播出费用，专题片放在当时全国颇为火暴的电视连续剧《宰相刘罗锅》中插播。

广告讲的是以奇取胜，以正求合。宣传小报有奖活动以新奇的形式使雪莲红花补酒成为人们街谈巷议的话题。电视专题又进一步给消费者灌输了这一理念：酒是专家们同心协力、付出心血的结晶，是企业精益求精、专门为消费者制作的高档保健酒。

沟通策略之三：让专家和消费者亲切对话

基本上，每个广播电台都设有一个健康类节目，我们让这3位专家走进播音室，每周三定时和消费者进行情感沟通对话，重点回答消费者有关病症、酒的工艺、酒的功效原理、企业开展的特别售中及售后服务等问题，详详细细地和消费者进行沟通。同时还承诺，凡是打通热线电话进行咨询的，赠送精美影集一份。

采用电台嘉宾主持的目的，就是进一步强化雪莲红花补酒是专家造的，质量可靠，完全可以放心饮用。

沟通策略之四：巧用有奖明信片

12月中旬，我建议企业购买5 000张邮电发行的有奖明信片，并将这些明信片全部寄送给前几次积极参加雪莲红花补酒各项活动的目标消费者。其目的有三：

（1）借新年到来之际，向目标消费者表达企业对他们的深情问候和祝福。这样做可以向目标消费者传递一种资讯，企业始终把消费者放在心上。

（2）通过明信片，再次为雪莲红花补酒做了一次旅游广告。明信片抄好之后，被送到邮局。它将被邮局的三层工作人员看阅：一是支局工作人员，二是总局工作人员，三是投递员。投递员最终将明信片送到目标消费者所在单位传达室，明信片在传达室呆上半天或一天，这样又有一批人看到，到了目标消费者手里，至少明信片已经被传阅了三次。目标消费者再将明信片带回家中或单位，又会有一些人看到。这一整个过程无疑是给雪莲红花补酒做了一次旅游广告。

（3）向目标消费者暗示：新年到了，走亲访友，购买礼物，雪莲红花补酒是非常好的送礼佳品。

沟通策略之五：争做中国第一补酒

通过前期沟通策略，雪莲红花补酒在乌鲁木齐红起来了，市民们基本知道了雪莲红花补酒的来龙去脉。商场药店销售量节节上升，直逼连续两年销量第一的某地产品牌。如何让雪莲红花补酒摆脱其他地域性名牌的影子呢？这时离元旦只有27天了，制作品牌形象广告片，对于争夺元旦、春节市场来说，已经来不及了。各电视台都有天气预报这一栏目，而且收视率极高，于是我便建议企业在乌鲁木齐市7个电视台天气预报栏目中上版块广告，每个电视台上两个版块，每块就播一句话“雪莲红花补酒，争做中国第一补酒”。这句话的真正含义是向消费者暗示这样一个资讯：雪莲红花补酒肯定有实力。有实力才有自信，才有雄心。这样一喊，就把雪莲红花补酒同其他品牌的保健酒在消费者内心区隔开来了。

沟通策略之六：礼仪小姐进入商场

元旦前20天，我们又招聘培训了30名20～25岁的礼仪小姐，培训内容主要是：雪莲红花补酒的6大卖点、消费者礼仪接待、产品原理等。12月20日将这30名礼仪小姐分送各大零售网点，协助商场营业员做好以下工作：

（1）把雪莲红花补酒放入柜台比较显眼的地方。

（2）将礼品盒酒摆在柜台上，因为其他保健酒品牌没有礼品盒。

（3）进行免费品尝。

（4）做好其他方面的工作。

礼仪小姐进入柜台有以下目的：

（1）展示酒的形象，进一步提升酒的品牌。

（2）哪家企业先进入柜台，哪家企业就占有优势，先进入可以阻挡其他品牌的促销员进柜台。通常情况下，商场只安排一家。

（3）进一步和营业员沟通好关系。每一个厂家的业务员都有这样的体会，哪家企业和营业员关系搞得好，哪家企业的产品就卖得好。

（4）元旦、春节是一年当中销售最旺之时，两节期间一天的销售收入是淡季一两个月的销售收入总和。我们的真正目的是想让礼仪小姐全力与消费者沟通，介绍礼品盒雪莲红花补酒。

大年初二，颐养堂老总到我家拜年。他说，产品脱销了4次，大年三十库房就空了，20 000盒礼品盒酒卖得特别快，商场营业员都说我们企业有眼光，生产了礼品盒，特受消费者欢迎。如果我们还有10 000盒也会一销而空。我们创造了4个月研制生产、3个月收回投资、3个月获利的奇迹。

1998年雪莲红花补酒新疆市场占有率达到44.4%，居市场销售量第一。

1999年，由国家统计局新疆城市调查大队、新疆维吾尔自治区消费者协会联合对新疆23个市县白酒、滋补酒、内衣、食品等项目的消费者抽样调查认定，雪莲红花补酒的知名度、满意度是滋补酒类消费者首选品牌，稳居销量第一的宝座。

4C理论，真正地创造了市场奇迹。

资料来源 佚名．雪莲红花补酒蕴生实录［EB/OL］．［2014-12-10］．http：//www.chinaadren.com/html/file/2005-3-4/2005342342083606.html.

五、思考练习

1. 一份典型的营销策划书一般包括哪些内容？
2. 策划书的写作有哪些要求与技巧？
3. 策划书的版面设计有哪些技巧？
4. 请简述策划方案提案的程序。
5. 策划方案提案有哪些技巧？

六、实战训练

1. 实训项目

将以上“雪莲红花补酒诞生实录”改写成策划书。

2. 实训目的

通过实训，掌握营销策划书的基本架构以及策划书的写作方法和策划书的表现技巧。

3. 实训内容

(1) 将“雪莲红花补酒诞生实录”改写成策划书;

(2) 对策划书进行排版、美化。

4. 实训组织

由个人完成。

5. 实训考核

上交作业,由教师根据有关策划书写作的要求进行考核,并选取有代表性的策划书进行点评。

项目八 营销策划提案

学习目标

基本知识目标：掌握提案的基本技巧。

岗位能力目标：具有良好的陈述方案能力、良好的沟通说服能力。

综合素养目标：掌握提案的基本知识和流程，具有拟订提案和进行提案的综合素质。

导入案例

世界咖啡供应开发委员会（WCPC）策划书提案

总部设在纽约的世界咖啡供应开发委员会（WCPC）1960年开始对外进行宣传活动，WCPC进入日本市场的企划，是由纽约的广告代理公司完成，并提交WCPC总部的。实际上，做企划，对“提案方式”也需要作种种的研究，并不是将厚重的企划书送去，简单说几句就了事的。

美国广告代理公司讲解企划书的方式是预先计划好的，以漂亮的演出方式展开。一边播放优美的音乐，一边巧妙地操作灯光，有效地运用影像，详尽地说明企划书的内容，为企划书做最后的总结。

严格地说，制作企划书，并不是以“展示”作为结束，而必须附加解释，包括在实施阶段，为顺应现实所做的动态修正在内。企划书即使再好，经过一段时间后，也会被淘汰。

咖啡进入日本市场的企划情形就是如此，WCPC的提案是音乐会、电影会、演讲会、展览会与酒会的综合体，喧闹一时，称得上是一个成功的提案。

资料来源 杨琴．企划经理日智［M］．北京：机械工业出版社，2006.

此案例表明，策划书完成后还需要有绝妙的提案，这样策划案被采纳的可能性才能提高。因而，在实际工作中，既要重视策划，又需要对策划书进行包装，还需要认真准备提案。

一、专业知识

策划人完成策划书并非完成了策划设计工作，还有一项重要的工作，就是策划人运用口头说明的方式，辅之以相关的视听媒体，向企业有关负责人或者委托单位介绍策划书，接受委托单位或有关负责人的质询，说服他们采纳本策划方案，这个过程就是策划方案提案。正如产品需要推销一样，一个杰出的创意、一份优秀的策划书也需要开展推销工作，其成功与否决定了此策划书能否被接受、采纳，决定了策划方案能否付诸实施。

（一）7-38-55原则

伯克利大学心理学教授埃尔伯特·梅拉宾（Albert Mebrabian）研究出“7-38-55”定律，他指出，旁人对你的观感，只有7%取决于谈话内容；38%在于说话时的口气、手势等语言；却有55%来自于你的外观表现（如图8-1所示）。

这提醒我们在提案过程中要遵循口头交流的一些原则和技巧。

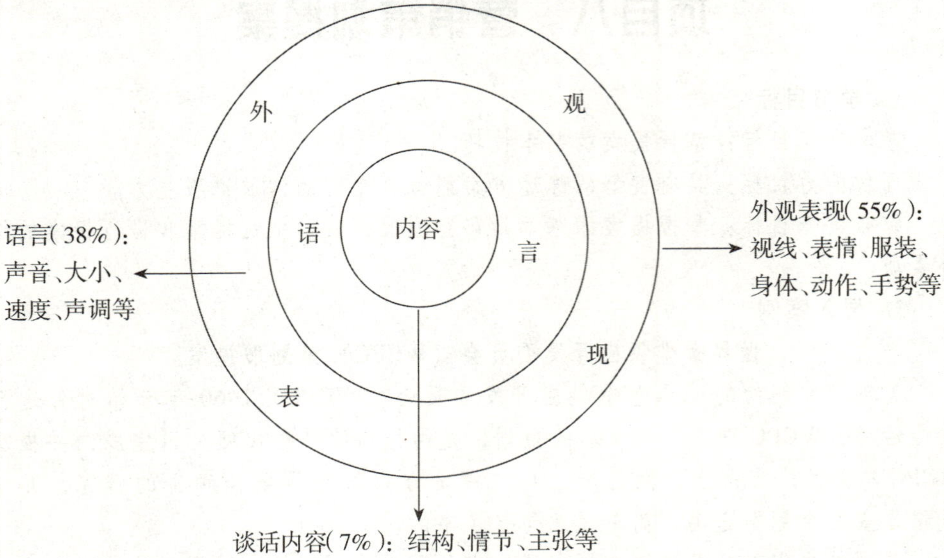

图 8-1　交流的三个层次

1. 语言表达的技巧

在策划方案介绍中，首先是表达的内容，在规定的时间内要很详细地表达所有的内容是有可能的但也是不必要的，因此要考虑清楚说什么，什么该重点说，什么该少说。其次要注意说话的方式，认真的态度、充满自信的语言表达是必要的。用语言表达介绍策划方案时要注意以下几点：

（1）声音洪亮。让与会者都能清晰地听到你的声音。

（2）声调的高低以及说话的速度应有变化。声调单一很容易使听众厌烦，对于重要的策划内容要大声表达并放慢速度。提案是一次重要的演讲，声调的抑扬顿挫不但有助于消除听众沉闷的感觉，而且还会使陈述显得更加生动。

（3）应适当地提出结论。提出策划方案中的主要结论或策略之前往往有大量的数据、资料及分析，如果完全按照策划方案的顺序来陈述方案，有可能让听众感到乏味或不知所云。在现实提案中可先将结论提出，然后再阐述原因，这样会方便听众把握策划方案的框架和策划的主要思想。当全文叙述完毕后，再重复一遍主要结论和策略。

（4）重要内容应反复强调。重要的内容如果仅提一次，一方面听众不能完全理解，另一方面也没有突出重点，因此对重要内容要反复强调。

（5）尽管陈述内容需要庄重的氛围，但提案人也应善用幽默性的话语。提案需要既诙谐又不失庄重的话语来调节现场气氛，活跃客户思维。

（6）适当地提问。设法用发问的方式使客户介入，吸引客户的注意力。有技巧的提案人，会注意避免从头到尾都唱独角戏，他会通过设问、反问等方式，提醒听众注意。

2. 外观技巧

交流除了语言，另一个重要的因素则是外观表现，其主要作用是给人印象并加强记忆。外观表现技巧的正确运用对策划书的介绍具有重要的作用。从图 8-1 中可以看出，交流中处于中心地位的是最内层的内容，它占整个交流的 7%；语言处于中间层，占 38%；而外观表现处于最外层，占 55%，它是交流中最重要的一个因素。外观表现主要包含以下基本要素：

（1）视线。报告者应注视对方，吸引对方的视线，吸引对方加入到交流中。同时，报告者的视线应随时观察决策者，并与其他与会者的目光做适度的接触，可以缓和地环视全场，目光停留在每个听众身上 3～5 秒钟。特别需要注意的是，提案人对陈述的内容要高度熟悉。在用投影仪、幻灯片、挂图或派发的讲义充当讲稿时，切忌一边陈述，一边翻阅。因为这样做不但浪费时间，而且很容易使听众丧失兴趣与耐性，认为陈述人在照本宣科，对策划书的内容不太熟悉。

（2）手的动作。说话时辅之以相应的手的动作，将会增加说服力，但要注意动作一定要自然，过多的动作有时反而会起反作用。

（3）表情及站立姿势。报告者首先要自信、沉着冷静、表情温和，要与说话的内容相配合，切勿表情呆滞。建议演讲前做个眼部体操，可以帮助表情放松。

同时，在陈述方案时最好站立进行，站姿要舒展，不要东摇西晃。以代理大企业广告而闻名的普兰尼曾经这样说过："报告者绝对应该以站立方式来进行。一旦以此方式进行，他仿佛变成了教师，而参加者俨然成了学生，这点对说服相当有利。"反之，如果报告者采用坐着的方式进行，对方的注意力可能会一直落在报告者的身上，这无形中会给报告者增加压力，给说服带来不利的影响。

此外，报告者要注意必要的身体移动，要保持面对听众，不要背对对方说话。

（4）着装要求。策划方案提案会是一个正式的场合，因而，报告者一般要穿正式套装，着装整体上要大方、端正，给人以信赖感。

3. 回答问题的技巧

在提案过程中，免不了要接受客户或上司的提问。提案人员对每一句话都要负责任，都有可能被视为一种承诺。因此，提案水平的高低还取决于回答问题的技巧和水平。一般情况下，提案人应针对客户提出的问题实事求是地回答。但客户往往提出一些他们认真思考、精心设计之后才提出来的千奇百怪的问题，如果对所有的问题都正面地提供答案，并不一定是最好的策略。回答问题时要注意如下技巧：

（1）回答问题之前，要给自己留有思考的时间。在回答问题时，不是速度越快越好，经验告诉我们，在客户提出问题之后，提案人可以通过喝水、调整坐姿、整理桌上资料、翻一翻笔记本等动作来延缓时间，考虑一下客户提出的问题。这样既显得自然得体，又可消除客户的疑虑。

（2）针对提问者的真实心理做出答复。客户提问的目的往往是多样的，动机也往往是复杂的，如果在没有弄清楚客户动机之前，就按常规来回答，效果往往不佳。

（3）逃避问题的方法是避正答偏，顾左右而言他。有时客户提出的某个问题，提案人可能很难直接从正面回答，但又不能拒绝回答。这时，提案人可以采取避正答偏的办法，即在回答问题时，故意避开问题的实质，将话题引向歧路，借以破解客户的进攻。

（4）对不知道的问题不要回答。提案人并非全知全能，尽管提案人准备得非常充分，也经常会遇到难解的问题，这时，提案人切不可为了维护自己的面子而强作答复，这样有可能损害自己或公司的利益。经验告诉我们，对不懂的问题，应坦率地告诉不能回答，或告知客户暂时不能回答，需要进一步研究后才能回答。

（5）以问代答。以问代答用来应付那些一时难以回答或不想回答的问题。

有时可以采取推卸责任的办法。提案人面对毫无准备的问题，往往不知所措，或者即使能够回答，但鉴于某种原因而不愿回答。对这类问题通常可以如此回答："对这个问题，我虽没有调查过，但曾听说过"或"某某先生的问题提得很好，我曾经在某一份资料上看过有关这一问题的记载，就记忆所及，大概是……"

（二）提高提案的成功率①

策划一经提出，就应以获得采用为目标，这才是一个策划人员正确的态度。那么，怎样提高成功率呢？

1. 事先要做充分练习

策划人员应该在策划书提出之前，做好充分的准备。其中一个较好的做法是"模拟问答"，事先设想别人可能会提出质询或讨论的问题，把它们列出并草拟答案。

经过这种模拟练习后，你本身没有觉察到的，或被疏忽掉的问题，或难以说明的事项、计算错误、内容矛盾等等，都可以趁这个机会找出来。

如果是多人组成一个小组来准备策划书时，可以把小组的人分开，一部分当质问者，一部分当回答者，彻底地进行各项回答。如果在这个模拟评审会都无法说服对方，那么在真正的评审会上被否认的可能性就很大，需对这些问题的症结进行全面的再思考和修正。

2. 这也是营销

曾经有一位管理策划人员发牢骚说："我们公司的领导什么也不懂，真是烦死人。好不容易才完成的策划书，他连看都不看，对我们的设想也不加以了解，每一次开口就问：'喂，你这培训要花多少钱？'真是气死人啦！"

事实上，这是很寻常的事，在每一家公司里都会碰到。你除了发火之外，还应该想到和承认：一个无法说服领导的策划，肯定在什么地方存在着缺陷。你不能要求领导怎么样，而只能去适应他。

就好像你公司的产品，如果顾客不感兴趣，你显然不能命令顾客来买，而只能另动脑筋。

---

① 资料来源 佚名．策划书的提案［EB/OL］．http：//source. globrand. com，有修改．

提出一个策划与销售产品十分相像，领导就是你的顾客，而策划就是你的产品。既然如此，你就应该运用你所学过的全部营销手段，来使你的产品成功。

3. 充满自信的态度

在汇报现场，你的态度、应对方式，对于策划能否得到采用具有决定性的影响。

下面是一些提示：

●你要对自己的策划充满自信，而这项自信要能表现在态度和应对上。

如果有人质问："你未将某某因素考虑进去。"这时，你千万不可闪烁其词，或无言以对，应该充满自信斩钉截铁地说："不错，您这种看法很有道理。不过这个策划的主要目的是这样的，而且是在这种条件下所拟定的。对于您的看法，我们下次一定把它考虑进去。"你如果能在模拟问答时多加练习，肯定大有帮助。

●对于反对意见不要正面反驳，而演变成感情上的争议。

这时，你要用沉着的态度去应对，所以在说话技巧上要避免使用直接否定语，如"不，这是错误的"，或"不，绝对不会有这种事情"，而应该说："您这种看法的确很对，不过在本策划里，关于这一点是因为……所以我认为不是很重要的，因此就把它省略了。"也就是说，你要学会用肯定的语气来讨论。

4. 把握住决策人员的水准

在提出策划时，有一件事情是绝对不能忽略的，这就是要把握好决策者的理论水准，然后有的放矢。

有一家公司，在提出全面培训的策划后，由于全体人员都是大学以上学历，而且具有很强的数学能力，因此在策划书上使用的说明，动不动就是数字，而且还有很多复杂的图表。小组的人认为这是很容易理解的，可是那些听的人当中，有一大半人都讨厌复杂的数字，因为他们不具备这方面的能力。

比如说，对数图是一个很典型的例子，我们知道它在说明问题的本质上是很有用的，但对领导们来说，他们可能连对数是什么都不知道，或者早已忘了。这样，一个对策划的说明会，往往演变成初级数学课，效果自然可想而知。

在这种情况下，如果你能事先了解决策者，就不会产生这种令人尴尬的事情了。你只要运用相当的方式，就能很好地引起他们的共鸣。

5. 消除评审人员的敌意

要使策划得到承认与采纳，很重要的一个技巧是"化敌为友"。

将决策人员纳入我们的工作阵营，让他们以某种方式参与计划的拟订，让他们也提出自己的意见，而且要把它运用在策划之中。这么一来，他们就会赞成这项策划，至少不便反对了。

如果不能把决策者正式加入，则应在开始之时，就很有礼貌地数次造访决策者，把策划的意图向他们说明，并征求他们的意见。在策划过程中，也要向他们表明自己的想法，请求他们给予建议。然后把这些意见和建议纳入策划之中，有必要的话，可引用他们的原话。在策划完成以后，就可以拿着该策划书前去拜访他们，并向他们致谢说："您的建议我们已经引用在策划里，使得这项策划能够圆满完成，真感谢您！"这样，他们就变成我们的伙伴了。

有些策划人员采用更为巧妙的方式。他首先做好一个策划，内容都是一些对方讨厌或可能反对的东西，然后去拜访他们。当然，往往遭到一堆批评。为了使效果更好，他还装成坚决维护自己的策划的样子，同对方辩论。等到争辩得差不多了，就主动承认错误，再把对方的意见统统纳入自己的策划书中，并再度拜访他。这样，对方连欢迎都来不及，根本就不会反对了。

6. 尽可能利用工具

为了将策划顺利地向决策层推销，必须制作各种用来说明及说服的工具。如果你单单将策划书提出，用口头来说服，通常效果不会很好。

一般最常用的工具是简报和电脑，还可用录像等手段。简报的内容可以是图画、图表、文字等，这些都是很直观、很具体的东西。现在应用电脑的情况越来越多，利用一些专门用来做演示的软件，如 PowerPoint，可起到相当好的效果。

7. 对待否定与批评的技巧

当你提出策划时，如果能事先慎重地进行模拟问答、事先协调、拉拢伙伴等工作，顺利通过的可能性就很大。但实际上，在汇报现场，最使策划人员头痛的并不是质问，而是否定语。如“不管怎样都没法拨出这项预算”，或“这不适合我们公司的实际情况”，“这样得不偿失”。这样的意见随时都会出现，策划人员就难免动起肝火而意气用事。像这样的否定语和故意刁难足以浇灭年轻人的满腔热忱，以及许多对公司有利的新创见、新构想。

对此，策划人员应事先有充分的准备，并通过详细的解释来获得认同。一种较好的技巧是“先发制人”，即自己主动提出这些疑惑，然后证据充足地加以分析，使这些反对和否定意见根本说不出口，从而达到目的。

你可能会说：明明是同一家公司，而且完全是为了公司共同的利益，还要这么麻烦去考虑这么多似乎无关的东西，实在是太滑稽、太浪费时间了。当然，如果只有通过这些手段才能使策划得以通过的话，这个公司本身在本质上一定有某些问题。但你也要明白两点：

- 你的公司根本不是十全十美的；
- 你的上司根本不是十全十美的。

因此，采用这些方法是必要的，而且一点也不庸俗。

此外，你要有坚持到底的决心。如果在遭到一两次否定后就死心了，然后到处乱发牢骚，你就十分危险了，因为这些话终会传到决策者的耳朵里。

有位公司经理说，他对策划一定先退回一两次再说，如果退回之后，就不再提出，那么就可以判断策划人员没有自信，也没有坚持到底的决心。这种策划对经营者来说，就是毫无魅力的，只有积极卷土重来的才是真正的策划。

当然，我们反对这种颇有风险的做法，但是你作为策划人员和具体实施人员，充满自信、不怕否定、再接再厉是必要的素质。

二、操作流程

策划书的提案过程主要包括提案前的准备工作和正式提案，如图 8–2 所示。所谓的准备工作是指策划书完成后和正式提案前这一段时间所需进行的工作。

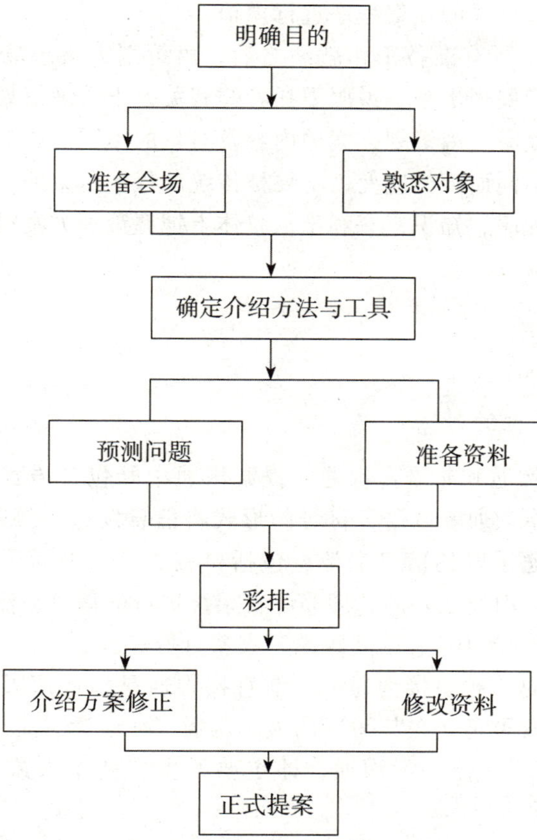

图 8-2 提案的程序

(1) 明确目的。首先要明确策划方案提案的目的是什么。一般而言，提案的目的是让策划书的听众了解策划书的主要观点，说服对方接受策划方案并将方案付诸实施。因此，策划书的介绍都要以此为中心而展开有关的准备工作。

(2) 准备会场。确定会场的大小及会场布置，准备所需要的设备、工具，选定礼仪小姐。

(3) 熟悉对象。要对介绍对象的知识水平、人员构成等进行了解。一般而言，介绍策划书的对象为自己的企业领导、部门领导或者策划委托者，策划者与他们是利害共存、谋求共赢的伙伴关系。要了解赞成派、反对派有可能是谁。

(4) 确定介绍方法与工具。要明确在提案时应用什么样的视觉工具和方法介绍策划书的各部分内容。要在有限的时间内使策划书的内容很清晰地表达出来，必须使用投影机、幻灯片、挂图、模型、样品展示、黑板等视觉化工具。

(5) 预测问题，准备资料。如果说，在策划书写作中最主要是表达"How"，即"如何做"。那么在策划案提案时一方面要解说"怎么做"，同时还要解释"Why"，即"为什么要这样做"。因而要为策划书中的主要观点和策略提供有关的证据资料。在准备中要预测可能的问题，并要为这些问题提供充分的证据、数据资料。

（6）彩排。在正式提案前可以模拟演练，提前发现准备工作的漏洞和不足。在彩排中一定要按照正式的提案程序进行模拟。

（7）正式提案。所有准备工作就绪之后，由策划人员现场陈述、解说和演示，将策划书的内容展现出来，说服委托者等有关人士采纳策划方案。需要注意的是，策划方案的提案要因策划方案的内容及对象的不同而相应地调整。策划人要根据具体情况的不同而随机应变，不要被传统的程序所束缚。策划人熟悉的策划方案提案的一般程序、知识，有利于从整体上把握策划方案提案工作以及检查可能出现的偏差。

三、知识拓展

（一）提案沟通的特点

（1）包含语言沟通和非语言沟通。提案沟通中既包含语言沟通，也包括非语言沟通。前者是指沟通者以语言符号的形式将信息发送给接收者的沟通行为。是以自然语言为沟通手段的信息交流，包括口头语言、书面语言、图片或者图形。后者是指用语言沟通之外的，即非语言系统进行的信息交流，包括形体语言（目光、表情、手势、动作）、空间距离、衣着打扮等。

（2）提案沟通是一种直接沟通。所谓直接沟通是指运用人类自身固有的手段，无需沟通媒介做居间（在其间）的人际沟通。如谈话、演讲、上课等。

（3）提案沟通是一种人际沟通，即主要发生在两个人或两个组织之间的沟通。

（4）提案沟通是一种双向沟通，即双向信息流动的人际沟通。

（5）提案沟通可能是内部沟通也可能是外部沟通。内部沟通是指属于同一个组织内部的人员之间的沟通；外部沟通是指不属于同一个组织的人员之间的沟通，沟通过程中通常十分注意礼仪。

（6）提案沟通是一种正式沟通。它是通过正式的组织程序，按照组织结构进行的信息沟通，这种沟通的媒介物和线路都是事先安排的。

（二）沟通的内容

一个成功的沟通其基本内容要包括（5W1H）。

（1）why：为什么进行沟通，也就是沟通的目标、目的。

（2）who：与谁进行沟通，也就是沟通的对象，在沟通中要明确谁是你的沟通对象，要先引起沟通对象的注意。此外，还要了解沟通对象的观念、需要和情绪。

（3）what：确定沟通内容、沟通的主题。

（4）when：何时进行沟通，要非常注意沟通的时间 。

（5）where：何处进行沟通，要注意沟通的场合，也就是要选择好提案的地点。

（6）how：选择有效的沟通手段。这是沟通中最复杂、最困难的要素。

（三）沟通中要注意的问题

（1）认真的态度。包括认真地倾听、认真地体验并感受，关键是设身处地地替对方设想，了解对方的看法、感受。在沟通过程中不让对方讲话、打断对方的谈话、不耐烦、轻视对方问题、只想说服对方等都是错误的。

（2）倾听。在人际沟通中，有时听比说更重要，要正确理解别人，必须先听懂对方，要听懂则必须专注地听，不随便打断对方的谈话，并不时用言语或非言语的方式给对方简短的回应，不明白时要礼貌地询问对方真正的意思以免曲解别人的意思。

专注的倾听能使对方感到自己的重要，能鼓励对方表达自己的想法，能促进真诚的沟通，产生良好的沟通效果。

（3）尊重。尊重对方的优点与长处，也尊重对方对自己的不同意见。

（4）接纳对方的观点。认同是接纳的基础，是一种基本的沟通技巧，在沟通中寻找共同的话题，接纳对方的某种看法。

（5）客观。客观是指我们在交流过程中，能够跳出自己的视野，站在对方、第三人、第四人的角度想想。在策划与提案过程中，客观的立场十分重要。

（6）赞美与感激。渴望得到别人的赞美，是人的心理需求；感激是一种回报，感激会让对方感到你懂得尊重他人，形成良性互动。我们应该在提案过程中对客户给予的提案机会和在提案中提出的问题与修改意见表示感谢。

（7）幽默。幽默是一种良好的心理素质和出色的语言艺术，也是一种机智的应变能力，特别是在尴尬的场合中它是一种润滑剂。在人际交往中，幽默的言行往往会激发别人对你产生兴趣，还可以启发自己和别人的智慧。

（四）沟通中的障碍

（1）发送者对信息表达的障碍。在沟通中要注意沟通对象的文化水平、理解能力与专业素养。专业术语的使用有助于专业人士快速而准确地进行信息交流，但对于一般的决策者而言则容易理解了。

（2）信息传递的障碍。如在沟通过程中出现外部因素的干扰造成沟通中断。

（3）接收者对信息理解的障碍。中国语言文字丰富，但也容易让人产生歧义，因而在团购过程中最好不要用模棱两可、一词多义的词语。

四、综合案例

这是一份瑞狮广告关于“联通 STK 服务市场推广策略”提案（幻灯片格式，见表 8-1）的内容。表 8-1 中的一格就是一张幻灯片。

表 8-1　　“联通 STK 服务市场推广策略”提案

联通 STK 服务市场推广策略
提案纲要 市场背景分析 策略性思考

续表

策略阐述 策略建议
◆ 市场背景分析 1. 联通为什么要提供 STK 服务 2. 目前竞争对手在哪里 3. 消费者分析 4. 消费者需要的移动资讯管理方案
市场背景分析——联通为什么要提供 STK 服务 • 整个行业竞争开始由硬件转向软件（主要是服务部分） • 与移动在价格上没有明显差异，不构成消费者主要的入网因素，需要提供增值服务，增加使消费者意见偏移的机会 • 联通与移动相比较，在通话质量、使用区域等方面口碑欠佳，如没有继续增加其他的利益点，将造成老用户的遗失 • 迎合消费者期望随时掌握资讯及更加方便管理资讯的要求
市场背景分析——目前竞争对手在哪里 最大的竞争对手：中国移动 它们已经： • 在去年开通 W@P 服务 • 在去年开通手机“信息点播”服务 • 在全国范围内开始推广“STK”服务
市场背景分析——消费者分析 • 消费者属性 • 消费者可供选择的移动资讯解决方案是什么 • 消费者需要的移动资讯解决方案是什么
市场分析——消费者需要的移动资讯管理方案 • 价廉的 • 方便的 • 及时的/准确的 • 符合“我自己的” • 全面的/多样的
◆ 策略性思考
1. 策略性分析 • “STK”将成为网络运营商提供的增值项目上的基本服务 • 首先需要让消费者知道/或者再一次知道什么是“STK” • 仅仅知道了什么是“STK”是不够的，因为……所以…… • 还要知道什么是联通的“STK”
• 消费者在购买同一类功能的服务（产品）的前提下，了解不同网络运营商在此项服务（产品）上的差异和了解服务（产品）本身也非常重要

续表

2. 差异可能来自以下几个方面： • 品牌的力量 • 性能价格的差异 • 不同的传播结果 • 不是单独的，是整合的，而且是可以根据市场的背景主动去设定、塑造的
3. 究竟什么是“联通的 STK”？ 回答这个问题，意味着： 必须先回答“什么是联通”
STK 是联通服务的一个部分 一方面它具备自身的特性 另一方面它与联通又是相继承的、紧密联系的
联通是： • 年轻化的 • 具备发展潜力的 • 有亲和力的 • 新的 • 灵活的 • 有竞争力的 这将成为“STK”在推广上首先具备的一些“气质”
STK 是： • 内容丰富的 • 兼容性好的 • 快捷的 • 生活化的 • 个人化的 • 价格低廉的
联通的 STK 是： 一种性价比更高的移动资讯管理方案，在此方案中，它提供的资讯管理服务价格更加低廉（与 W@ P 相比），无需支付相对昂贵的终端费用及使用费用，即可享受移动中的资讯管理 与其他运营商相比，联通的 STK 更应该具备年轻化、人性化、灵活迅速的特点
4. 如何看待目前急需开展的广告？ 需要的只是一个广告，还是…… 一次公关活动
5. 我们准备传播什么概念？ “第一”的概念 功能上的诉求点： • 强调由 STK 功能所带来的利益点（移动账户管理、资讯查询……） • 强调使用了 STK 功能的运营商才是增消费者的值、增手机的值 感性上的诉求点： • 更新的、更自由的、更方便的 • 我得到的将会更多

续表

◈ 策略阐述
表现手段 • 目前STK在大部分消费者心目中，无论是服务内容还是具体作用均尚未建立清晰的概念 • 在这个背景下，我们建议为STK服务赋予人性化的形象，如设计卡通化的代言人，将被动等待查询的信息平台塑造为主动提供全面资讯的万事通，同时形象代言人也有利于统一NP、TV、POP、OUTDOOR的风格，达到让消费者看到卡通形象即联想到联通STK服务的目的
◈ 策略建议 常规的NP和TV，提醒注意/资讯告知 • 常规的POP，介绍STK服务的各种利益点 • Sales Promotion/促销 特殊渠道推广 • PR：回馈活动告知/STK服务内容告知 • OUTDOOR/户外
常规POP POP的形式采用海报、折页、宣传手册、挂旗、挂彩、立牌等形式 • 海报建议按照服务内容分为不同主题，或以其中占主导地位的服务内容为主，以向消费者阐明服务的利益点为诉求 • 折页、宣传手册以详细告知服务内容及操作方法为目的 • 挂旗、挂彩、立牌则以卡通形象为主要元素，以强化消费者的关联性记忆为目的 Sales Promotion • 由于同时会告知联通用户超百万，我们建议推广期间推出免费赠STK卡回馈活动：活动期间每天前200名来到联通营业厅的联通用户及所有新入联通网的消费者均赠送STK卡 • 与移动电话商联合促销，推出购手机赠STK卡活动，以此扩展客户群 • 推出入网抽奖活动，每周为一周期，期间入网的客户即可参与抽奖，被抽中手机号码的机主即可获赠500～1 000分钟通话费
Public Relation • 召开新闻发布会 • 分阶段在报纸上投放软性文章 （1）联通用户超百万“STK”免费回馈活动 （2）分别告知各项服务的详细内容及使用方法 （3）以读者投稿或专家撰写的形式阐述STK各种功能给实际生活带来的各种方便
Outdoor • STK服务的推广是一项持续性的工作 • 若没有相对长期的媒体支持，活动结束之后，宣传的效果容易被竞争对手的同类活动所淡化 • 代言形象亦需较为长期的持续宣传方能深入人心 • STK服务本身也是联通大品牌完善的一部分，可结合品牌推广的工作进行 • 综上所述，户外媒体的投放是必要的，可延长推广的时间并有效扩大告知的受众群

续表

特殊渠道推广 • 资讯广播：制作发放雨衣，后背印绘广告语：我使用联通 STK，所以知道今天会下雨 • 证券交易：与证券公司合作，在交易厅设置展示画面：拥有联通 STK，不在营业厅，也可即时交易 • 移动银行：与银行合作，在 ATM 机的屏幕画面或外置灯箱设置画面：何必东奔西走，拥有联通 STK，即可随时随地管理个人账户
我们要事半功倍，而非事倍功半！
谢谢在座各位的聆听！
瑞狮广告

资料来源　http：//www. yuanmiao. com，内容有增删．

案例评析：这是一份比较优秀的提案。从文案的内容看，具有很强的逻辑性，符合听众对事物的接受心理，同时通过设问的方式，一方面提醒听众，另一方面引导听众思考，让听众在不知不觉中趋向与提案人的相同思路，从而容易接受方案；从形式上看，幻灯片清晰简洁，并配以恰当的图画、图形（在 PPT 中有），让人产生赏心悦目的感觉。最后用一句启发性的话，表达本次策划的最终目的，并不忘对提案的听众表示感谢！

五、思考练习

1. 请简述策划方案提案的程序。
2. 策划方案提案有哪些技巧？

六、实战训练

1. 实训项目

策划方案提案会情景模拟。

2. 实训目的

通过提案模拟，让学生掌握提案的流程及提案技巧；掌握提案人员的仪态、仪表要求；锻炼学生的口头表达能力。

3. 实训内容

（1）以改写好的“雪莲红花补酒营销策划书”为蓝本制作提案 PPT；（2）进行现场提案，并接受质询。

4. 实训组织

（1）以小组为单位，5 人一组；（2）各小组分别扮演“策划单位”和“委托单位”，注意保证每一小组在本次模拟中都能扮演两种角色；（3）各“委托单位”要设计一些难题故意刁难“策划单位”，以考察“策划单位”的反应；（4）在接受提问时，提案小组每个人都要有机会发言。

5. 实训考核

（1）改写的策划书是否规范、准确；（2）提案 PPT 的制作水平；（3）提案人的仪态、仪表、口头表达能力等；小组成员对问题的回答水平。模拟结束，由教师逐一点评，并为每个小组评定分数。

项目九　营销策划方案执行

学习目标

基本知识目标：掌握方案实施的技能要求和提升执行力的方法。

岗位能力目标：具有良好的执行力。

综合素养目标：掌握方案实施与控制的方法，具有良好的方案执行能力，能预见方案执行中可能出现的问题。

导入案例

魏文王问名医扁鹊说：“你们家兄弟三人，都精于医术，到底哪一位最好呢？”

扁鹊答说：“长兄最好，中兄次之，我最差。”

文王再问：“那么为什么你最出名呢？”

扁鹊答说：“我长兄治病，是治病于疾病发作之前。由于一般人不知道他事先能铲除病因，所以他的名气无法传出去；只有我们家的人才知道。我中兄治病，是治病于疾病初起之时。一般人以为他只能治轻微的小病，所以他的名气只及于本乡里。而我扁鹊治病，是治病于病情严重之时。一般人都看到我在经脉上穿针管来放血、在皮肤上敷药等大手术，所以以为我的医术高明，名气因此响遍全国。”

文王说：“你说得好极了。”

事后控制不如事中控制，事中控制不如事前控制，可惜大多数的事业经营者均未能体认到这一点，等到错误的决策造成了重大的损失才寻求弥补，有时是亡羊补牢，为时已晚。

讨论与思考：在策划方案实施中，如何提高执行力？

一、专业知识

（一）好的策划必须有好的执行

所谓营销方案实施，是指企业将营销策划方案转为具体的营销活动以实现营销策划方案中所制定的目标的过程。一个好的营销策划方案诞生了，不等于营销问题就得到了解决，如果方案得不到正确的执行，是不会有成效的，因此必须充分重视营销方案的执行。

如何提升执行力呢？

（1）成立相应的方案执行机构。营销策划方案要靠人去实施，因此在实施前要组建有效的执行机构，将责任落实到个人，并且要确定每个职位的职权范围、职责及其关系，以便各司其职、各负其责，高效运作。

（2）拟订行动方案。行动方案具体包括营销策划方案的实施计划和保证方案实施的制度和政策。实施方案的拟订要详细具体，明确关键性决策和任务，运用目标管理法，把营销策划目标层层分解，落实到每一个执行单位和个人。行动方案必须是行动的具体步骤，各步骤的任务和执行的方法，以及完成这些任务的先后顺序、时间进度和资源安排等。

（3）实施前充分沟通。要确保有关营销策划方案的各项内容为参与实施人员充分接受和彻底了解。如果方案执行人员对方案理解不透彻或出现了误差，就会影响到方案的执行。一个没有接受过良好培训的方案执行人员也是不能做出出色成果的，这样不但不可能很好地执行方案，还有可能使方案的执行严重走样，影响到营销问题的有效解决。因此，方案的良好执行必须对执行人员进行培训，让他们具备执行方案的素质和技能。同时必须让他们充分接受和了解方案的全貌和具体细节，了解方案的关键之处和具体的注意事项。

（4）建立有效的奖惩激励制度和有效的监督机制。大多数人是需要激励才会努力工作的，缺乏有效的奖惩激励制度，方案的执行人员就看不到自己努力工作的回报，这样就会严重挫伤他们的工作积极性。因此必须建立相应的奖惩激励制度，调动员工的积极性，使其潜在的能力充分地发挥出来。此外，还必须建立有效的监督机制和重要工作报告制度，以便随时了解方案实施的进展情况，及时调整行动。

（二）方案实施的技能要求

营销策划方案的实施最重要的是执行力，提高营销人员执行力，就是要提高营销运作的四项执行技能，即分配、监控、组织和关系技能。

1. 分配技能

分配技能是指营销管理者根据营销任务，分配时间、资源和人员的能力，其中一个重要环节，是为自己的下属员工或部门设立实施与完成任务的时间表。这一方面可以提高员工或部门经理的责任心，另一方面可以让员工或各部门对自己的任务做到心中有数。

2. 监控技能

监控就是在任务落实后，营销管理者要经常过问和监督，以便每一个员工或部门都能按时完成自己的任务。另外，出现问题时，还要帮助解决。

3. 组织技能

组织技能是指营销管理者通过建立组织机构和协调机制，使营销策划方案得以顺利实施的能力。组织有正式组织和非正式组织之分。需要注意的是，管理人员要充分认识非正式组织的地位和作用，使非正式组织与正式组织互相配合，促进营销策划方案的顺利实施。

4. 关系技能

关系技能是指借助于他人的关系力量来完成自己工作的能力。营销管理者不仅要做到组织员工去有效实施营销方案，而且要有较强的社交能力，能充分利用外部的关系力量，为实施营销方案、达成目标提供帮助。

（三）营销策划实施中应预防的问题

营销策划方案并不是总能够实施并完成，很多因素会阻碍营销策划方案的实施。企业市场营销方案执行中要注意预防如下问题发生：

1. 计划脱离实际

营销策划人员在策划时，没有从客观实际出发，从而使制订出的营销方案不可行，脱离实际，如设定的目标偏高，不可能实现；或者方案的前提条件脱离企业的实际，使制订出来的方案失去客观基础；或者长期计划与短期计划相脱节等。如果发生这种情况，必须对方案本身进行调整。

2. 营销执行技能差

由于企业内部的信息沟通存在问题，或者由于企业人员的素质差，或由于人员的积极性没有得到充分的发挥，都会使方案不能得到有效的执行。

3. 企业各层次的管理人员责任不明确

在营销方案执行过程中，企业内部各层次的管理人员担负着不同的责任。如果责任不明确，往往会导致方案执行混乱。

4. 缺乏系统、具体的实施方案

大量的事实证明，许多营销实施方案的失败，往往是因为没有制订出明确而具体的实施方案。企业高层和营销人员对营销活动进行策划和管理时，不应抱有"侥幸"心理，而应根据策划方案的要求和企业的实际情况制订出详细具体的实施方案，并把任务落实到各职能机构和人员，责任明确、各司其职、相互配合，并按编制的营销活动时间进度表进行工作。只有这样，营销策划方案的实施才能顺利进行。

二、操作流程

在营销策划的实施过程中，时间进度的控制是相当关键的一环，它直接影响着策划实施是否按期完成，并最终影响着策划的效果。因而，营销策划者必须掌握一些常用的进度计划技术。

进度计划是表明各项工作的开展顺序、开展和完成时间及相互衔接关系的计划。营销活动的策划与实施是一项涉及方方面面的大型活动，在运作过程中有大量细致的工作，而且每项工作相互交叉，只有对每项工作开始时间、需要的时间以及完成时间作出详细的规划，策划与实施工作才能顺利进行。同时，策划方案的实施时间都有严格的规定，不可更改，因此要严格制订进度计划，以控制各项工作进度。

进度计划的编制大体包括以下几个步骤：策划项目总体工作描述；策划项目分解；工作责任分配表制定；工作先后关系确定；工作时间估计；进度安排。

1. 描述策划项目总体工作

首先要了解策划活动的总体工作，把需要进行的各项活动通过文字或表格的方式描述出来。策划项目描述是描绘工作分解图的依据。

2. 策划项目分解

为了制订完善的进度计划，明确各分项工作的内容，进行工作排序，有效控制项目进度，必须把复杂的策划项目逐步分解成一层一层的工作要素，直到具体明确为止。

（1）工作分解结构（WBS）。

工作分解是将整个策划项目分解成便于管理的具体活动。如策划活动的基本工作可分解为前期准备工作、资料工作、方案构思、方案评估、方案实施工作。前期准备工作又可以分解为制订工作计划目标、确定策划预算和策划分工等。所要做的各项工作有的必须按照顺序进行，如只有确定了初步的策划目标才能确定市场资料的收集，进行创作。有的工作则可同时进行，如广告的发布和经销商的选择是可以同时进行的。工作分解结构是把一个项目分解为由任务、子任务、工作包等构成的等级式结构。工作分解结构图是将项目的各项工作及内容确定下来，最后以表格的形式列出，形成一个工作列表或图。

（2）工作分解结构的步骤。

①确定项目的主要组成部分，也就是要确定实现整个策划活动需要完成的主要工作。

②分解策划项目各项工作。这一步骤要解决的问题是“为了完成上述各组成部分，需要做哪些更具体的工作”。

③画出相应的树状图。

④对每个子项目进行描述，并确定每个子项目所需的时间。

⑤检验工作分解的正确性，检查是否存在某些任务还没有划分成更细的任务，是否有的任务没有必要为其分配独立的人员和其他资源。如果存在这样的情况，还要对所做的项目分解结构作进一步修改。

（3）WBS 工作编码。

WBS 工作编码就是为项目工作分解图中的每一项工作确定一个编码。编码可以采用多位数字，具体采用多少位数字要视项目的复杂程度而定。一般而言，项目越复杂，采用的编码位数越多。图 9-1 是一个策划项目的 WBS 工作编码范例。

3. 工作描述及责任分配

为了更明确地描述各项工作的具体内容和要求，在对策划项目进行分解的基础上，还需要对工作进行描述，并将所分解的工作落实到有关部门或个人，明确有关部门或个人对各项工作的关系、责任和地位，见表 9-1。

表 9-1 **责任分配表**

WBS 编码		任务名称	策划部	调研部	公关部	营销部	生产部	财务会计部	综合协调部
1100	1110	明确策划目的	▲	◆	◆	◆	◆		●
	1120	策划分工	▲	◆	◆	◆		●	●
	1130	拟定策划进程		▲		◆	◆		●
…	…	…							
1200	1210	界定问题	▲	◆	◆	◆	◆		●
	1220	确定策划目标			▲				●
	1230	调研与分析			▲				●
…	…	…							

注：▲负责 ◆参与●监督。

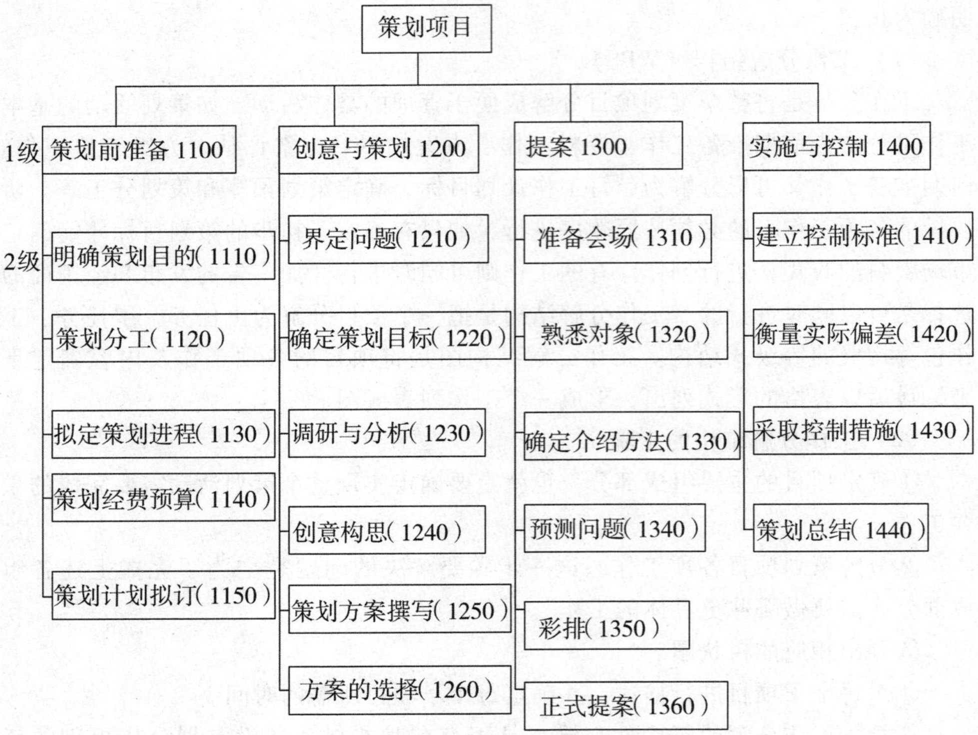

图 9-1　策划项目 WBS 工作编码范例

责任分配表的表现形式有多种，但它的基本格式都是表格或矩阵。纵项用 WBS 编码表明分解后的各项任务，横项则列出项目组的各部门或各负责人员，在横项与纵项相交的空格内用图例符号表示任务和各部门或各成员之间的关系。

表 9-1 只是一个例子，用来说明责任分配表的编制，在实际工作中不能简单套用，因为不同的策划项目的任务、组织机构及职能分工是不同的，要视具体情况而定。

4. 确定工作先后顺序

策划活动有先后之分，每项工作都只有在具备一定的前提条件下才能进行，而这些条件往往是另外一项工作提供或者创造的，因而它只能在另外一项工作完成之后才能开始。当然在策划项目中，也有很多工作是同时进行的，具有一定的交叉关系，这使得策划活动各项任务的排序工作显得相对复杂。确定活动顺序的方法有节点网络图法和箭线图法。

（1）节点网络图法。

节点网络图法（activity on node，AON），也叫顺序图法（precedence diagramming method，PDM），它用单个节点表示一项活动，用节点之间的箭线表示项目活动之间的相互关系，如图 9-2 所示。

在用节点表示活动的网络图中，每项活动由一个方框或者圆框表示，对项目活动的描述（命名）一般直接写在框内，每项活动只能用一个方框或圆框表示，在使用项目活动编号时，每个框只能有一个活动项目编号；项目活动之间的关系用箭线表示。在设计工作中要注意分析各项工作的先后顺序。

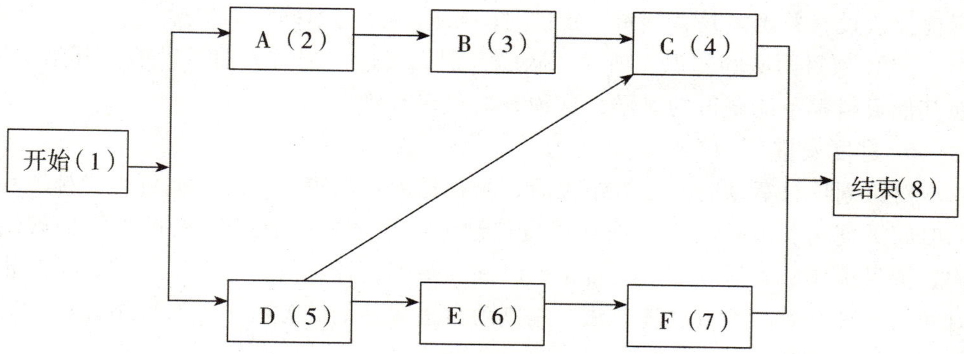

图 9-2　用节点网络图法绘制的项目网络图

(2) 箭线图法。

这也是一种描述项目活动顺序网络图的方法。这一方法用箭线代表活动，用节点代表活动之间的联系和相互依赖关系，如图 9-3 所示。

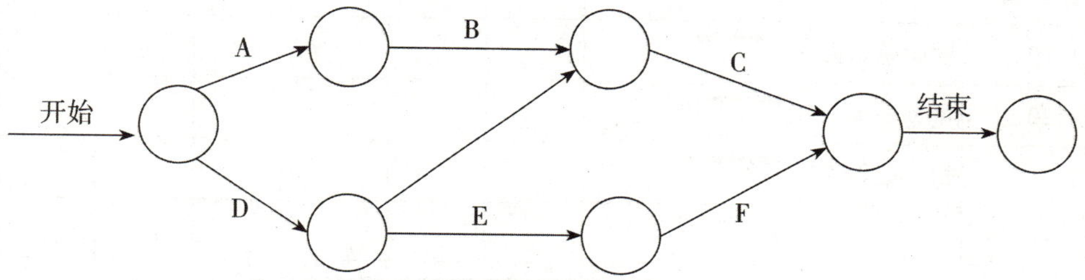

图 9-3　用箭线图法绘制的项目网络图

在策划项目中，很多任务之间并没有严格的先后顺序，用节点网络图法或箭线图法所表示的项目网络图不可能很清晰。在每一阶段中的各个任务之间并没有清晰的界限，许多工作是同时交叉进行的，在实际策划运作中要特别注意这一点。

5. 活动工期估算

这项工作要估计各项活动所需要的时间，它必须由最熟悉具体活动内容和性质的人员来完成。因为经验在这项活动中非常重要，决定着估算的准确程度。活动工期估算主要建立在以下几方面资料的基础上：

(1) 资源的数量和质量。大多数活动所需时间由相关资源的数量和质量所决定。如分配给某项工作的人数越多，那么该项工作所需的时间就越短；从事某项工作的人员的素质越高，所需时间就越少。

(2) 历史信息。其他组织或者与这个策划项目有关的组织也许保留有先前策划活动结果的记录，而这些记录应该说是非常详细的，有助于未来项目的工期估计。

(3) 策划工作的约束条件和假设前提。在策划方案实施的过程中总会有种种条件限制，如资金限制、时间限制和工作质量限制等，这些都可能影响到时间的规划。另外，在策划方案实施的过程中，还会遇到很多不确定的因素，如促销活动中可能出现的不利天气状况等，我们必须对这些不确定性的因素作出估算或者前提假设，并确定是否预留一定的时间来应对这些不确定的情况。

（4）项目团队的知识。项目团队的个别成员也许记得先前活动的实际情况。在其他资料都不能获得的时候，这种方法也许有效。

6. 进度安排

对策划项目活动时间估算结束后，再根据项目的逻辑关系，就可以安排项目的时间进度了。项目进度安排是项目控制的重要依据，它是以项目工作分解结构、项目工作的先后顺序、项目工作时间为依据，详细安排每项工作的起始终止时间的一种有效的项目管理办法。编制项目进度计划的方法主要有以下几种：

（1）甘特图。

甘特图也叫横道图，它是1900年由亨利·甘特发明的，用于展示项目进度或者定义完成目标所需要的具体工作的最普遍方式。甘特图通常包括：活动项目、活动日期、进度期限和每天的进展，如图9-4所示。

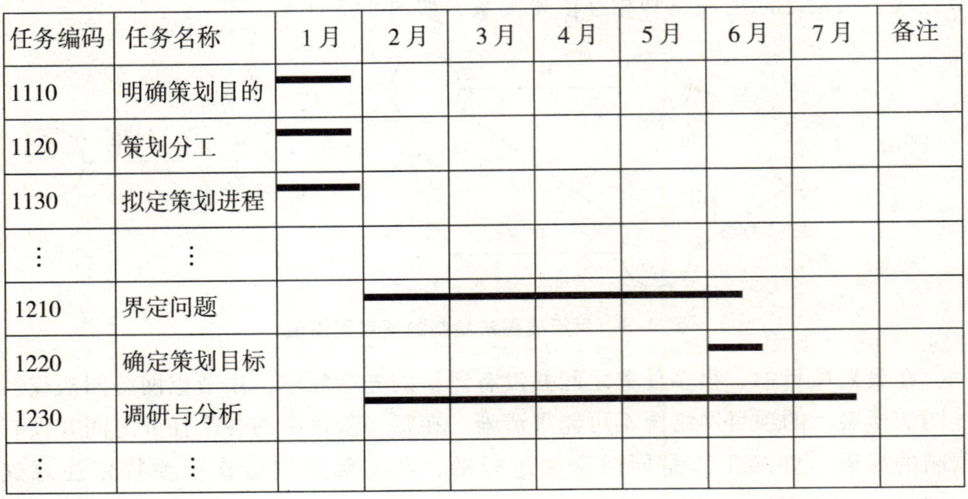

图9-4 甘特图（范表）

（2）里程碑计划。

项目中的里程碑事件是对整个项目有重大影响，决定项目成功与否，并对其他工作有重要参考价值的重大事件。里程碑计划是以项目中某些重要时间的完成或开始时间作为基准形成的计划，是一个战略计划或项目框架。通过里程碑计划可以对项目进行宏观上的把握，是编制更细的进度计划的基础，它不能代替更具体的包括每一项任务起止时间的进度安排。一般来说，对持续时间较长的策划项目进度进行安排往往要引进里程碑计划，在此基础上再做更详细的进度安排，见表9-2。

表9-2 **里程碑计划表（以起始时间为基准）**

里程碑事件	1月	2月	3月	4月	5月	6月	7月	8月
策划计划拟订	1/1▲							
问题的界定		2/2▲						
方案撰写			15/3▲					
⋮								

（3）网络计划。

网络计划技术是用网络计划针对任务的工作进度进行安排和控制。最常见的是 PET/CPM 网络技术。PET（program evaluation techniques），称为项目评审技术；CPM（critical path methods），称为关键路径法。现在，这两种方法其实已经变得十分相似。

（4）项目计划表。

项目计划表是项目进度的详细安排，表中给出了每项工作的持续时间、开始时间和完成时间，见表 9-3。

表 9-3 **项目计划表**

WBS 编码	工作任务	工作时间（天）	开始时间	结束时间	备注
1100	策划前准备				
1110	明确策划目的	28	1. 1	1. 28	
1120	策划分工	27	1. 2	2. 28	
1130	拟定策划进程	30	3. 3	4. 2	
⋮	⋮				
1200	创意与策划				
1210	界定问题	134	3. 1	7. 12	
1220	确定策划目标	12	3. 1	3. 12	
1230	调研与分析	110	3. 13	6. 30	
⋮	⋮				

注：表中的工作时间仅为举例用。

以上编制策划项目进度计划的四种方法，每个方法都有各自的优缺点，甘特图和项目计划表可以很清楚地反映出活动的进程。在项目控制过程中，它也可以清楚地显示活动进度是否落后于计划，何时落后于计划等。同时甘特图比较容易理解和改变，对参加项目人员来说，一眼就能看出活动什么时间应该开始、什么时间应该结束。但是甘特图也有一些缺陷，如它不能表示活动之间的相互关系和项目执行过程中的不确定性。里程碑计划具有易于对策划项目进行宏观把握的优点，但其不能明确表示项目具体任务执行的起始和终止时间，因而，在策划实践过程中要慎重选择。一般而言，如果策划项目的规模比较大或者比较复杂，则可以选用里程碑计划或网络计划，反之则可以选用甘特图或项目计划表；如果策划项目时间比较紧，可以选择甘特图或项目计划表，如果策划有比较充裕的时间来准备，则可以采用网络计划法详细列出各任务之间的相互关系和起止时间；如果对项目的每一具体任务非常清楚，则可以采用项目计划表，以标出每项任务详细的起止时间，如果对项目只是有大概的了解，则可选用里程碑计划。

特别注意的是，策划项目的各种进度计划并不矛盾，任何一个策划项目都是利用多种方法编制的，里程碑计划和网络计划既能对整个项目进行宏观把握，又能充分表达各项任务之间的关系和每个项目的持续时间，而项目计划表和甘特图能够非常清楚地表示出各项具体任务的起止时间。因而，在策划项目的实际操作过程中应结合具体情况，将几种方法组合在一起，取长补短，以形成一个清晰、直观、科学的项目进度计划，对策划项目进行有效控制。

三、知识拓展

在营销策划方案实施的过程中，由于种种不确定性因素的干扰，或者策划方案所依据的环境发生了变化，使得方案的实施常常偏离预先设定的计划轨道。为了保证策划项目成功和各项目标的实现，有必要对这种偏离采取必要的、有针对性的措施加以纠正，此过程即为策划方案的控制过程。

营销策划方案付诸实施后，我们必须了解：方案实施的结果如何？方案所确定的目标是否顺利得以实现？策划目标本身是否制定得科学合理？要掌握这些情况并处理出现的问题，就需要开展有效的控制工作。

1. 控制的定义

控制是监视营销方案实施的各方面活动，使执行活动与策划方案要求保持动态适应的一项活动。

策划和控制是相辅相成的两个方面。一方面，有了营销目标和营销方案而没有控制，人们可能知道自己干了什么，但无法知道自己干得怎样，存在哪些问题，哪些地方需要改进。另一方面，有控制而没有营销目标和营销方案，人们就不知道控制什么，也不知道怎么控制。策划方案与控制二者密不可分。策划方案越是明确、完整和详尽，越容易控制，控制的效果也就越好；控制工作越是科学、有效，策划也就越容易得到实施。控制就像方向盘，它把人员与策划方案设定的目标联系起来，在必要时，随时启动备用的营销策划方案，使营销目标更加符合自身的资源条件和适应组织环境的变化。

营销策划方案的控制是指方案实施人员就营销方案的实施活动是否符合预定的营销目标进行测定，并采取相应措施确保目标实现的过程。从狭义的角度来看，控制工作是“纠偏”，即按照策划方案标准衡量策划方案的完成情况，针对出现的偏差情况采取纠正措施，以确保营销目标得到最终实现。广义的控制并不仅限于“纠偏”，它同时包含着在必要时修改策划方案，甚至启动备用方案，以使策划方案更加符合实际情况。现实中，我们的营销活动往往是“非零”起点，上一阶段的控制就可能导致确立新的营销目标，提出新的策划方案。从这个意义上说，控制工作也可以说是下一阶段策划的起点。在这里，应深刻地理解策划是一个动态过程，是一种连续不断的行为。策划是以目标为起点，然后制定策略，经过策略评价、策略选定和策略控制（包括成效之评估、反馈、纠偏）而回到起点，开始策划的第二次循环。

2. 营销策划方案控制的目标

营销控制工作主要有两个方面：

（1）限制偏差积累。一般来说，市场营销策划方案实施过程中不免要出现一些偏差。小的偏差和失误不会立即就给组织带来严重的损害，但随着积少成多，最终就可能对策划目标的实现构成威胁，有效的控制系统应当能够及时地获取偏差信息，及时地采取措施矫正偏差，以防止偏差积累而影响到策划目标的顺利实现。

（2）适应营销环境的变化。营销策划方案及其目标在制定出来后总要经过一段时间的实施才能够实现。在这个过程中，企业的外部环境和内部条件都可能发生变化，这些变化不仅会妨碍策划方案的实施进程，甚至可能导致策划的前提条件发生改变，从而影响到策划方案本身的科学性和现实性，因此，在营销策划实施过程中，执行人员必须时刻监测和把握营销环境的变化，并对这些变化带来的机会和威胁作出正确、有力的反应。

营销策划方案实施控制无论是着眼于纠正执行中的偏差还是适应营销环境的变化，都是紧紧围绕策划的目标进行的，具有很强的目的性特征。

3. 市场营销控制的基本类型和内容

（1）控制的基本类型。

对营销策划方案实施的控制方法多种多样，其中最常见的一种分类是根据控制信息获取的方式和时点不同而将控制分为前馈控制、现场控制和反馈控制三类。

①前馈控制。前馈控制是在营销策划方案实施前对实施过程中可能产生的偏差进行预测和估计并采取防范措施，将可能产生的偏差或问题消除于产生之前。如制定一定的规章制度让执行人员遵守，对执行人员进行培训，使他们透彻了解方案的内容，提高他们的工作水平等。这些都属于前馈控制。策划方案中“控制和应急措施”这部分内容也属于前馈控制。前馈控制的优点是能够防患于未然，尽量避免偏差的出现。缺点是前馈控制需要有及时、准确的信息和较强的预测分析能力。现实中，要做到这些是十分困难的，还必须依靠其他控制方式。

②现场控制。现场控制是在营销策划方案实施进程中的控制，是指管理者深入现场对正在进行的工作进行指导与监督，发现偏差及时予以纠正。现场控制是在偏差一发生或出现苗头时就进行纠正。这种控制方式有利于及时纠正偏差，防止偏差的积累，但这种控制方式应用范围较窄，受方案实施指导者的时间、精力的制约。

③反馈控制。反馈控制是对已经结束的活动或行为发生后的控制。这种控制把注意力集中于实施结果上，将它与控制标准相比较，发现偏差及原因，然后采取措施对下一步的实施活动或营销方案进行纠正。在矫正措施实施之前，虽然偏差、损失已经产生，也只能“亡羊补牢”。但反馈控制可以清除偏差对后续活动过程的影响，同时为下一步工作的正确开展提供依据。

前馈控制、现场控制与反馈控制都是有价值的控制方式，把这三种类型的控制结合起来使用，控制效果会更好。

（2）对市场营销方案实施控制的内容。

对市场营销方案实施控制的内容主要包括三个方面：一是目标控制，即根据营销策划设定的长远目标和阶段目标，控制其实现目标的状况；二是进度控制，即根据营销策划方案的要求，控制其不同阶段的实现程度，从而保证策划目标按期实现；三是重大问题控制，通过对实施的关键环节、重大问题的控制，及时发现执行方案中出现的新的机会或障碍，以便利用机会，减少障碍。

4. 市场营销策划控制的步骤

对市场营销策划方案实施的控制，可以分为制定目标，建立控制标准和衡量方案实施工作，以及鉴定偏差采取矫正措施三个步骤，如图 9-5 所示。

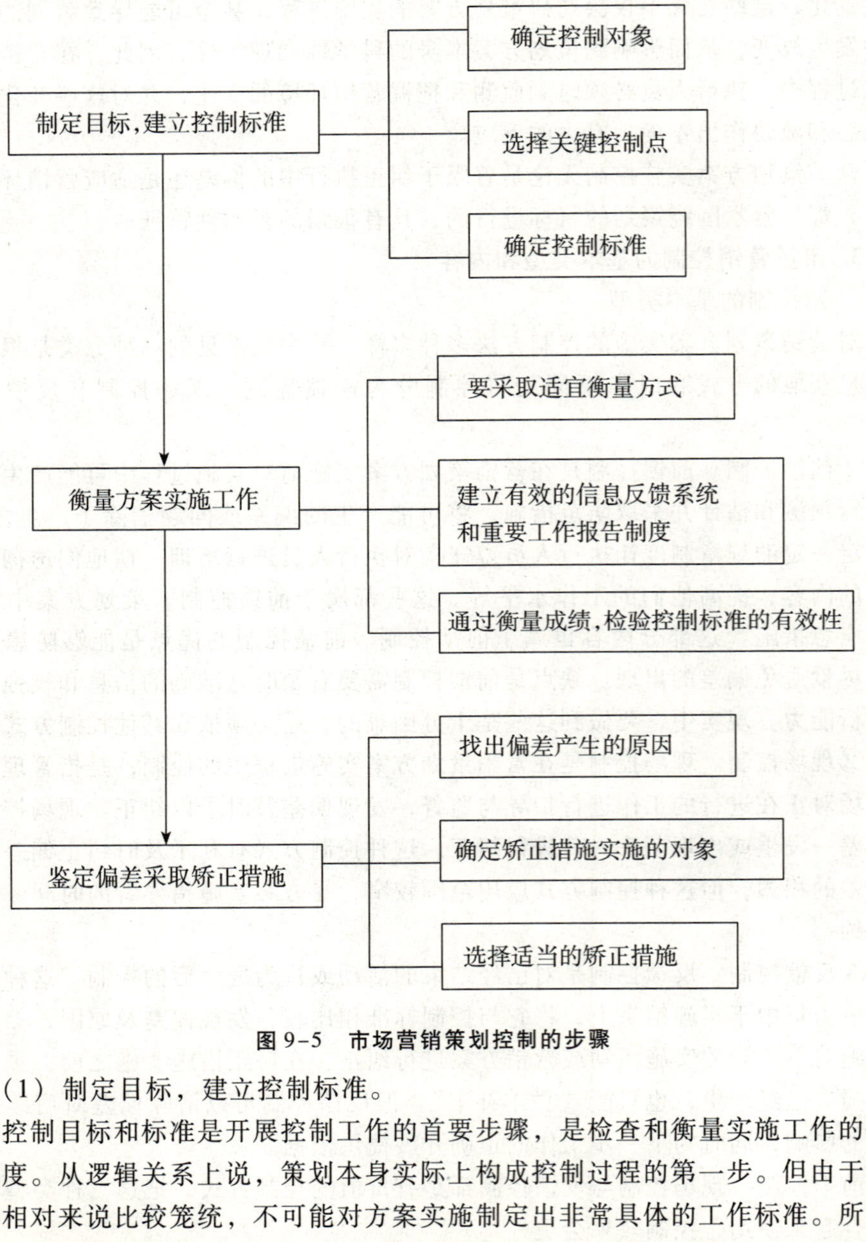

图 9-5　市场营销策划控制的步骤

（1）制定目标，建立控制标准。

控制目标和标准是开展控制工作的首要步骤，是检查和衡量实施工作的依据和尺度。从逻辑关系上说，策划本身实际上构成控制过程的第一步。但由于策划方案相对来说比较笼统，不可能对方案实施制定出非常具体的工作标准。所以一般来说，策划目标并不可能直接被作为控制的标准，还需制定专门的控制标准作为控制过程的开始。

控制标准的制定首先要选择好控制点，然后确定具体的控制标准。

①确定控制对象。

进行控制首先遇到的是“控制什么”，这是在决定控制标准之前首先要考虑的问题。因而策划的最终成果应优先作为控制的重点对象。基于此，策划方案执行者要正确分析策划活动要实现什么样的目标，把总体目标、总体任务层层分解，落实到各执行部门和各执行人员。

从理想的角度看，执行人员必须对全部影响策划目标实现的因素都进行控制，但这种全面控制往往是不现实的，也是缺乏经济性的，因此更通常的做法是：选择那些对实现策划目标有重大影响的因素进行重点控制。这样在选择控制对象时必须对影响策划目标成果的各种要素进行科学的分析研究，选择重点的要素作为控制对象。一般来说，影响策划目标成果实现的主要因素有：

一是营销环境。市场营销策划方案是根据企业的营销环境的现状而作出的。如果策划方案据以成立的环境没有出现，或发生了变化，原来的策划方案就可能无法继续进行。因此，策划方案应该将所依据的对营销环境的认识和掌握的各种因素作为控制对象，列出“正常”与“非正常”环境的具体测量指标或标准。

二是资源投入。任何策划活动都依赖一定的资源：人、财、物、时间、信息等，通过一定的程序以求得策划成果的最终实现。投入的资源如何，会影响到策划方案的实施，从而影响到策划目标成果的实现。因此，必须对资源投入进行控制，确保资源按时、按质、按量配备，使之符合策划的要求。

三是活动过程。策划目标成果是一系列活动过程转化的结果，因而必须把活动过程作为控制对象，确保执行人员按策划方案设定的工作流程、工作规范进行运作。

上述各方面因素中究竟哪些是控制重点，要根据具体情况来确定。在策划成果较难衡量和工作过程难以标准化、程序化的创新性策划活动中，方案执行者的素质和技能是主要的控制对象。

②选择关键控制点。

重点控制对象确定下来后，还必须具体选定控制的关键点，才能够制定控制标准。把握了关键点，也就把握了全局。

对于关键控制点的选择，一般应考虑以下三个方面因素：

一是影响整个营销策划方案运行过程的重要操作与事项；二是能在重大失误之前显示出差异的事项；三是关键控制点数量的选择应以实施管理者对方案的总体实施状况有一个比较全面的把握为依据。在选择关键控制点的过程中，实施人员可以提出下列问题：什么信息可以让我最快、最准确地了解实施的进度情况？什么信息能让我最有效地确定偏差？等等。

③确定控制标准。

控制标准制定中最为简单的情况是，可以把策划方案中可考核的目标直接作为控制标准，但如前所述，现实中更多的情况往往是通过一些科学的方法将某一计划目标分解为一系列具体可操作的标准。由于控制的对象不同，控制标准的类别有很多，方案实施人员究竟要以何种方法制定何种控制标准，取决于所衡量的绩效成果及影响因素的领域和性质。

（2）衡量方案实施工作。

如果偏差还没产生以前就为我们所发现，从而采取预防措施，这当然是一种理想状况。但并非所有的未来情况我们都能准确预测，因而，最好的控制应该是在偏差产生后能迅速采取必要的矫正行动。因而，在策划方案执行过程中，执行人员要对其完成情况进行持续的跟踪，不断获得方案执行有关情况的最新信息。在实际执行控制工作中应注意以下几个问题：

①要采取适宜衡量方式。衡量执行工作的目的是取得控制对象的相关信息。执行人员应该对衡量的项目、衡量的方法、衡量的频度和衡量的主体等作出具体合理的安排。

②建立有效的信息反馈系统和重要工作报告制度。这样有助于管理人员及时掌握反映执行情况的信息，并且能够采取有效的矫正措施。方案的执行信息来自多种渠道，既有正式的信息渠道，也有非正式的渠道。正式的信息渠道包括报告、简报、参加评审会议等。

③通过衡量成绩，检验控制标准的有效性。衡量执行工作是以预定的控制标准为依据来进行的，出现的偏差有可能是执行中出现的问题，也有可能是控制标准本身存在的问题。如果是前者，当然需要纠正；如果是后者，则要修正和更新预定的控制标准。

（3）鉴定偏差采取矫正措施。

①找出偏差产生的原因。

实际上，并非所有的偏差都会影响策划的最终目标成果，有些偏差可能是由于策划方案本身和执行过程中的问题造成的，而另一些偏差则由于某种偶然、暂时、局部的因素引起的，从而不一定会对策划目标成果产生影响。因此，在采取矫正措施以前，必须首先对反映偏差的信息进行评估和分析。首先要判别偏差的严重程度，判断其是否会对策划目标的最终实现产生影响，其次要找出导致偏差产生的原因，以便对症下药。

②确定矫正措施实施的对象。

在控制过程中，需要矫正的不仅是策划方案的实施活动，也包括指导这些活动的策划方案或事先确定的衡量这些活动的标准。如果原先的策划方案或标准制定得不科学，在执行中发现了问题，或者由于营销环境发生了预料不到的变化，原来的营销策划不再适应新形势，这时方案执行人员和控制人员就必须适时地实施矫正措施。

③选择适当的矫正措施。

在控制工作中可采取的矫正措施有三种：

一是关于执行造成的问题，控制的方法主要是“纠偏”，即通过管理和监督，确保执行工作与策划要求相符合；二是如果策划目标不切合实际，那么就要根据实际情况修改策划目标或提出新的目标；三是如果营销环境发生了重大变化，使原先据以策划的依据发生了不同程度的变化，这时就应该启用备用方案，或重新策划，提出新的策划方案。以上后两种措施统称为“调适”，它们都是着眼于对策划方案不同程度的调整，以更好地适应环境。

在控制措施的选择与实施过程中，还需注意如下几点：

一是保持矫正方案的双重优化。一方面，要保证矫正工作的经济性。如果矫正方案实施的成本将大于听任偏差发展所可能带来的损失，那么，此时理性的选择应该是放弃矫正。在此基础上要考虑的另一个方面是，在满足经济性的前提下，通过对各种可行的矫正方案的分析比较，找出其中最优的方案。

二是充分考虑原有方案实施的影响。无论是因为营销环境发生变化而采取行动，还是对环境有了更多、更深刻的了解，或者因为策划人员、实施人员认识环境的能力提高，对原策划方案产生了怀疑，而导致对原策划方案的修订或否定，此时进行的控制会使企业经营活动方向发生大的或小的调整。执行人员在制订和选择矫正方案时，需要充分考虑已实施的策划方案所消耗的资源和这种消耗对营销环境和企业各方面造成的种种影响。

三是注意消除有关成员对矫正方案的疑惑。当矫正措施属于对原来的策划方案进行重大调整的时候，一些事先就反对原策划方案的人不仅会幸灾乐祸，将营销环境发展引起的变化与原先策划、决策的失误混为一谈；还有一些人则对矫正方案持观望态度。原先的方案策划者和支持者害怕策划方案的改变意味着自己的失败，从而公开或暗地里反对矫正措施的实施；至于执行原策划方案的从事具体活动的员工，则可能由于对自己参与形成的活动结果怀有感情，或者担心调整使自己失去某种利益而极力抵制任何重要的矫正措施的制定和执行。总之，在控制工作中要充分考虑有关成员对矫正方案的各种态度，特别是执行者的态度，争取人们的理解和赞同，以避免矫正措施实施时可能出现人为的障碍。

5. 有效控制的原则

为了使营销策划方案做得更加切实有效，一般需遵守以下几个原则：

（1）控制应同策划方案相适应。控制是为了保证策划目标得以顺利实现，不能脱离策划方案而采取任何控制活动。它应按策划方案的目标和要求来制定，为策划方案的顺利实施服务。

（2）突出重点，强调例外。在一个完整的营销策划方案执行过程中应找出关键点，把关键点及其影响因素作为控制重点。执行工作往往错综复杂，涉及面广，不可能对每一细节都进行控制。因此，根据“关键的少数，次要的多数”的统计规律，找出最能体现策划目标成果的关键因素，并加以控制，就可以成为一种有效的控制方法。

（3）把握控制的灵活性、及时性和经济性的特点。控制工作本身是变化的，其依据的标准、衡量工作所用的方法都可能随着情况的变化而变化。控制工作还必须注意及时性，首先是信息的收集和传递必须及时，其次是采取的矫正措施必须及时，这样才能使失误降到最低水平。同时控制工作一定要坚持适度的原则，以便提高经济性，保证总收益的最大化。

（4）控制过程应避免目标扭曲。控制是为实现策划的目标服务，要防止出现为了遵守规则程序或完成预算而不顾实际控制效果的扭曲行为。因此，控制人员在控制工作过程中要特别注意标准的从属性和服务性地位。这点对于营销策划方案的有效控制至关重要。

四、综合案例

舒蕾上市方案的实施与控制

根据集团领导的指导精神和洗涤公司拟订的舒蕾产品上市方案，以及目前舒蕾上市的实际情况，现制定关于舒蕾上市经营管理的九项原则。望组织本联络处全体员工认真学习、准确领会，在本公司的领导和洗涤公司的指导及监督下，严格遵照执行。九项原则具体如下：

（一）上柜原则

（1）严格按照规定上市日期全面上柜。上柜之初，暂不能设立专柜的商场，必须整齐摆全舒蕾产品，尽可能争取扩大摆放面积。凡有舒蕾·丽花、舒蕾专柜的商场，必须有舒蕾产品独立上柜。

（2）在上柜的基础上，尽快设立舒蕾专柜。上市一个月内，上市城市至少要设立两个专柜。

（3）上柜或设立专柜的具体要求：

①必须与舒蕾·丽花（公司的另一品牌）单独建立舒蕾品牌上柜位置或专柜。

②必须靠近宝洁、诗芬、力士等竞争品牌的专柜；在综合柜上也务必靠近摆放。

③必须按洗涤公司的上柜模式摆放产品，必须陈设舒蕾全部的专柜宣传品，包括柜台立牌和夹页、袋装吊挂和促销信息；尽可能悬挂吊旗和设置舒蕾品牌广告牌或灯箱。

（二）促销原则

（1）凡是舒蕾直接上柜的商场，必须配备舒蕾导购。

（2）凡有导购的商场，必须严格按照公司布置的促销方式开展促销活动。

（3）促销活动所需赠品由公司统一提供，不得擅自使用其他赠品。

（4）促销时必须有柜台公告（促销信息）；必须有效使用、严格管理赠品，防止赠品流失。

（5）各上市城市必须在有影响力的两家以上商场内，展开持续的展示促销。此外，在其他商场内进行巡回展示促销。

（三）队伍建设原则

（1）全体工作人员都必须学习、领会洗涤公司关于舒蕾上市的全部方案，树立舒蕾的品牌意识，熟悉舒蕾的概念和推介艺术。

（2）按直接上柜数量配备导购人员。及时招聘、培训礼仪小姐和小店销售代表（或称市场推广员）。舒蕾导购、礼仪和小店销售代表不经培训不得上岗；上岗后每周必须召开一次汇报、学习、交流、解疑的例会，不断提高推介、促销的战斗力。

（3）导购、礼仪要向专业化方向发展，要与原舒蕾·丽花的导购、礼仪独立开来，不得随意将舒蕾导购和礼仪人员挪作其他产品促销。

（四）广告宣传原则

（1）根据洗涤公司拟定的广告宣传总体意见，结合当地实际，制订本联络处广告宣传方案；广告宣传方案报经本公司会同洗涤公司审批后方可执行。

（2）广告宣传方案必须明确发布形式、发布时间、发布数量、发布价格、具体内容等；凡含糊其辞，笼统陈述之方案，一概无效。

（3）严格按审定方案执行，如因客观实际需要修正方案，必须报经同意方可执行。如未能按方案执行到位者，必须在一周内作出书面报告，呈报经营公司和洗涤公司，否则，将作为违纪问题处理。

（4）所有舒蕾的广告都必须强化舒蕾品牌，手法上淡化“舒蕾集团”（不是取消），不能与SL混合处置。

（5）在上市一个月内，电视广告后必须带有字幕并口播其内容。

（6）上市半个月内，必须对小店、发廊、居民区进行一次派送宣传活动。派送宣传范围和数量不得少于全城区的60%。上市后第二个月内，再次开展派送宣传。

（五）小店、发廊销售原则

（1）小店、发廊销售必须在舒蕾上市一个月内开展正常工作。

（2）确定专职舒蕾小店销售代表（或称“市场推广员”），首席应派专人管理小店、发廊销售工作及小店销售队伍。

（3）小店、发廊销售工作必须遵照洗涤公司制定的《开发小店、发廊市场的管理办法》和其他有关规章制度执行。

（六）批发原则

（1）舒蕾产品必须大力开展批发业务。

（2）上市十天内，必须建立批发关系，批发业务开始运作。批发业务中的铺货、回款、返利政策等，必须以书面形式呈报本公司和洗涤公司审定。

（七）回款原则

（1）必须确定当年舒蕾的回款目标。

（2）联络处在当年上市方案中，必须根据当地市场实际，比照同类产品的销售，拟定当年回款目标。本公司将会同洗涤公司对当地市场进行确定，共同下达回款目标。回款目标以“下达目标”为准。

（3）舒蕾的回款目标与舒蕾·丽花合并为当地回款总目标。总目标中，如其中一个单项目标未能完成，其差额视为总目标差额；且任一单项目标的超额部分不能被用来填补另一单项目标的差额。年终决算，按实现回款总目标的情况决算，不搞单独决算。

（4）加速货款回笼。当月舒蕾库存（包括联络处仓储产品和已发出的产品）不得大于当月回款的30%；年度库存不得大于当年回款总额的15%。

（八）费用原则

（1）联络处对舒蕾费用，单独填写报销单，经本公司审批，由财务部报销。

（2）集团财务部将按舒蕾的费用率标准，对各联络处舒蕾费用进行审核，并单独记账和单独通报。

（3）本公司和洗涤公司根据财务部通报的费用情况，可以采取抽查或实地检查等方式，对联络处舒蕾费用使用实际情况进行了解，发现问题，报财务部予以纠正。如发现舒蕾费用挪作他用，或将其他产品费用挪作舒蕾用，一律作为超标费用处理。

（九）管理原则

（1）本公司对各联络处舒蕾上市工作进行全面管理，凡本公司有指导意见的工作，各联络处必须严格执行指导内容，不得自行其是。

（2）各联络处的舒蕾经营管理工作必须接受洗涤公司的全面监督和指导，不得以任何方式和借口回避监督，拒绝接受指导。洗涤公司经理的指导意见，必须遵照执行。洗涤公司工作人员转达的本公司意见或洗涤公司经理的意见，也应遵照执行；如果需要进一步明确情况，可直接与本公司或洗涤公司经理联系，汇报请示。

（3）凡不能按照“九项原则”进行舒蕾产品市场经营管理或舒蕾产品市场开发不力者，本公司将会同洗涤公司研究决定，报集团领导同意后，另行组织班子接管舒蕾产品的经营。

（4）进行年终业绩考评和做奖惩决定时，在实现回款目标的基础上，如果“九项原则”中每有一项原则没有完整执行，扣除奖金总额的5%。

（5）遇有新情况、新问题，必须及时向本公司或洗涤公司请示汇报。

舒蕾上市实施的控制措施

为了检查《关于舒蕾上市经营管理的九项原则》（以下简称《九项原则》）的执行情况，促进舒蕾市场工作走上轨道，现经集团研究决定，成立常设“舒蕾市场工作检查小组”，对舒蕾市场工作进行全面检验和考核，董事长兼行政总裁将亲自审查、检查报告。具体决定如下：

一、检查小组组成

组长：（略）

副组长：（略）

组员：（略）

二、检查范围

1. 目前舒蕾产品上市已达三个月的市场。

2. 今后舒蕾产品上市达三个月的市场。

三、检查内容

1. 对照《九项原则》各条内容，逐条查验实际工作情况。

2. 参照有关舒蕾市场管理的其他规定，查验实际工作情况。

四、检查方式

1. 对照“考核表”，首席自己打分。

2. 对照“考核表”，检查小组分赴实地查验打分。

3. 检查小组副组长负责分别对各地市场情况作出检查报告，提出处理意见，报组长审批。

五、处理方式

1. 对检查小组打分不超过60分的市场，一律由经营总公司另行组织班子接管舒蕾的经营。

2. 对检查小组打分超过60分但存在问题的市场，提出整改意见，规定整改期限，期限内不能按照整改意见完成整改的市场，由经营总公司另行组织班子接管舒蕾的经营。

3. 其他情况，对照《九项原则》第九条“管理原则”和公司有关文件执行。

资料来源 htp：//www. qqerp. com.

案例评析：舒蕾在上市时，除了有严密的、具体的上市方案外，还制订了详细的实施计划和控制措施，有详尽的考核标准。这些实施与控制措施有力地保证了舒蕾的顺利上市。在策划方案的实施中，一定要制订严密的执行方案和具体的控制办法，以保证策划方案的有效执行。

五、思考练习

1. 营销策划方案实施的主要工作内容有哪些？
2. 营销策划方案实施有哪些技能要求？
3. 营销策划方案实施中应防止哪些问题？
4. 市场营销控制的基本类型有哪些？
5. 市场营销控制的内容有哪些？
6. 请简述营销策划控制的步骤。
7. 实施有效控制要遵循哪些原则？
8. 请你简述项目进度计划制订的步骤。

六、实战训练

1. 实训项目

《雪莲红花补酒营销策划方案》实施方案与控制办法的制定。

2. 实训目的

通过实训，让学生掌握实施方案与控制方案制定的程序与方法。

3. 实训内容

（1）实施方案的制定；（2）控制方案的制定。

4. 实训组织

（1）以小组为单位，5人为一组；（2）方案完成后，要制作成PPT，并在课堂上交流。

5. 实训考核

教师根据方案的质量和交流讨论的表现，为每个小组评定成绩并作总结。

附录

一、常用营销策划类策划书格式

（一）市场调查策划书格式

1. 市场调查策划书的内容与格式

调查的内容主要有：明确调查目的；确定调查对象；拟定调查项目和调查范围；选择调查方法；设计调查表；抽样设计；调查费用预算；安排调查作业进度等。

市场调查策划书的一般格式如下：

（1）封面。主要包括市场调研题目、报告日期、委托方、调查方、调查报告起草与撰写单位（人）、调查报告起草与撰写时间等，一般应打印在扉页上。

（2）目录。

（3）前言。

（4）正文。

①调查研究的背景（调研问题的提出）。

②调查研究的目的。

③调查研究的内容（调查课题、调查思路、调研提问方案）。

④调查范围及对象（调查对象结构）。

⑤调查方法和步骤（包括选择调查方法、设计调查问卷和抽样设计）。其中调查问卷的内容主要包括：被调查者的基本情况；调查内容的具体项目及调查问题编号；调查问卷填写说明等。

⑥调查日程安排。

⑦调研人员与组织。

⑧调查费用预算。

⑨调查报告的架构。

2. 市场调查策划书的编写要点

市场调查策划书主要有七个写作要点：

（1）明确调查目的。调查目的与市场调查问题的定义和目标直接相关。如果调查目的不明确，不但影响调查的思路、调查的方法、问卷的设计等，更主要的是搜集到的信息对营销策划与决策可能起不到任何作用，甚至还可能误导决策。因此，在调研之前，一定要根据所面临的营销问题，准确确定调查目标。大部分调查都是多目的的调查，除了调查主要目的外，还有一些次要目的，这些均需列举清楚。

（2）选择调查方法。调查方法大致可以分为文案调查法和实地调查法，实地调查法又包含观察法、询问法、实验法和网络调查法等。一般地，观察法适用于探测性研究，询问法适用于描述性研究，而实验法适用于因果关系研究。应用最广泛的是以描述性研究为主的大样本（一般在600人以上）问卷询问法。目前，在大多数市场调查中，往往会采用两种以上的调查方法搜集市场信息。

（3）选择调查范围及调查对象。根据市场区隔理论，决定调查范围及调查对象，然后从中抽出若干具有代表性的样本。

（4）按照调查问卷的设计步骤进行设计。首先，根据调查目的和调查课题的涉及面，拟定调查内容提纲。其次，根据调查对象的特点，按照调查提纲的要求，确定调查问卷的形式，开列调查项目清单，编写提问问题。对于需要搜集数据的指标，明确其含义和计算方法，以便汇总统计。设计的项目要符合调查课题的要求，文字简明扼要，词义明确无误，避免一般性的问题，避免不确切的词、引导性的提问、可能令人难堪的问题。再次，预试调查，检查问卷存在的问题。最后，制定正式的调查表，并按需要份数打印出来。

（5）重视抽样设计。抽样是目前市场调查中普遍采用的，抽样办法要考虑操作上的简便与样本的代表性，即在相同的费用前提下，选择最方便操作又不影响数据准确性的抽样方法。抽样方法分为两大类：随机抽样（纯随机抽样、分层随机抽样、分群随机抽样、系统抽样等）和非随机抽样（方便抽样、判断抽样、配额抽样等）。进行抽样调查，关键是搞好调查对象的抽样设计（确定适当的样本量）。

（6）拟定调查日程。市场调查是一项比较复杂的工作，必须要有详细的调查日程进度计划，以便督促或检查各阶段的工作，保证按时完成市场调查任务。

（7）调查预算。预算调查费用一般需要考虑的要素有：调查方案设计费与策划费；抽样设计费；问卷设计费（包括测试费）；问卷印刷、装订费；调查实施费用（包括预试调查费、调查员劳务费、受访对象礼品费、督导员劳务费、差旅费、交通费及其他杂费）；数据录入费（包括问卷编码、数据录入、整理）；数据统计分析费（包括上机、统计、制表、作图等）；调研报告撰写费；资料费、复印费等办公费用；管理费等。

（二）市场调查报告格式

市场调查报告是市场调查的最终成果，也是客户需要的最重要的书面结论之一。

1. 市场调查报告的内容与格式

市场调查报告的内容一般有：调查目的的说明；调查对象和调查方法的说明；分析方法（资料的搜集、整理、分析方法等）的说明；调查结果的描述和解释；调查分析的结论和建议等。

市场调查报告没有固定格式，一般由封面、目录、概要、正文、结论与建议、附件等部分组成。

（1）封面。调查报告的封面主要包括市场调研题目、客户（委托人）单位名称、调研机构名称、报告撰写人、报告日期等。调研报告的题目应尽可能贴切，并能概括性地说明调研项目的性质。

（2）目录。如果调查报告的内容、页数较多，为方便阅读，应使用目录或索引形式列出报告的主要章节和附录，并注明标题、有关号码及页码。一般来说，目录的篇幅不宜超过1页。

（3）概要。概要主要阐述调查的基本情况，主要包括：调查目的；调查对象及范围；调查的时间与地点；调查的方法说明；调查问卷的发放及回收情况说明（样本说明、回收率、有效率、统计分析方法等）。

（4）正文。正文是市场调研分析报告的主体部分。正文必须准确阐明全部有关论据，包括问题的提出、引出的结论、论证的全部过程、分析研究问题的方法。在此部分应借助文字、图表来展示分析的全过程，并通过分析归纳出调研结果。从分析到结果，这是一个分析到综合的过程，要求有理有据、逻辑性强、思路清晰。

①引言。

②研究背景说明。

③调查结果的描述和解释。它主要包括调研结果和数据（往往用图表表示）以及对这些结果和数据的解释。

（5）结论与建议。结论是一种归纳和概括，是对调研目标所提出的问题的回答，而建议是通过演绎推导得出的。主要包括对正文部分所提出的主要内容的总结，对调查结果的观点、看法，预测可能的前景和风险，解决具体问题的对策建议和方案。这部分内容应与正文部分的论述紧密对应，不可以提出无证据的结论，也不要存在没有结论性意见的论证。

（6）附件。附录内容包括一些过于复杂、专业性的内容，通常将调查问卷、抽样名单、地址表、地图、表格、制图等作为附录内容，每一内容均需编号，以便查询。

2. 市场调查报告的编写要点

（1）精心选材，突出重点。在整理和撰写报告时，要根据主旨的需要来剪裁取舍材料，突出重点，切忌面面俱到。篇幅不代表质量，调研的价值不是用调研报告的篇幅来衡量的，而是用质量、简洁与有效的计算来度量的。

（2）解释必须充分、准确。这主要是指对图表要配以相应的文字说明，以便读者更好地理解报告。

（3）不要偏离目标或脱离目标。在报告中不要堆砌与调研目标无关的资料，避免形成脱离目标的结论，以及提出不现实的建议。市场调查报告的撰写必须根据数据资料进行分析，做到调查资料与观点相统一。

（4）不要过度使用定量技术，定量分析和定性分析要有效结合，调查的简繁、难易，要视营销的需要而定，不能一概而论。

（5）图表不要虚张声势。报告中使用的图表应规范，图表中显示的面积大小、长短的尺度要与标示的数字一致，不能夸大。

（三）综合性营销策划书格式

1. 导言

本案的目的与目标。

2. 行销市场环境分析

（1）市场分析（Market Situation）

①市场规模（Market Size）。

②重要品牌占有率（Market Share of Major Brand）。

③价格结构（Price）。

④渠道结构（Channel）。

⑤推广结构（Promotion）。

⑥商品生命周期（Pruduct Life Cycle）。

⑦进入障碍分析（Entry Barrier）。

（2）竞争者分析（Major Competitors）

①主要品牌产品特色分析。

②主要品牌产品价格分析。

③主要品牌渠道分布分析。

④主要品牌目标市场区隔分析。

⑤主要品牌定位分析。

⑥主要品牌广告活动分析。

⑦主要品牌促销活动分析。

⑧主要品牌整体竞争力分析。

（3）商品分析（Product Analysis）

①商品的包装方式、规格大小，各种包装的售价、销售比例。

②商品的特色与卖点。

③各商品的行销区域及上市时期。

④各商品的季节性销售状况。

⑤各商品在不同渠道的销售比例。

（4）消费者分析（Consumers Analysis）

①重要的使用者与购买者是谁？是否为同一人？购买总数量有多少？

②消费者在购买时，会受到哪些因素影响？购买重要动机是什么？

③消费者在什么时候购买？经常在哪些地点买？或时间、地点均不定？

④消费者对商品的要求主要有哪些？

⑤消费者每天、每周、每月或每年的使用次数是多少？使用量是多少？

⑥消费者大多经由哪些渠道获得商品信息？

⑦消费者对此类商品的品牌忠诚度如何？很高或很低？

⑧消费者对此类商品的价格敏感度高低如何？对广告吸引力敏感度如何？

⑨不同的消费者是否有不同包装容量的需求？

3. 定位（Positioning）

（1）市场对象：什么人买，什么人用

（2）广告诉求对象：卖给什么人

（3）产品的印象及所要塑造的个性

（4）定位就是产品的位置，究竟站在哪里

4. 问题点及机会点（Problem & Opportunity）

（1）问题点分析与克服

（2）机会点分析与掌握

5. 营销策略（Plan）

（1）营销目标（Marketing Goal）

（2）定位（Positioning）

（3）目标市场（Target）

（4）产品特色与独特卖点（USP）

（5）营销网络布局

（6）销售地区布局

（7）定价策略

（8）上市时间点

6. 广告计划（Advertising Plan）

（1）广告目标（Advertising Goal）

（2）广告诉求对象（Target Audience）

（3）消费者利益点与支持点

（4）广告表现

（5）创意构想与执行

7. 媒体计划（Media Plan）

（1）媒体目标

（2）媒体预算

（3）媒体分配

（4）媒体实施期间分配

（5）媒体公关（记者、编辑）

8. 促销活动计划

（1）促销活动目标

（2）促销活动的策略与诱因

（3）促销活动时间表

9. 事件营销与直效营销计划

（1）事件营销（Event Marketing）计划重点

（2）直效营销（Direct Marketing）计划重点

10. 工作进度总表

（略）

11. 总营销预算表

（1）广告预算

（2）促销预算

（3）媒体公关预算

（4）事件营销预算

（5）直效营销预算

（6）记者会、发布会预算

（7）市调预算

（8）其他预算

资料来源　戴国良．策划文案完全指南［M］．汕头：汕头大学出版社，2005，有删改．

（四）促销策划书格式

一般而言，促销策划书的主要项目如下：

1. 市场分析与预测

（1）市场现状分析

①市场概况：包括促销市场概况、竞争态势、顾客需求。

②市场趋势：市场需求态势、消费时尚和公众消费心理走势。

（2）企业的销售状况分析

①销售环境分析。

②销售动态分析。

③销售相关因素分析。

（3）市场分析结论

促销商品的优缺点、促销的机会点与问题点。

2. 促销的目标

（1）总体目标

促销的总目标，包括为了某一较长时期内的市场覆盖率目标、市场占有率目标、市场发展规模目标、市场获利目标和品牌忠诚度等。

（2）促销的阶段性目标

陈述在某一时间段内期望达到的商品销售指标、市场占有率。

（3）具体分目标

明确通过促销活动希望实现的水平销售指标、在某细分市场的市场占有率等。

3. 促销对象

（1）促销对象表述

描述促销活动的核心顾客、次要顾客和边缘顾客

（2）促销对象特征描述

（略）

4. 促销范围

（1）产品范围

促销的产品系列、产品型号等。

（2）市场范围

促销活动的主要市场、期望波及的周边市场范围、促销具体地点。

5. 促销时间

（1）整个促销活动的起止时间

（2）各项促销项目的起止时间

6. 促销工具及具体的活动方式

(1) 广告方案

(2) 营业推广方案

(3) 公关宣传方案

(4) 人员推广方案

每个项目都要有详细的策略与执行方案，包括项目的名称、实施的时间、地点、运作步骤、参加人员和数量、顾客的奖励方案等。

7. 促销行动方案

(1) 促销活动组织结构

(2) 各岗位的职责

(3) 各岗位人员配备及具体任务

8. 促销费用预算

确定促销活动的总预算，列出促销活动的各项分类预算、机动预算，说明促销预算使用的原则、要求、预算管理方法等。

(五) 广告策划书格式

广告策划书是为广告活动提供策略指导和具体实施计划的应用性文件。广告策划因产品或服务不同，在策划内容与编制格式上而有所变化，但其中有些因素是共同的。我们这里提供的是广告策划书内容与结构的一般模式，以供大家参考。

◆ **封面**

一份完整的广告策划书文本应该包括一个版面精美、要素齐备的封面，以给阅读者良好的第一印象。与营销策划书封面的内容差不多，广告策划书封面主要包括策划书的名称、客户名称、策划结构名称、策划人名称、策划完成日期、项目保密级别说明等。

◆ **目录**

在广告策划书的目录中，应列举广告策划书各个部分的标题以及对应的页码，以便阅读者能够根据目录分别地找到想要阅读的内容。

◆ **前言**

在前言中，应该简要说明制定本策划书的社会背景及意义、策划项目的由来、经历的时间、策划书的总体指导思想、策划能解决的问题等。

◆ **正文**

1. 市场分析

(1) 市场环境分析

①宏观环境分析。

②微观环境分析。

③市场状况。

市场的规模：市场容量、整个市场的销售额、未来市场规模的趋势。

市场的构成：市场的主要品牌及其份额、本品牌的竞争对手、未来变化趋势。

市场构成的特征：如季节性等。

④营销环境分析总结：问题点、机会点。

（2）消费者分析

①消费者的总消费态势：现有的消费时尚、消费观念及变化趋势等。

②现有消费者分析：现有消费者的构成（消费者总量、年龄、职业、收入、受教育程度、地区分布）、现有消费者的购买行为（购买动机、购买时间、购买频率、购买数量、购买地点）。

③潜在消费者分析。

④消费者分析总结。

（3）产品分析

①产品特征分析：从产品的性能、质量、价格、材质、生产工艺、外观与包装等方面进行分析，寻求产品具有优势的、独特的方面。

②产品的品牌形象分析：主要了解现在产品的形象及消费者对产品的认知。

③产品定位分析：主要分析目前采取什么样的定位、消费者对该定位的认知。

④产品分析总结。

（4）竞争对手分析

①公司竞争对手分析：分析主要的竞争对手的优劣势及所采用的策略。

②公司与竞争对手比较：通过比较找出本公司的问题点与机会点。

（5）公司与竞争对手的广告策略分析。

①企业和竞争对手以往的广告活动的概况：活动的时间、目的、内容、费用等。

②目标市场策略比较。

③公司和竞争对手的产品定位策略。

④公司和竞争对手的广告诉求策略：可以从诉求兑现、诉求重点和诉求方法方面比较。

⑤公司和竞争对手以往的广告表现策略：比较广告主题和广告创意。

⑥公司和竞争对手的广告媒介策略。

⑦总结：总结分析公司和竞争对手在广告方面的优劣势，找出广告机会点。

2. 广告策略

（1）广告目标

依据经营目标、市场情况提出明确、具体的广告目标，如知名度、美誉度、市场占有率等目标。

（2）产品定位策略

①对以往定位策略的分析与评价。

②产品定位策略：重新定位的必要性、对定位的表述、新定位的依据与优势。

（3）广告诉求策略

①广告诉求的对象：诉求对象的表述、诉求对象的特性与需求。

②广告诉求内容：向目标受众传达的信息。

③广告诉求的重点。

④诉求方法：诉求方法的表述、诉求方法的依据。

（4）广告表现策略

①广告主题策略：广告主题的表述、广告主题的依据。

②广告创意策略：广告创意的核心内容、广告创意的说明。

③广告表现的其他内容：各种媒介的广告表现。

（5）广告媒介策略

①对媒介策略的总体表述。

②媒介的地域。

③媒介的类型：电视、广播。

④媒介的选择：媒介选择依据、选择的主要媒体、选用的媒介简介。

⑤媒介组合策略：以哪种媒介为主、哪些媒介为辅，媒介使用的组合方案等。

⑥广告的发布时机策略。

⑦广告发布的频率策略。

3. 广告计划

（1）广告时间

广告活动在各目标市场的开始时间、结束时间、持续时间。

（2）广告诉求对象

（3）广告诉求重点

（4）广告表现

广告主题、广告创意、各媒介的广告表现（平面设计、文案、电视广告分镜头脚本）、各媒介广告的规格、各媒介广告的制作要求（按照统一的主题、口号、差异或表现策略，分别设计出报纸、杂志、广播、电视、POP 等所需媒介的广告发布稿）。

（5）广告发布计划

广告媒介发布排期表。

（6）其他活动计划

促销活动计划、公共关系活动策划（与广告策略密切配合的公关活动，包括新闻报道、经销商活动、赞助活动、庆典活动、公益活动等）、其他活动计划等。

（7）广告费用预算

①广告的策划创意费用。

②广告的媒介费用。

③广告的设计、制作费用。

④其他活动所需要的费用。

⑤不可预见性费用。

⑥ 费用总额。

4. 广告效果预测

（1）广告效果的预测

广告经济效果，广告本身效果，广告社会效果。

（2）广告效果的监控

◆ **附录**

在策划文本的附录中，附上策划本次广告所作的市场调研方案、调研问卷、调研报告，以及备选的广告策划方案、其他参考文献。

资料来源　徐智明，高志宏．广告策划［M］．北京：中国物价出版社，1997.

二、实用营销策划方案示例

实用策划文本之一　　舒蕾洗发水整体策划建议书

丝宝集团拟于1996年2月隆重推出新的洗发系列产品，以争夺目前中国市场上以“潘婷”、“飘柔”、“力士”、“诗芬”等品牌为代表的高档洗发水市场，计划于1998年年初达到该洗发水品牌在中国市场的广泛知名度，并占据高档洗发水一定的市场份额。

洗发水整体策划包括产品、广告宣传、市场操作三大部分。

第一部分　产品

一、产品品牌

新洗发水采用新品牌方式推出。

二、产品质量

要求：

新洗发水各项常规指标（包括香型、留香时间、泡沫、膏体质感、稠度、色泽、揉洗手感、去污能力、漂洗效果、梳理效果）均必须达到优良。另外，该洗发水还应具有明显的去屑功能、止痒功能、保湿护发功能等。

三、产品包装

要求：

1. 新产品的包装瓶瓶体形状必须外观简洁，瓶体设计手感舒适，能明显区别于目前市场上现有同类产品。

2. 设计：包装瓶的图案设计必须确定鲜明的基调，明确粘贴或丝印颜色，同时考虑各种规格的整体性，要求做到图案识别性强，整体系列感强，突出标志，简洁易记。

3. 产品规格：新产品规格拟定5ml（袋装）、200ml、400ml、750ml四种。

①5ml袋装：赠送、宣传、发放及销售（主要针对杂货店）；

②200ml瓶装：新产品初入市场尝试型购买；

③400ml、750ml瓶装：消费者确认产品后经济型购买。

四、产品价格

1. 市场零售价格

要求：

①体现产品档次，明确消费层；
②针对竞争产品；
③目标消费群能够接受。
2. 公司出厂价
要求：
①针对竞争产品；
②考虑中间商获利；
③遵循批零比价原则。
（注：有关价格另作测算报告）

第二部分　广告宣传

一、广告创意
要求：
①针对宝洁及市场上主要竞争产品广告；
②具有鲜明的洗发水广告特点；
③根据确定的“产品概念”切入点进行创意；
④创意线索清晰，重点突出。
建议：
①产品概念切入点。

第一，针对目前市场上营养洗发水众多的现状，从营养成分的负效应切入，即头皮上营养物质过多有利于微生物（细菌）滋生这一弱点，重点宣传新产品中所含1629杀菌成分，从而满足消费者止痒的需求。

【评点：舒蕾选用的去屑成分，最初定的就是1629杀菌成分，第一批产品上市后引起大量消费者头皮屑增多、头皮发痒的投诉，后来改为T5杀菌成分，改善效果不大，最后选择了OCTO成分，这是一种同期的力士洗发水也采用的去屑成分，才算解决问题。事实上，舒蕾今天拥有的产品品质也不是一步到位的，经历了很长时间的市场检验和配方调整才逐渐完善。】

第二，从HA保湿因子切入，通过HA分子保持及补充发质的水分，给干枯发质以第二次生长机会，延长头发寿命，从而解决消费者因发质水分不足而导致的断发、脱发困扰。

②为新产品创作一个具体形象，一句宣传用语。
二、广告制作
1. 电视广告
要求：
①切实反映创意内容；
②画面优美、连贯；
③配乐具有鲜明特点，易唤醒观众记忆；
④创造一个能代表该产品的具体形象（类似吉祥物）；
⑤配音稳重，表达清晰；
⑥关键画面应留给观众以深刻、良好印象。

2. 宣传单、宣传画、报纸版面

要求：

①与电视广告各项内容连贯一致；

②与电视画面保持同一基调色；

③“产品概念”语言具有说服力；

④具有统一的设计格式；

⑤突出“一个形象，一句话”；

⑥制作精美，款式新颖。

三、广告发布

要求：

①针对全国市场整体策划；

②产品所投放的市场，消费者对品牌的认知率必须在1年内达到70%以上；

③使消费者广泛接受新产品概念。

建议：

①以中央电视台的电视广告为主要宣传手段，体现品牌实力；

②电视广告的发布应以黄金时段和非黄金时段相结合；

③产品所投放的城市与中央电视台的广告相呼应，以电视广告为主，展开立体式广告宣传；

④在《时尚》、《ELLE》杂志上发布两期高水准的彩色广告。

第三部分　市场操作

一、目标市场

要求：

①目标市场的选择应针对主要竞争对手——宝洁公司、花王公司；

②高档洗发水消费成熟的市场；

③公司现有产品表现良好的市场；

建议：

①东北市场：沈阳、大连；

②华东市场：上海、杭州、苏州、南京；

③鲁豫市场：济南、郑州、青岛；

④华南市场：广州、长沙；

⑤西南市场：成都、昆明、重庆；

⑥湖北市场：武汉、荆沙、黄石、襄樊、宜昌；

⑦华北市场：北京、天津；

⑧西北市场：西安、兰州。

二、市场目标

对新洗发水的投入市场应确定明确的市场目标：

①公司制定整体市场目标；

②洗涤经营部对整体市场目标进行分解，落实到所开发城市市场。

建议：

①第一年整体市场目标为7 000万元；【评点：1996年实际总回款4 000多万元。】

②新洗发水投入市场3月份至6月份4个月时间的市场目标为2 000万元；7月份至12月份6个月时间的市场目标为5 000万元；

③第二年整体市场目标为13 000万元。【评点：1997年实际总回款12 000多万元。】

三、分销渠道

①销售渠道的选定不可过滥，应充分利用公司现有的市场优势，在新洗发水上市的6个月之内以各大中型商场专柜销售为主，充分发掘市场深度，以大型商场的市场份额为主要努力目标，销售渠道直接由生产者到消费者，同时便于产品信息的反馈和产品质量等策略的进一步调整。

②新洗发水的销售应单独设立专柜，以树立该品牌洗发水的市场形象。

③新洗发水的批发业务应严格实施少量铺底，现款现货，以避免产品社会库存过大。

四、返利政策

1. 柜台提成

直接作用于导购。

2. 批发返利

由于实行少量铺底，现款现货，返利点数拟定6%。

两种返利政策的综合运用，意义在于将产品销售的每一个环节（批发商、中间商、零售商、推销人员）充分调动起来，形成与宝洁对照鲜明的“优先销售阵线联盟”，成为广告宣传之外的另一次有效打击手段。

五、促销活动

要求：

①使消费者广泛认知新产品、新品牌；

②使消费者感受产品质量；

③活动内容针对性强，让消费者得到实惠；

④活动方式简洁，便于管理与推广。

建议：

采用将袋装洗发水“赠送到家”的方式与商场促销相结合，组织大批派发人员，通过报刊、信件、居委会或上门等各种方式，将新产品试用装及宣传单送到千家万户或机关团体。

六、市场管理

①洗涤经营部负责制订新洗发水销售计划，并组织实施。

②各联络处配备专人负责新洗发水的销售工作。

③洗涤经营部就新洗发水的销售管理工作制定全面严格的管理制度，并严格监督执行。

新洗发水开发小组

1995年8月

【评点：丝宝集团关于洗发水的最早构想，当时连“舒蕾”的品牌名称都尚未确定。应该说，这是一份比较粗糙的构想，不算严格的可行性分析报告，但在1995年，这样的报告已经是比较超前的了。后来丝宝集团推出新品牌、新产品，基本上都会有一个详尽的可行性分析报告，水准当然也高于这份“舒蕾”的原始规划。】

资料来源　佚名．洗发水整体策划建议书［EB/OL］．（2007-01-21）．http：//www.witsee.com/article/scyx/27552.html，有删改．

实用策划文本之二　舒蕾新洗发水上市营销草案

第一部分　洗发水市场调查

一、概况

1995年11月14日至26日，我们对郑州、济南、杭州和成都洗发水市场进行调查。调查对象为各大城市大中型商场的洗发水专柜售货员和部分顾客，同时也对宝洁公司的营销手段进行了调查。调查方法为访问法。

现就我公司新洗发水营销工作作出如下计划：

二、竞争对手概况

1. 宝洁公司

销售渠道：批发为主，主渠道为大型批发实体；兼顾小店销售，同时发展二级批发商，其发展的二级批发的销售额计入一级批发的销量中，与一级关系及利益清楚，利于保持长期稳定的合作。

专柜：各大商场多设有洗发水专柜。

广告：以电视广告为主，每天在各地电视台均播出3次以上，专柜和宣传画为辅，没有促销活动。

回点：货到7日内回款者，有5点回点；半月内回款者，有2点回点；超过1月者，无回点；年终再以宣传费形式向经销商返回3点。

销售情况：潘婷、飘柔和海飞丝互为支撑；飘柔和潘婷销量稳定，海飞丝销量下降。

2. 联合利华公司

销售渠道：批发为主，兼顾专柜与小店促销；大批价与零售价价差为25%，实际批价为8.8折，实际批零价差为50%。

专柜：各大商场均设有力士洗发水专柜。

广告：电视广告以产品形象广告为主，同时突出专柜形象及小店招贴画，三者内容统一。

销售情况：仅次于宝洁公司，销量稳定。

3. 重庆奥妮

销售渠道：批发为主。

专柜：数量较少。

广告：电视广告分量大，在各地电视台每天至少播出4~5次；商场中设立宣传牌；终端招贴画少，不突出。

销售情况：各地差异大，内地好于沿海，销量列力士和诗芬之后。

4. 上海花王

销售渠道：批发为主。

专柜：各大商场多设有诗芬专柜。

广告：电视广告为主，但数量不多，终端促销以专柜为主，购买洗发水满40元者赠花王香皂一块；其他宣传攻势未跟上。

销售情况：销量稳定，低于力士。

三、消费者分析

1. 大多数消费者对使用何种洗发水无较大偏好。

2. 消费者试用新产品，受电视广告影响最大。

3. 率先使用新产品的多为二三十岁的青年。

4. 消费者喜欢看内容新潮、雅俗共赏的广告片。

5. 消费者对现有产品的看法。

飘柔和潘婷：质量好，但多洗掉发多；

海飞丝：除非头屑多，否则不用；长期使用易掉头发；

力士：品质不错；

诗芬：品质不错；

奥妮：气味不好，产品宣传言过其实，质量落后于宣传。

【评点：奥妮的广告可以算是洗发水中最好的广告作品，甚至超过宝洁。但奥妮的产品品质实在是不敢恭维。1997年年初，“舒蕾”在南昌上市，正是“百年润发”在全国上市，其广告真的震撼人心，在终端可以明显感受到消费者受广告影响而指名购买“百年润发”，“舒蕾”的人员促销很难改变。但不到两个月，“百年润发”的尝试购买高潮过后，其重复购买率和口碑就开始低于“舒蕾”，“舒蕾”的终端促销开始展现优势。】

第二部分　新洗发水市场策略

一、市场管理机构

1. 集团公司内设立新洗发水上市管理小组，管理小组全面负责新洗发水工作。管理小组由下列人员构成：经营管理人员、广告管理及设计人员、促销人员。有关新洗发水生产计划工作由计划部指定专人负责。

2. 各省洗发水市场由当地联络处负责，其人员结构为：洗发水专项管理人员1名、业务员、小店促销员、专柜导购、兼职促销员。

二、目标市场与市场目标

（一）目标市场

1. 第一批上市城市：武汉、成都、济南、杭州、郑州、长沙

上市时间：1996年3月中旬

上述6城市基础工作扎实，各联络处与当地商界关系较好，易于使新洗发水迅速进入市场，易于控制操作；6城市在地域上具有代表性，分别代表华东沿海地区、华中和华南，利于在工作中吸取经验教训，为下一步开拓新市场打下基础。

2. 第二批上市城市：南京、苏州、重庆、昆明、福州

上市时间：1996 年 5 月上旬

第一批城市上市成功后，由这些城市向周边中小城市扩展。

第二批城市大多在长江以南；5 月份适宜洗发水销售，此时可以以浙江影响江苏和福建，由成都影响重庆，抓紧时间，扩大第一批上市的成果，也可使宝洁防不胜防。

3. 第三批上市城市：北京、上海、广州、沈阳、哈尔滨、长春、天津

上市时间：1996 年 10 月上旬

此时正值洗发水旺季，在第一、二批城市取得一定成功后，最后进入三个直辖市和广州等，对于操作经验和资金运用而言，均较为有利。

【评点：实际执行时，北京、上海、广州、天津延迟到 1997 年才开始上市。在策划的执行中，经常会遇到种种意想不到的情况，会使策划执行与策划的原初构想产生一定的差距，这也是策划为什么需要“控制”的原因之一。此外，很少公司能够做到同时在所有的目标市场全面上市，因而，“上市的时间”和“上市地点”就是新产品上市策划中的关键，本案对这两方面都作了认真的考虑，有充足的理由。而且上市有重点、分批次逐渐推荐，成功概率高。】

（二）市场目标

1. 高档洗发水市场已是二分天下，宝洁占绝大多数，力士和诗芬合计占有 20%，我公司新洗发水头一年应以力士和诗芬现在占有率作为目标。

2. 新上市城市的市场目标：

第三个月时，取得当地洗发水市场份额的 6%；

第八个月时，取得当地洗发水市场份额的 10%；

第十二个月时，取得当地份额的 12%。

3. 1996 年洗发水销售额应达到人民币 6 000 万元。

【评点：1996 年实际总回款 4 000 多万元。】

三、销售渠道

1. 物流网络。（略）

中间商主要有：批发商、无专柜的零售商及小批发商、化妆品专门店、商场、发廊、杂货店、连锁店。

2. 批发与零售两手抓。在大中型商场设立专柜突出形象，建立品牌形象，同时派礼仪小姐在居民区商场促销，由小店促销员和兼职促销员在小店和发廊促销，扩大影响。

3. 在省会和经济发达城市加强零售和终端促销，同时选取一家批发商；在中小城市以商场销售和批发为主，对小城镇以批发为主。

4. 在每一城市的小商品批发市场设点批发，或选取一家大代理商，针对地市县作批发业务，一方面抢占市场，另一方面监控假货。

5. 各联络处在一级批发商处设展示专柜，委派专人负责，其成交的业务量计入该批发商销售额中。

6. 各大城市大型商场为直供商场，联络处在直供商场内设洗发水专柜。

7. 各大中型零售连锁店由联络处直接供应。

新洗发水开发小组

1995 年 12 月

【评点：这个方案是舒蕾项目小组在正式启动之前所作的最后一次市场调查，并根据项目负责人的构想而拟定的初步策略。在这个报告之后不久，舒蕾项目小组正式启动。1995 年的丝宝集团，具有很强的销售能力和庞大的销售队伍与网络。从这个方案中也可以看出，对"舒蕾"的规划大部分局限在销售的组织上，而对"舒蕾"的品牌形象、定位等方面认识不足。究其原因，一方面是受时代认识的局限，另一方面也是受"销售至上"机制的影响。而"舒蕾"时至今日，在终端促销和销售网络上的成功，极大震撼宝洁市场，但在品牌形象力上对比宝洁、联合利华依然有很大不足，正是源自 1995 年对"舒蕾"品牌规划上的先天不足。】

资料来源　佚名．市场营销计划书范例［EB/OL］．（2007－01－12）．http：//www.bblook.com/business/guju/juhuas/200701/590.html，有删改．

实用策划文本之三　　舒蕾上市方案

目录：

一、开发舒蕾市场的总原则
二、各联络处"舒蕾"上市步骤
三、广告宣传方案
四、散发宣传品及赠品要领
五、开发发廊、小店市场的管理办法
六、小店销售代表守则
七、联络处洗发水市场调查内容
八、舒蕾上市方案附表

洗涤用品公司

1996 年 2 月 26 日

一、开发舒蕾市场的总原则

1. 竞争原则

集团公司针对近年来洗涤市场由宝洁公司等少数几家企业的产品大份额占有市场的状况，以锐意推出新品牌"舒蕾"护理洗发露，作为逐步切割市场之战略举措。故此，公司各联络处及全体职员应抓住机遇，胸怀战略，调整思维方式，直面强敌，认真调研，精心策划，全面行动，积极拼搏，切实按计划和目标开拓、占有市场。

2. 管理原则

洗涤公司负责专业市场调研，策划制定整体经营政策和方案，同时指导、监督、考核经营公司及联络处执行情况。经营公司按照洗涤公司制订的政策和方案，具体组织指挥各联络处开展洗涤产品的各项经营活动。联络处工作直接对经营公司负责，接受洗涤公司的指导、监督。

3. 上市原则

舒蕾上市面临新品牌、新市场两项新情况，各联络处在申请舒蕾在所辖地区上市之前，应按洗涤公司的要求（另行文）做好两项工作：一是市场调研；二是人员培训。在此基础上，向经营公司递交调查报告及上市方案（包括销售回款计划），由经营公司和洗涤公司商议该联络处是否上市或安排上市时间。必要时，洗涤公司将派策划人员针对其调查报告及上市方案深入实地检验、论证，在确认其报告内容属实和上市方案可行的前提下，方可安排上市。

4. 考核原则

舒蕾上市之后，在经营管理过程中要做到八项到位：①销售任务到位；②人员到位；③职责到位；④计划零售点到位；⑤广告宣传到位；⑥基础工作到位；⑦推介产品要领到位；⑧已有的各品种、各规格产品在零售点到位。洗涤公司和经营公司每月按以上“八项到位”检查、考核联络处工作，各联络处在切实做到“八项到位”的前提下，方可获得按回款额计发的奖金；否则将按“减分”的比例减发奖金。

二、各联络处“舒蕾”上市步骤(见附表1)

附表1　　各联络处“舒蕾”上市步骤

序号	阶段划分	时间界定	目标界定
1	市场调研阶段	“舒蕾”上市日之前10天完成	1. 竞争对手的经营管理做法，确定打击手段 2. 串访小店发廊，确定销售与宣传如何做 3. 洽谈批发及商场上专柜的事宜
2	人员培训阶段	“舒蕾”上市日之前3天完成	1. 扩建队伍（业务员、导购、小店销售代表） 2. 公司管理制度、操作要领、产品概念及推介 3. 分工、明确职责
3	产品登场阶段	自上市日起，一星期内全部到位	1. 散发宣传单及赠品或其他影响力大的方式 2. 批发、专柜、发廊、小店上货 3. 广告宣传（电视、报纸、广播、商场、专柜、批发摆样处） 4. 促销（礼仪小姐、导购、酬宾方式）
4	市场深化阶段	市场稳定后迅速开始	1. 联销协议 2. 巡回讲座（美发顾问活动） 3. 专题宣传 4. 不断活跃零售，与竞争对手在柜台前长期较量

三、广告宣传方案

（一）基本原则

1. 加强广告宣传密度，营造上市轰动效应。

2. 必须到位的广告宣传方式：①电视广告；②报纸广告；③直供商场专柜；④发廊及小店；⑤散发赠品及宣传单。

3. 若采取临时“轰动性”广告宣传（如彩车游行等），需先向经营公司或洗涤公司呈报书面策划方案，按公司批复意见办理。

4. 上市阶段广告与长远广告统筹决策，合理调配费用。

（二）各类广告宣传形式的具体要求

1. 电视广告

①开播时间：全部的直供商场洗发水专柜布置完成后 3 天内必须开始播出电视广告。

②电视台的选择：上市的第一个月，应选择对上市城市影响大、收视率最高、覆盖面恰当的电视台，该电视台必须播出或正在播出其他知名品牌的洗发水广告。

③播出频率：每日至少 3 次。

④时段与播出方式：

时段：19：50、20：10、21：00 前后。

播出方式：可在电视剧前后一组广告的首尾，或在剧中切播；可选择收视率高的栏目，如当地新闻、天气预报、或××专栏，在栏目前的一组广告的首尾或栏目中切播。

⑤电视广告合同的签署：

宜早与电视台广告部和栏目组接触，可先与之接洽。

电视广告合同为长期合同，播出次数及时段组合可以尽量多签，便于舒蕾广告随时加大播出密度或降低播出密度。此外，合同应明确规定，电视台在舒蕾广告后出字幕，同时口播字幕内容。

⑥字幕广告内容（见附件）。

2. 报纸广告

①报纸的选择：选择当地阅读率高、影响力大的报纸。

②刊发时间：电视广告播放的当天，在日报刊出；若在晚报刊发，则在电视广告播放的前一天刊发。

③版面：整版、半版或 1/4 版，具体版面由联络处提出方案，呈报经营公司或洗涤公司，由公司决定。

④版位：半版和 1/4 版尽量不在广告专版内刊发。

⑤报纸广告必须提前至少一周与报社联系，确定版位和版面。

⑥其他：若有大范围的促销活动，公司将统一部署联络处的报纸促销广告。

3. 直供商场专柜

根据当地情况，尽可能多上专柜，专柜应设在综合柜或洗涤柜处，专柜位置尽量靠近宝洁和诗芬专柜。

【评点：在终端对宝洁进行“拦截”也是“舒蕾”成功的要诀之一。在规划初期提出这一战术的主要目的是借势，利用宝洁专柜前的人流来促销。后来看到成效显著，“拦截”战术很快就被提升为主要策略之一。】

①产品到达联络处 5 日内，必须送到全部直供商场上柜。

②专柜布置及广告宣传：

专柜布置：按公司提供的专柜模式布置（专柜模式见附件）。

专柜广告宣传：专柜柜台必须放置立牌和宣传单，背柜需有袋装吊挂，专柜处尽可能张贴宣传画，商场内尽可能悬挂吊旗。

③横幅：在商场门口或商场内悬挂舒蕾上市横幅或悬幅（内容见附件）。

④直供商场内美发顾问的促销宣传：上市当天，美发顾问进入商场进行促销，每个商场至少促销1周，整个促销活动持续1个月。

美发顾问的促销方式：为顾客测试头发和头皮，推介产品，并向参与测试者赠送2袋舒蕾。

⑤有条件的直供商场专柜亦可安排柜台电视广告，播放舒蕾电视讲座和电视广告。

【评点：到1995年，丝宝集团依靠“专柜”策略获得成功，使丝宝进入国内化妆品行业前十之列，因此在推出“舒蕾”之际，丝宝把“专柜”策略推向极致，并跟随着1998年大卖场的出现，使之上升为“终端”战略。而“包装专柜”和“围绕卖场作宣传”的战术，正是“舒蕾”对“丽花丝宝”成功的精华战术的继承和发扬。】

4. 散发赠品及宣传单

见“散发宣传品及赠品要领”。

5. 小店和发廊

①布置直供商场专柜的同时，小店和发廊的宣传品应逐步到位。在发布广告之日时，小店发廊宣传品到位率应占小店和发廊计划铺点数的50%。

②小店宣传品：袋装吊挂、宣传画、吊旗。

③发廊宣传品：发廊立牌、宣传画、吊旗、袋装吊挂。

④宣传品的具体发放操作，见“散发宣传品及赠品要领”。

（三）选择方案

下述选择方案是在市场稳定后的延伸宣传方式，联络处可根据当地情况，提供方案，呈报经营公司或洗涤公司，由公司作出决策。可供选择的方案由洗涤公司提供。

1. 广播广告：如开辟舒蕾美发讲座专栏。

2. 宣传活动：如举行大众参与性的有奖“舒蕾”美发护发活动。

3. 巡回讲座：与大中型企事业单位工会联系，开设免费巡回讲座及头发头皮测试，发展集团购买。

4. 专题片：拍摄舒蕾美发讲座，在电视台及专柜播放。

5. 宣传报道文章：在当地影响力大的报纸上刊出舒蕾美发专栏或单篇介绍软文。

6. 公车广告：见附件。

7. 其他。

（四）注意事项

1. 联络处提出广告投入的综合方案，该方案应将中心城市和周边地市县作整体考虑。

2. 联络处的广告投入应由点及面，由中心城市到周边地市县，有计划、有层次地实施。

3. 联络处的上市申请报告及方案中，须有广告方案及广告投入预算，上述方案由经营公司和洗涤公司会商决定。

【评点：丝宝集团的销售队伍有很强大的执行能力，而企划能力就算在集团总部也很薄弱，所以整个上市方案基本上针对各联络处制定各个方面的具体执行行动。在广告宣传方案上也是如此，仅仅告诉各级执行人员如何去做，做的标准是什么。而关于“舒蕾”的品牌定位等方面，就是当时的整个项目小组也没有清晰的认识，更何况各级执行部门。实际上，“舒蕾”最初的广告水准很低，由于时代的局限以及项目负责人是从销售队伍中提拔上来的，有策划意识但其自身在广告、品牌认识上有限，导致“舒蕾”在后期的发展过程中形成“一流的销售、二流的品牌、三流的广告”。】

四、散发宣传品及赠品要领

（一）赠品散发要领

1. 赠品的散发以重点生活小区、大型商场和非重点小区的发廊为主。

2. 重点生活小区的定义：效益好的企事业单位宿舍区、人口较密集的商品房小区。

3. 大型商场的定义：当地人经常购物的、在当地声誉较高的商场。

4. 非重点生活小区：非重点生活小区的平均消费水平低于重点小区，赠送给该区的发廊，可吸引该区生活水平较好的人优先使用舒蕾，然后逐步扩散。

5. 联络处可从当地实际出发，策划具有轰动效应的方式（如彩车游行）进行宣传品和赠品的散发工作（行动前，方案由洗涤公司审定）。

6. 选定大型商场门口和人流量大的街口或人行天桥散发宣传品和赠品（该方式运作及影响应仔细推敲，选择此方式，应报公司审批）。

7. 最初散发宣传品和赠品，可同时使用。

8. 赠品散发的程序：

①对各宿舍区、居民区作一个摸底调查。该调查可通过居委会进行。调查内容有：户数、生活水平、小区内的居民单位构成等。由小店销售代表在上市前两周完成调查。

②资料汇总。列出生活水平高的小区及其栋数和户数，中低生活水平的小区及其栋数和户数。

③结合中高生活水平小区的户数、中低生活水平小区的户数和调查出的中低生活水平小区的发廊数量，分派赠品发放比例及数量，比例是指每百户应平均散发的户数。

④生活小区调查可同发廊、小店调查同时进行。

⑤上市第一周，向居民区和发廊区散发赠品，由临时招聘的学生完成，联络处派人监督抽查。

⑥商场内的散发：上市之日起，凡参加头发测试者，均送试用装2袋。

（二）宣传品散发要领

1. 宣传画

由小店销售代表负责张贴在小店门边的墙上和发廊内，应保证宣传画醒目，至少保留 2 个月以上。

散发方式：头次送货和散发赠品时张贴宣传画。

2. 宣传单

上市之日起，顾客可在各舒蕾专柜和有舒蕾的综合洗化柜自由取阅宣传单。

宣传单到位及取阅进度由专柜导购和业务员控制，保证在人流量大的时候都有宣传单供人取阅。

散发比例：舒蕾专柜与综合洗化柜散发比例为 2∶1。

3. 吊挂

优先给条件较好的小店和商场。

4. 发廊吊挂

优先提供给经营条件较好的发廊，要求发廊用吊挂袋装洗发水，否则，小店销售代表可随时收回转送其他发廊。

（三）监督措施

在发放赠品及宣传品过程中，首席应亲自带人抽查，发现发放不到位或有私吞者，视情节轻重，扣除当日工资的 50%，直至除名。

【评点："散发宣传品及赠品要领"内容具体，可操作性强，同时"监督措施"有效地保证了散发宣传品及赠品的执行。】

（四）散发赠品的辅助宣传

在上市报纸广告和电视广告看版中，发布向居民区、部分发廊赠送样品，在商场作头发测试向参加者赠送试用装的消息，在商场设店堂广告看板，发布免费头发测试和赠送试用装的消息。

【评点：赠品促销手段即使不是"舒蕾"的首创，至少也是"舒蕾"第一个大规模使用这一战术，并将之上升为基本策略之一的。当时确定"赠品促销"这一策略，正是针对消费者尤其是女性消费者贪图小便宜，希望"物超所值"的心理。这一针对性策略在 1996—1999 年确实十分有效，但在终端促销泛滥成灾、消费者购买力大增、消费心理日趋理性的今日，"舒蕾"却没有跟上时代的变化。】

五、开发发廊、小店市场的管理办法

（一）发廊、小店销售组织

1. 设小店销售组长 1 名，由其向首席或分管副首席负责。

2. 设小店销售代表（男）若干名，具体数量按每 400 家小店或发廊设 1 名小店销售代表；若工作区域过大，可酌情增加或减少每名销售代表负责的小店数量，其工资待遇保持不变。

（二）销售渠道及价格

1. 销售渠道

①优先考虑从联络处取货，通过销售代表向发廊和小店送货结款。

②若联络处与当地批发商订有联销协议，不便于从联络处取货销售，可考虑与批发商达成建立联合经营部的协议，共同招聘管理销售代表。销售代表从经营部取货，向经营部返回货款，经营部销售额计入批发商销售额，最后由批发商向联络处返回货款。

③为了便于及时送货，可考虑集中片区、就近通过商场取货向小店批发渗透。

2. 价格

①销售代表对小店和发廊的供货价一律为 B 价。

②联络处与批发商按 A 价结算，与商场按 B 价结算（特殊情况，经请示同意可按 A 价结算）。

③销售代表与联络处或经营部均按 B 价结算。

（三）职责与工作范围

1. 小店销售组长职责与工作范围

①不定期巡回检查销售代表的铺货点、铺货价格、小店零售价格、宣传品到位情况与宣传效果，检查小店销售代表访问次数。

②收取小店销售代表的客户访问表、检查回款金额，将小店销售代表手中存货控制在 500 元之内；按周、月汇总销售情况。

③负责小店销售代表的考勤管理，作出工资报表。

④组织策划实施小店及发廊的宣传促销活动。

⑤协助首席或分管副首席划分调整销售代表工作区域。

⑥若联络处与批发商联合设立经营部，则负责与经营部保持日常工作联系。

⑦每周六下午定期主持召开销售代表会议，研讨一周销售工作，并对销售代表进行培训。

2. 销售代表职责与工作范围

①从联络处或其他规定取货点领取货物，按规定价格销售给小店和发廊，现款结算，向联络处或其他规定取货点返回货款。

②督促小店按规定零售价销售。

③在小店和发廊布置宣传品，向小店和发廊介绍产品性能，保证宣传效果。

④每月按规定完成铺货店数和回款数量。

⑤每月 30 日上交当月工作汇报，汇报内容为：销售情况、竞争产品情况及工作中存在的问题。

⑥填写客户访问表。

⑦按公司规定要求，向小店和发廊发放赠品。

（四）工作定额及待遇

1. 小店销售组长工作定额及待遇

①每月至少用 10 个工作日巡回检查销售代表工作。

②每月 5 日向首席或分管副首席呈交关于上月小店及发廊经营管理情况的文字报告。

③享受公司职员待遇。

2. 销售代表工作定额及待遇

①上市第一个月，每日应完成至少15家小店或发廊的供货铺点工作与宣传品布置工作，当月应开发完成400家小店。

②第二个月起，每日应访问25家客户，完成销售与结款，全月应对至少400家客户进行600次访问。

③上市第一个月应完成5 000元销售；第二个月起，月回款任务为7 000元。

④工资待遇：

基本工资：400元，其中100元为考勤工资，与考勤挂钩；240元为工作态度工资，与当月访问、送货、结款户数挂钩；60元为医药费、交通费和伙食补助。

奖金：完成当月销售任务后，方可提取奖金；完成定额部分，按定额部分的5%提取奖金；超额部分，按超额部分的8%提取奖金。

由经营部招聘管理的小店销售代表，基本工资由联络处承担，奖金由批发商承担。

联络处独立招聘管理的小店销售代表，基本工资与奖金均由联络处承担。

（五）考勤

1. 小店销售代表周一至周六9：00到联络处或经营部签到，并上交上一日所收货款和客户访问表，结转所余货物；9：30前应领取当日货物开始工作；全月按24个工作日计算。

2. 周六下午到联络处或经营部参加一周销售代表会议。

3. 遇天气恶劣不能出外时，当日可与休息日对调；当日必须按时签到，上交货物和货款。

4. 不按期签到，一次罚款5元；旷工半天，罚款20元；旷工一天，罚款40元，1个月旷工达2天者，予以开除；当月访问户次不达标者，每少1户，罚款0.4元。

（六）小店销售代表财务管理规定

1. 销售代表受聘时，必须交纳工作抵押金500元。工作抵押金由会计收集，并开具收据。

2. 销售代表存货价值按C价计算不得超过500元。

3. 销售代表领取货款后发生的损耗，由其个人在3日内补齐上交。

4. 销售代表前一日收取的货款，须在次日上午9：00交至小店销售组长处。交款后，小店销售组长通知仓管对销售代表的供货限额。小店销售组长须在当日10：00前，将收集的货款交至会计处。

5. 销售代表辞职或解聘时，须清算其存货和所余货款，若有损耗，则在工作抵押金中扣除，余额退还本人。

【评点：小店和发廊的分销工作是宝洁的首创，但在1996年，仅仅只有宝洁在这方面开展工作，而且其重心偏向于派送宣传。“舒蕾”学习了宝洁的做法，并把小店和发廊当作是与宝洁竞争的一线终端，投入了大量人力物力，最终取得了成功。“小店和发廊的终端分销”也成为“舒蕾”的基本策略之一。】

六、小店销售代表守则

（略）

七、联络处洗发水市场调查内容

联络处在舒蕾上市之前，应就下述五个方面开展调查研究工作：

（一）市场现状（主要调查对象是宝洁、联合利华、诗芬、奥妮）

1. 经营管理机制和人员配备情况。

2. 价格及回点：价格包括对一级批发商的批发价、一级批发商的批出价、对小店和发廊的供货价。

3. 1994 年、1995 年洗发水销售额及批零结构比、省会城市与地市销售结构比。

4. 广告宣传情况（采用的媒介、广告频率等）及地区广告总投入。

5. 促销手段（包括商场促销及批发促销返点）。

6. 专柜情况。

（二）大中型商场建立舒蕾专柜的可行性

与商场联系洽谈，调查了解建立舒蕾专柜的数量、专柜大小、专柜广告形式、专柜位置（尽量靠近宝洁）等内容。

（三）当地小店与发廊的情况

1. 数量与分布。

2. 洗发水销量与使用情况（应列出常用品牌）。

3. 对现有高价洗发水的评价，对高价位的接受情况。

4. 进货渠道及价格。

（四）广告媒介情况（电视、电台、报纸、其他）

1. 价格与折扣。

2. 各时段收视率、收听率和阅读面。

3. 各时段的广告效果。

（五）居民区调查

通过居委会或统计局，调查当地各居民区（包括企事业单位宿舍）的居民楼数量、户数及生活水平。

【评点：丝宝集团采取了一些初步措施，让各地的联络处逐步具备区域市场策划能力，作市场调查报告和当地的“舒蕾”上市方案就是其中之一。由于1995 年时丝宝的各联络处隶属于集团总部的经营总公司，销售回款任务由经营总公司和各联络处承担完成，洗涤专业公司只负责规划、指导，因此经营总公司和下面的各联络处最初并不买专业公司的账。“舒蕾”项目负责人在提高专业公司的地位以及权力斗争上花费了很大心血，并在 1999 年达到了成功，将丝宝的几个专业公司，包括洗涤专业公司、化妆品专业公司、卫生用品专业公司等，组建成一个策划总公司，与经营总公司并驾齐驱。】

八、舒蕾上市方案附表

1. 上市日期：①上柜日期 ；②上导购日期；③促销开始日期；④广告发布日期；⑤派送开始日期；⑥要求供货日期。

2. 上柜：①上柜数量；②具体商场名称；③专柜数量；④导购、礼仪人数。

3. 促销方式（略）。

4. 队伍建设：①促销人员招聘日期；②培训日期；③培训方式 。

5. 广告宣传（见附表2）。

附表2　　**广告宣传的媒介、时间、数量、费用表**

项目	电视	报纸	布幅	公车	其他	备注
时间						
数量						
费用						
费用合计						

6. 小店、发廊：①派送日期、方式，小店、发廊数量；②销售开始日期，小店、发廊销售代表人数。

7. 批发：①何时开始；②哪家批发商；③具体设想 。

8. 回款计划：①当年回款总计划；②分解情况。

9. 费用比例：①当年广告费用及占回款比例；②导购礼仪费用及占回款比例；③促销费用及占回款比例。

说明：

1. 拟订上市的城市各填写一份；

2. 联络处将此表完整填写后随上市方案一并上报经营总公司；

3. 联络处呈报的此表内容和经营总公司审批确定的此表内容将成为考核舒蕾上市情况的依据。

【评点：除了这份《舒蕾上市方案》外，还有一份培训资料——《舒蕾的概念与推介艺术》，也是“舒蕾”上市期的重要文件。其内容主要是阐述产品的功能以及培训终端人员的促销技巧，由于内容太多，因此不在本文列出。但其中对“舒蕾”的品牌定位作了一些诠释，由于初期整个丝宝集团对“舒蕾”的作用定位是分洗发水市场一杯羹，而且由于项目负责人和项目小组对品牌认识的局限，仅仅对“舒蕾”的产品概念进行了规划，提出了一个“双重深度护理”的概念，使之有个“说法”，未能提出更高层次的认识，因此在品牌形象上不仅远远落后于宝洁、联合利华，更不及同时崛起的重庆奥妮在这方面的表现。如果“舒蕾”在此方面有重庆奥妮那样的表现，加上其远超出奥妮的销售能力，“舒蕾”今日的成就应该更高，甚至超越宝洁也不是不可能。】

资料来源　佚名．市场营销计划书范例［EB/OL］．（2007－01－12）．http：//www.bblook.com/business/guju/juhuas/200701/590.html，有删改．

实用策划文本之四　关于舒蕾上市后市场深化工作的指导意见

舒蕾上市后，应迅速切实按计划达到上市期目标，并不失时机，继续做好市场深化工作。现拟有关指导意见如下：

一、上市期目标

1. 按计划有效实施广告宣传，进行全方位广告宣传，以达到设计效果。全方位广告包括：电视、报纸、公车、轰动性宣传，以及其他广告宣传形式，散发宣传品及赠品。轰动性宣传以巨型、特型布幅广告为主，在商场或主干道处发布。

2. 直供商场和大型商场全面上柜并开始促销活动，批发单位开始供货。

3. 促销人员（礼仪和导购）已经培训上岗。

4. 市场深化筹备工作（拟订方案、计划）就绪。

5. 上述工作均须在上市第一个月内完成。

二、市场深化工作方向

（一）管理方面

1. 调查分析舒蕾广告、市场两方面情况，提出问题、方案。

①调查分析各种广告形式对消费者的影响，提出广告中的问题，并提出解决方案，同时选择影响较大、费用较少的广告宣传形式，作为下一步广告宣传的主要媒介。

②搜集、统计销售数据，找出影响销售的有利因素和不利因素，根据直供商场、批发单位和小店销售的实际情况，提出完善方案（如专柜的位置、面积及设计布置）。

2. 有计划地准备推进各项工作。

①按拟定的市场战略开拓市场：根据前期宣传效果及销售情况，拟定层次分明的市场发展战略，并按其发展销售。市场发展战略主要内容为：以直供商场专柜销售为基础，逐步发展中小型商场、小店发廊的销售，同时分期分批有计划地开辟地市县市场，搞好批发，搞活终端销售。

②制订要货计划：根据前期商品销售结构比及市场发展的需求，拟订各段时间各个品种的要货计划，上报公司审批。

3. 队伍建设。

①根据市场销售的增长，不断充实洗发水专项业务员，如小店销售代表、专柜导购和礼仪小姐。

②明确界定化妆品导购和洗发水导购、化妆品礼仪和洗发水礼仪的工作，职责明确到人。

③明确规定业务员在洗发水业务和化妆品业务上的投入。

（二）市场方面

1. 对小店和发廊销售、宣传：

①上市第二周开始对小店和发廊进行销售和宣传。

②可聘用临时人员开展对小店和发廊的销售，具体操作时，临时人员须交纳工作抵押金，领取的货物价值不得超过抵押金。

③上市第一个月内，应完成对80%的发廊和50%以上的小店的销售和宣传，同时建立完善小店销售队伍和管理体制。

④小店发廊的宣传见《舒蕾上市方案》。

2. 确定批发联销协议书。

①与批发商商洽，签订联销协议。

②可选择两家批发商，以营造竞争气氛，推动销售。

3. 完善商场专柜布置。

①调整、抢占好的柜台位置与更多的柜台面积，专柜应与宝洁、诗芬在同侧，紧靠在一起。

②及时报出专柜灯箱尺寸，无专柜的，亦可在舒蕾上方制作灯箱。

③严格按公司提供的设计方案完善专柜布置。

4. 区域性促销活动。

各联络处可从当地实际情况出发，拟订灵活多样的促销方案，搞活终端销售和批发业务，促销方案须报公司审批。

（三）广告宣传方面

1. 根据前期广告效果调查，确定最有效的广告媒介和广告形式，利用此媒介发布广告，停止在其他媒介发布。上市第二个月发布的密度降至：电视广告每日1~2次；同时根据实际情况，大量张贴招贴画和悬挂吊旗，做好店堂和户外宣传。

2. 所有广告中均须带上“丝宝集团”，或提出“舒蕾护发中心”，突出舒蕾品牌，建立品牌形象。

3. 在影响面大的报纸、电视、电台或其他媒介中，联络处自拟进行有奖的、知识性的、趣味的舒蕾广告宣传。

4. 培训护发美发顾问，开展巡回讲座。

每个联络处至少培训1~2名水平高、气质好、形象好的护发美发顾问，由其到企事业单位中巡回讲座，同时进行头发测试。

5. 舒蕾专题片的播放。

①在有条件的商场，循环播放舒蕾专题片。

②与电视台联络处，向电视台提供专题片，以知识性的节目播出。

③在报纸发表系列推介文章。

（四）各项工作的时间要求

1. 在电视、报纸广告发布前，必须完成商场的上柜。

2. 广告安排须在上市前一周确定，户外广告须在上市前三天制作完成。

3. 对居民区的派送须在上市一周内开始，在上市第二周完成。

4. 上市两周内，开始对发廊和小店的渗透，上市第一个月，完成80%的发廊和50%的小店的铺货与宣传。

5. 上市第二个月起，与企事业单位联系，开展护发美发讲座，发展集团购买。

三、市场管理格局

1. 队伍健全。商务代表、小店管理人员、专业礼仪小姐、导购小姐和小店销售代表按市场需要配齐到位。

2. 管理合理。在首席负责下，有计划、有策划、有任务、有责任、有奖惩地开展业务运作。

3. 广告宣传有力。按广告费用投入比例，选择最佳广告宣传形式或媒体，不断地、大面积地、形式活泼多样地进行产品推介。

4. 市场销售活跃。搞活直供商场和专柜商场销售，发挥以点带面作用，通过扩大中、小商场销售，以及直接开展对小店和发廊的销售工作，保证在一城一区内逐步全面占有市场。

5. 上市两个月内，实现直供商场和专柜商场零售额与同类产品相比，销售量至少处于第二名，之后，着力与宝洁产品争夺市场。

6. 各联络处能自行把握市场、研究市场、组织市场、操纵市场、改变市场。

洗涤用品公司

1996 年 3 月 12 日

【评点：这是 1996 年 3 月 6 日“舒蕾”在武汉上市一周后，洗涤专业公司提出的意见，主要是强调重点，提醒武汉联络处对新品牌上市的认识提高。由于“丽花丝宝”是公司的销售回款主力，当时的各联络处对“舒蕾”的上市认识不足，重视度不够，因此洗涤专业公司的人员大量参与一线工作，并予以及时反馈和建议。专业公司人员和销售人员共同参与一线终端的各项工作，后来成为丝宝各专业公司的行事准则。】

实用策划文本之五　舒蕾武汉上市备忘录

经上市领导小组决定，舒蕾正式在 1996 年 3 月 6 日上市，一切工作均按此时限展开。

一、广告宣传

1. 电视广告

3 月 5 日起，在下述电视台以下列频率及时段播出：

武汉台 19 频道	20：10 两次（30″，15″）
	20：42 三次（30″，2×15″）
武汉台 38 频道	19：00 三次（30″，2×15″）
	19：58 三次（30″，2×15″）
湖北电视台	20：00 一次（30″）
	21：00 一次（插播 30″）
武汉有线电影台	20：20 一次（30″）
湖北有线台	19：55 一次（30″）

广告播出截至 4 月 5 日，4 月 5 日后的电视广告，视市场反应另行安排。

每一条广告后均附 5″字幕，字幕内容为“全新舒蕾上市 精美手袋奉送”。

2. 报纸广告

3 月 6 日《长江日报》第四版发布异型半版舒蕾上市广告。

3. 巨型布幅广告及条幅广告

2 月 29 日确定：在市内 11 个商场门口发布巨型布幅广告，在三阳路天桥、武胜路立交桥、武汉长江二桥引桥、航空路立交桥、江汉路天桥、钟家村天桥、循礼门饭店等处发布条幅广告。

3月6日至3月8日：11个商场陆续推出巨幅广告，为期一周至两周。

3月9日起，在指定的交通要道处发布条幅广告，为期一周。

【评点：所谓“巨幅广告”，就是后来十分流行的大面积布幅广告。这绝对是“舒蕾”的首创。“舒蕾”在各地的上市中，大规模使用这一广告手法，引起了很大的反响。后来的数年间，各消费品行业，尤其是家用电器和房地产行业运用得最多，再后来泛滥成灾、管理不善，在诸多城市（如南京等）遭到封杀。】

4. 商场派送

3月6日起，礼仪小姐和专柜导购向顾客赠送宣传单和2袋袋洗赠品，向其推介产品。

3月9日、10日，临时聘用30名学生，分成2队，在业务人员带领下，分头在市内各主要商场作巡回派送袋洗赠品和宣传单张。上述人员工作时均衣着整齐，披挂绶带。

5. 居民区派送

3月16日、17日，组织学生开展居民区派送，向生活水平较高的若干小区派送袋洗赠品和宣传单张至家家户户。

6. 小店、发廊派送和宣传

3月30日、31日，组织16名学生对武汉800余家发廊开展宣传攻势。具体内容为：介绍并赠送袋洗赠品，张贴宣传画，悬挂吊旗，使发廊成为舒蕾的宣传窗口。

7. 气球广告

3月10日至16日，在武昌付家坡、湖北剧场和汉阳古琴台等3处各设置气球巨幅广告一面，巨幅广告内容同商场门前的巨型条幅广告。

8. 公车广告

3月份，选择40部公交车发布舒蕾广告。

9. 广告预算

电视广告：38万元

报纸：4万元

布幅及条幅：14万元

气球：1.5万元

派送（商场、居民区、发廊）劳动力资费：0.3万元

10. 广告宣传中的问题

①电视广告：发布次数过多，无突出的发布媒体，发布媒体过于分散；发布前期，广告后的字幕未口播，一闪而过，经多次与媒体协调，中期方有改观。

②巨型布幅及条幅广告：因制作期短，数量庞大，致使广告公司未能及时一次性交货，故而使商场在3个月分两批悬挂巨幅广告；桥梁上的条幅广告因制作质量、风雨天气和武汉市人大政协会议等因素影响，比原定的3月9日略为推迟数日。

【评点：1996年户外广告制作公司只有制作条幅和横幅的经验，如此大面积

的布料拼接，以及防风、安装等都有问题，因此找了好多公司，而且洗涤专业公司想好解决办法后，才有制作公司承接。】

③派送工作：第一，商场派送。宜在商场入口处集中人员派送，时间定在周末。第二，发廊派送。需认真培训派送人员，划定分发区域，每天派送的物品最好当日领取，派送完成后，迅速予以检查，方可保证工作到位。

④气球广告：在都市开阔处发布气球广告，发布效果好，但易受客观因素影响，如风雨等，操作时，需在气球布幅上下加装铁棒，使其在风中保持稳定，布幅上下左右多加绳索，易于使气球广告保持水平。

二、商场上柜工作

1. 商品上柜的进度

3 月 2 日起，在武汉商场等商场上柜。

3 月 6 日，武汉的主要 13 家商场均上柜，其中，绝大部分为专柜，上市第二周，完成 30 余家商场上柜工作。

2. 专柜位置

因主客观因素影响，部分专柜的位置远离综合洗化柜或宝洁专柜，给促销工作带来一定难度，从而影响了销售，相比之下，凡位置较好的，均对宝洁的销售造成较大的冲击。

3. 专柜陈列

部分专柜的陈列柜和背柜不配套、商品名及价格标签不易为顾客识别、洗发露占的位置太少等，均给销售带来困难，经洗涤公司、经营公司和武汉经销部反复检查督促，此类现象逐步有所改观。

三、商品销售及人员管理

1. 销售情况简介

舒蕾上市时广告密度大，适逢“三·八”国际妇女节，加之赠品（化妆包）对路，故吸引了大量顾客购买，其中，集团购买占较大比例，高峰时，日销售额接近 20 000 元。

“三·八”国际妇女节过后，因连续阴雨天气，商场人流量剧减，周一至周五的日平均销售额徘徊在 4 000 元上下，周末的日销售额在六七千元左右浮动。

3 月 18 日后，因天合百货开业，销售转旺，日销售额再度接近 10 000 元。

2. 礼仪促销人员

①专柜导购：上市初期专柜导购未能及时到位，造成礼仪小姐与营业员之间工作缺乏合作，给礼仪促销工作造成困难，同时，礼仪小姐从此商场转到彼商场，缺乏导购，导致商品销售直线下降。

②礼仪小姐：对商品的销售及宣传有突出作用，但须注意与业务员共同协调好商场关系。

3. 销售中的管理问题及解决办法

①根据销售情况，合理调配礼仪小姐及促销商场，加强销售好的商场的促销力量，达到点面结合，重点突出。

②赠品管理：有导购的商场，赠品交导购保管；无导购的商场，由礼仪小姐

保管，避免每天带去带回容易遗失；赠品在各商场的分配，严格按各商场的销售情况分配，避免在销售不畅的商场沉淀遗失。

洗涤用品公司

1996年4月12日

【评点：这是"舒蕾"上市一个月后的总结报告。"舒蕾"在武汉上市后，由于人手有限，而且集团采取谨慎渐进的策略，最初没有大面积铺开。继武汉之后，"舒蕾"在湖北黄石、沙市、宜昌、襄樊上市，到4月下旬才开始在浙江杭州上市，5月在山东济南上市。整个1996年只在全国15个省级市场上了市，最终完成4 000多万的回款并且赢利，集团这才下定决心，1997年上半年在剩余的省份全部上市。1997年5月又集中全部的联络处首席和骨干人员，加强"舒蕾"的市场推广工作，并把"舒蕾"上升到和"SL产品"同等地位的品牌。丽花丝宝集团从此开始多品牌战略。】

主要参考文献

[1] 董丛文．营销策划原理与实务［M］．北京：科学出版社，2004.

[2] 付强，沈川，蒋峰．有效的项目管理［M］．北京：中国纺织出版社，2003.

[3] 李世杰，等．市场营销与策划［M］．北京：清华大学出版社，2006.

[4] 杨加录，方青云．管理创新［M］．上海：复旦大学出版社，2005.

[5] 苏珊．现代策划学［M］．北京：中共中央党校出版社，2002.

[6] 梁朝晖．TOP 策划学经典教程［M］．北京：北京出版社，1998.

[7] 林学益．创意行销［M］．广州：广东经济出版社，2002.

[8] 史璞．管理咨询：理论、方法与实务［M］．北京：机械工业出版社，2006.

[9] 许智明，高志宏．广告策划［M］．北京：中国物价出版社，2002.

[10] 郭国庆，刘彦平．市场营销学通论［M］．北京：中国人民大学出版社，2005.

[11] 杨琴．企划经理日志［M］．北京：机械工业出版社，2006.

[12] 靳俊喜，庞大庆，张占东．促销管理与策划［M］．大连：东北财经大学出版社，2001.

[13] 杨明刚．市场营销策划［M］．北京：高等教育出版社，2002.

[14] 熊元斌，等．旅游营销策划理论与实务［M］．武汉：武汉大学出版社，2005.

[15] 庄贵军．企业营销策划［M］．北京：清华大学出版社，2005.

[16] 雷鸣雏．中国策划教程［M］．北京：企业管理出版社，2004.

[17] 孙玮琳，徐育斐．市场营销策划［M］．4 版，大连：东北财经大学出版社，2014.

[18] 薛辛光，孙雷红．营销策划实务［M］．北京：电子工业出版社，2006.

[19] 尚晓春．市场营销策划［M］．北京：高等教育出版社，2000.

[20] 藤木俊明．90 分钟做好企划［M］．李宜贞，译．北京：机械工业出版社，2006.

[21] 孙先红，张治国．蒙牛内幕［M］．北京：北京大学出版社，2005.

[22] 王璞．营销管理咨询实务［M］．北京：中信出版社，2003.

[23] 洛夫洛克．服务营销［M］．陆雄文，庄莉，译．3 版．北京：中国人民大学出版社，2001.

[24] 单宝．企业创意与策划［M］．北京：民主与建设出版社，2002.

[25] 魏炜，朱武祥．发现商业模式［M］．北京：机械工业出版社，2009.

［26］刘旗辉．最佳商业模式［M］．北京：清华大学出版社，2008.

［27］王建国．1P 理论——网状经济时代的全新商业模式［M］．北京：北京大学出版社，2008.

［28］卢长宝．项目策划［M］．北京：电子工业出版社，2008.